世界から見た中国経済の転換

中條誠一・唐　成　編著

中央大学経済研究所
研究叢書 70

中央大学出版部

はしがき

　近年，中国経済はこれまでの発展が嘘であるかのように，不振に喘ぎ，呻吟している。この事態を称して，中国も「中所得国の罠」に陥ったという声も聞こえる。世界銀行によれば，1960年に中所得国であった101か国のうち，2008年までその罠を脱して先進国へと発展を遂げたのは，日本，韓国，イスラエルなどの13か国のみであるという。それに次いで，国全体の経済規模ではすでに「経済大国」へと躍進した中国が，質的にも豊かな先進国へと発展するのではと期待されたのは，記憶に新しいところである。

　1992年の鄧小平による「南巡講話」を機に，改革・開放を加速させた中国の経済発展がいかに目覚ましかったかということは，多くを語るまでもない。10％を超える経済成長を続け，2010年には日本を抜いて世界第2位の「経済大国」にのし上がり，2012年には貿易面でアメリカを抜いて世界第1位の「貿易大国」へと躍り出た。そうした実物経済面での躍進を背景に，通貨面では人民元の国際化を推進し，2016年10月には人民元はIMFにおけるSDRの構成通貨入りを果たし，国際通貨としてお墨付きを得ることができた。

　こうした一見順風満帆ともいえる経済発展の過程では，「中国脅威論」さえ聞かれたが，その裏側では従来の経済発展戦略，すなわち「外資導入による輸出主導型経済発展戦略」が矛盾をきたし，問題を山積させてきたといえる。極めて単純化していうならば，基本的には今まさに中国は「安価で豊富な労働力を有するうちは，外資導入にも依存しながら投資をすれば，強い競争力を発揮でき経済成長を達成できる。しかし，経済発展によって賃金が上昇すれば，その優位は失われ壁に突き当たってしまう。それを克服し，さらなる経済発展を目指すためには，経済発展戦略や経済構造の転換などが不可欠となる」という「中所得国の罠」に直面しているということかもしれない。

　しかし，より具体的には，世界金融危機を契機に，中国を取り巻く内外経済

環境が大きく変化し、さらなる経済発展への障害が増大してきたといえる。もちろん、経済発展によって、中国では賃金をはじめ生産コストが上昇したことと、東南アジアなどの後発国の追い上げが厳しさを増したことが最も本源的な障害に違いない。それだけではなく、アメリカなどとの通商摩擦問題、人民元の国際化を目指した為替政策の弾力化に伴う2014年ころまでの人民元レートの上昇や為替レート変動による為替リスクの増大なども輸出環境を厳しくしてきたと推察される。「世界の工場」として輸出を梃子にした経済開発を進め、「貿易大国」へと躍進したにもかかわらず、その拠り所となってきた生産コスト面での競争力、安定的な為替レートなどの条件が崩れつつあるということに他ならない。

中国経済に立ちはだかる成長制約要因は、それだけにとどまらない。上記のような従来の経済発展戦略においては輸出とともに、投資が主要なリード役を果たしてきたが、そこに多くの深刻な問題が顕在化しているからである。その一つは、過剰生産設備問題および過剰債務問題であろう。特に、世界金融危機後の4兆元の景気対策の中で、中国の経済で大きなウエートを占める国営企業を中心にしてこの問題は深刻化してきている。ゾンビ企業などと呼ばれる非効率的な企業が存続し、効率的な資源の再配分が妨げられており、無視することができなくなってきているからである。

市場原理が十分作用せず、効率的な資源配分を歪めているのは、国営企業や公的部門の問題だけではない。実物経済に比較して、立ち遅れが目立つ金融経済面の問題も深刻化している。経済成長を資金面から支えなければならない金融市場は脆弱であり、その金融システムは前近代的で、効率性、安定性に欠けるからである。4大商業銀行を主体とした間接金融への過剰な依存、金融の自由化・市場化の遅れ、金融機関の審査能力やリスク管理能力の欠如などを抱える金融システムでは、効率的な資金配分によって経済成長を促すことは難しいといわざるを得ない。

このほかにも、経済成長を維持していくために必要な資源の確保に制約が生じかねないこと、さらには公害問題も放置することができないほどに深刻化を

余儀なくされていることなどもあり，世界金融危機以降，中国経済が変調をきたしてきたことは多くを語るまでもない。経済成長率は4兆元の景気対策もあり，一時的にはV字回復を見せたものの，近年は低下傾向を続けている。投資とともに経済成長を支えてきた輸出は減退を余儀なくされ，2016年には「貿易大国」の座を再びアメリカに明け渡したという報道も聞かれた。さらには，国際通貨の仲間入りを果たしたにもかかわらず，中国経済への不安から資本が流出し，人民元レートは下落を余儀なくされている。

このように内外の経済的な制約条件が厳しくなるとともに，中国経済は大きく変容しつつあるが，それは今まさに新たに安定的な経済発展が可能な「新常態」への移行期にあるということを物語っている。その成否のカギを握るのは，何といっても第1には従来の経済発展戦略の転換に他ならない。すなわち，外需に多くを依存する輸出主導型から，賃金上昇などによって向上した所得を背景に，消費支出を中心とした内需を成長の主役に据えることである。スムーズにその転換ができるか否かは，「新常態」への移行を左右するといっても過言ではない。

第2に注目すべきは，産業構造・貿易構造の高度化へ向けた取り組みに他ならない。所得水準の向上は，中国国民の消費嗜好を大きく変えてきている。そのニーズに応じた新規産業を育成していくことが，新たな成長のリード役を創出することになろう。それだけにとどまらない。外需から内需に主役が代わっても，輸出をないがしろにしてよいということではない。厳しさを増した輸出競争条件の下でも，世界と戦える新たな輸出商品を生み出す不断の努力を怠ってはならない。そのためには，恐らく高付加価値，高技術，省資源・省エネルギーといった方向性を目指して新たな産業を育成すべく，投資分野の選別・転換によって，産業構造・貿易構造を高度化していくことが重要となろう。

第3に，それを側面からサポートする金融市場の育成，金融システムの改革が不可欠となる。高貯蓄に支えられ豊富な余剰資金を有していたとしても，金融市場やシステムが有効に機能しなければ，資金面から産業構造・貿易構造の高度化を推進することはできない。したがって，これまでも進められてきた金

融の自由化・市場化，銀行改革，金融監督体制の整備，証券市場の整備・育成などの金融改革を一段と加速しなければならない。

　以上のような中国経済の現状認識に立って，2014年以降中央大学経済研究所・国際経済研究部会では中国経済を中心に，国際経済に関する研究を行ってきた。我々の部会のメンバーの研究領域は多岐にわたるが，今回，その成果を叢書として刊行するに当たっては，中国経済の転換をキーワードとしたうえで，次のような切り口から研究・分析し，取りまとめることとした。まず初めに，中国自身の抱える現在の経済問題を正面から取り上げ，分析しようというものであり，第1章から第3章がそれにあたる。その際には，可能であれば世界との関連性も意識することにした。

　第1章（坂本論文）は，新常態へと移行する過程で，中国経済が直面しているリスクを主に金融面から分析し，対応策を示唆している。

　中国は，2008年に実施された4兆元の景気対策の後遺症ともいうべき高貯蓄・過剰流動性に苦慮している。第1は，鉄鋼や石炭など不況業種が典型的だが，いわゆる国有ゾンビ企業問題である。第2はGDP比で投資が5割にも及ぶ反面，家計消費が4割を切る経済では大幅な財政出動が必須であり，投資依存から抜けられない。第3に高貯蓄・過剰流動性は，時には株式や市況商品，またある時は影子金融，不動産に向かい，金融情勢を不安定にする。第4は，経常収支は黒字であるものの，大きすぎる貯蓄は適切な国内の投資機会を見い出せず，資本の海外流出圧力を高め，それが元安圧力となる中で，外貨準備は3兆ドルに減少したという。

　以上の結果，中国経済の資本係数は8に近く，資本効率は極めて低い。高貯蓄がゾンビ企業の存続や不良債権の累増や効率の低い投資に向かい，過剰流動性が金融不安を煽っている。しかし，高貯蓄は中央銀行が金融機関を支援し，中央政府の債務が低ければ，無駄な投資，企業で累増する債務や地方政府債務も受け入れる余裕を与えており，当面金融不安への対抗能力は大きい。だが，今後とも構造改革が遅れ，高貯蓄が資本流出を高め，外貨準備がさらに落ち込むようなことになれば，中国経済にとって国際収支の制約が高くなることを懸

念している。

　中国の経済が輸出主導型の工業化により発展してきたことはよく知られている。第2章（長谷川論文）では，国際間での資財の供給，調達の相互依存の視点から，中国の産業構造と貿易について分析している。まず，世界経済における中国の台頭は，その生み出す商品・サービス価値の形成において，国境を越えてどのように資材が調達され，商品・サービスがどのような価値で販売されるかという国際的な相互依存の強度によるとし，TiVAデータベースを利用することによって明らかにしている。次に，貿易費用は時間の経過につれて物理的，制度的な変化に伴って変わることから，中国の貿易費用がその貿易フローにどのように関係しているかを説明し，貿易費用の削減のための地域貿易協定の締結が中国の将来のGVCの展開に必要であることを論じている。

　第3章（唐論文）では，かつての日本の経験に鑑みて，転換期の中国経済にとっても，家計消費を経済成長の主要な牽引役として，いかに活用できるかが焦眉の課題であるという認識の下で，家計消費率がなぜ低いのかを分析の焦点としている。具体的には，まずGDPの需要面から見た家計消費の役割を確認し，1990年代以降経済成長の牽引役ではなかった家計消費の現状を分析したうえで，国際比較を通じて，過去30数年間，中国の家計消費率が時系列的にも，平均的にも「異常」な低さであることを明らかにしている。

　次に，その中国の家計消費率はなぜ低いのかということについて，2つの側面から接近している。すなわち，第1に国民所得に占める家計部門の比重の低下要因として，資金循環統計データに基づき，当初所得，主に中国は国際的にも労働分配率が低いことや，政府による家計部門への所得再分配が十分に機能していないことを明らかにしている。第2に，家計の平均消費性向の低下要因を，主にマイクロデータによって，家計の実際の貯蓄に関する考え方や貯蓄の動機といった意識面から明らかにしている。1990年代以降の家計はライフ・サイクル目的の貯蓄と予備的動機としての貯蓄がいずれも強いが，近年は予備的な貯蓄要因が強まっていると分析をしている。最後に，家計消費率を拡大させるためには，労働分配率を引き上げることや家計が直面するさまざまな不確

実性を除去していくべきであるとの具体的な政策提言を行っている。

　次は，中国と世界のいくつかの特定地域，特定国との経済関係を解明しようとしたものであり，第4章から第7章がそれにあたる。中国を中心に地域間の経済・通商関係，アジアでの経済統合やアジア通貨システムなどを取り上げることにした。

　第4章（益村論文）では，ASEAN（東南アジア諸国連合）を中心とした東アジア経済統合と中国経済との関連について，特に2000年代以降の中国とASEANを中心とした貿易構造の変化や東アジア経済統合の経済的影響を中心に考察している。

　東アジアでは，日本，韓国，台湾などが比較的高付加価値の部品や加工品を生産し，中国やASEANなどがその中間財を輸入し，最終財を生産して欧米などへ供給するという工程間分業体制，すなわち三角貿易構造が構築されている。東アジアと中国は，特に1990年代以降の着実な経済発展により世界経済の成長の牽引役となると同時に，東アジア生産ネットワークが形成され，「世界の工場」としての存在が顕著になるほどに発展している。

　自律的ともいえるような中国とASEANを中心とする東アジア生産ネットワーク構造が確立した背景には，2000年以降の「ASEAN＋1」と呼ばれるASEANとその域外1ヵ国とのEPA/FTA（経済連携協定／自由貿易協定）を締結する動きが活発化したことがあるという。なかでも中国とのFTA（ACFTA：2005年7月発効），韓国とのFTA（AKFTA：2007年6月発効），日本とのEPA（日・ASEAN包括的経済連携（AJCEP）協定：2008年12月発効）は東アジア生産ネットワーク構造を確立するうえで重要な役割を果たしていると指摘している。

　ASEAN各国・地域は，人口規模も一人当たりGDP規模も，そして経済発展段階も異なるものの，ASEAN＋1によるEPA/FTAおよびAEC（ASEAN経済共同体，2015年末スタート），さらにRCEP（東アジア地域包括経済連携）を通じて東アジア経済統合が進むならば，ASEAN域内の経済は活性化し，今後，ASEANは中国とならんで世界の工場，そして世界の需要地として期待が

高まり，世界経済における東アジアの地位がさらに向上すると指摘している。

第5章（田中論文）では，互いに最も重要な通商相手国（地域）である中国とEUの通商関係に焦点を当て，21世紀におけるその発展を主としてEU側から概観したうえで，現時点で双方が直面する諸課題を明らかにしている。ドーハ・ラウンドの事実上の中断を受けて，EUは2006年の新通商政策により中国を含む新興大国相手のFTA戦略に転換し，2010年の新通商戦略でも中国を最重要相手国の一つとした。双方は，政府首脳，閣僚級，実務級の3次元の対話制度を構築して通商関係全般に対応するとともに，通商交渉を持続し，今日でも投資協定の交渉，将来のFTA締結の研究などを続けている。通商政策における双方の重要性は今後も高まることが予測されるという。

しかし，EUにとって中国は通商政策上の問題国である。貿易ではダンピング問題，FDIではM&Aによる露骨な技術取得行動，在EU中国企業への無差別待遇に対して在中国EU企業への差別待遇などにより，EU企業とEUの不満が高まり，通商紛争に発展してきた。2016年に，EUは通商紛争に対して，反ダンピング措置の強化，中国の「市場経済国ステータス（MES）」の承認拒否，そしてM&Aによる先端技術取得への再審査など，一連の強硬な行動に出た。このように，本章では，これまで日本では一貫した研究がないEUにおける対中国の通商政策に関して，その推移から紛争の性格に至るまでの展開を包括的に明らかにしている。

中国の人民元は，2015年の年末にIMFにおいてSDRの構成通貨入りが決定された。それによって，人民元はIMFから国際通貨として認知されたということで，注目を浴びることとなったが，IMFの認定自体が過大評価であり，その前後から中国経済は転換期を迎え，人民元の国際化も後退を余儀なくされている。第6章（中條論文）では，人民元の国際化という通貨・金融面から中国が抱える問題点，対応策，将来展望を考察している。具体的には，躍進著しかった人民元の国際化は，2015年後半ころから変調をきたしているが，それは「いびつな国際化」ともいうべき脆弱性が根底にあることを明らかにしている。

これを克服して，将来真の人民元の国際化を実現するためには，中国は経済

構造の転換を図るとともに，金融改革を進め，資本取引の自由化を推進することが不可欠である。それが実現された中で，アジアおいて，域内貿易の拡大や構造転換，アジア各国の為替政策・制度の改革が推進されるならば，人民元のアジア通貨化が実現されるかもしれないとの展望を，条件付きであるが提示している。

そのうえで，人民元を局地的基軸通貨としたアジア通貨システムが実現するということは，大きな問題を抱える現行のドル1極基軸通貨体制の改革に資すること，アジアの全体的な厚生という観点からは，同じように人民元が中心的通貨になるにしても，アジアでの通貨協力によって構築された AMS（アジア通貨制度）のような制度の下で実現することが望ましいとの提言をしている。

第7章（金論文）では，1990年代以降急速な発展を見せてきた韓中経済関係が，2017年の国交樹立25周年に際して急激な転換期を迎えているという歴史的な変化を捉えている。すなわち，韓中国交樹立以降，25年におよぶ両国の経済関係発展の歴史と内容を理解したうえで，現状の分析と近未来の状況を展望している。具体的には，まず国交開始以来，韓中経済関係が急速に発展した背景には，地理的近接性，経済的補完性など，全般的な好条件があったという。これは他の隣国との経済関係では見られない韓中独特の特性であり，隣国経済関係の特殊例として注目に値するという観点から捉えている。

次に，韓中経済関係の4半世紀の歴史は，相互利益の増大の歴史であったことを分析している。全般的にいえば，90年代以降の中国の高度成長期においては，韓国の投資，中間財の輸出が中国の輸出主導型経済成長に寄与していたが，2001年の中国の WTO 加盟以降，その流れはさらに加速し，韓国経済の中国市場への依存度が高まる傾向にある。このような相互依存度の深化は貿易と非貿易の部門間の相乗効果をもたらし，全般的な互恵的構造を定着させてきたという。

しかし，国交開始25年の節目になる2017年に入って，両国の経済関係に退行的傾向が著しくなってきた。この背景には，中韓経済をめぐる世界経済の長期的ニューノーマルのもたらす間接的，派生的な影響とその調整の必要性や中

国経済の構造変化による韓国製品の中国市場への整合性の低下，北東アジアの情勢変化による協力から対立化への雰囲気の反転などの観点から，明らかに中韓経済は概ね補完性から競合性あるいは対立性への転換の時代に入っていると分析している。そのうえで，相互理解と協力関係を増強する努力の一環として，停滞状態にある東アジア地域経済統合が重要であると指摘した。

最後に，中国の抱える問題の解決に示唆を与えうるものを収録することにした。具体的には，今回は中国の地方振興や地域間格差問題を取り上げてみた。

第8章（岸論文）は，地方創生の観光産業として，日本と中国の相違点を比較しながら，コミュニティビジネスとしての観光業伸長の条件を考察するのが目的である。日本と中国の観光政策が示唆しているように，観光の形態は個人の意思が強く反映する個人観光が重視されており，着地型観光がクローズアップされつつある。しかし，コミュニティを基盤とする小規模な観光産業の資金調達は容易とはいえない。地域密着・発信型，コミュニティビジネスとしての観光産業の伸長は，コミュニティの自立的な行動が鍵を握るものと思われる。

本章では，その可能性を日本の地域社会と中国の都市および近郊のコミュニティに求めている。日本の場合，住民，市民主役のコミュニティを基盤とする観光産業の立ち上げと運営，さらには資金調達に対する市民参加の実例が多くなっている。他方，中国においても，温州の民間金融や「社区」のように都市でのコミュニティが形成または形成されつつあるものの，日本と異なって，農村部でのコミュニテイの形成が遅れている。

そこで，まず都市近郊，次いで農村部でのコミュニテイの形成が期待されることになる。そのためには，土地所有制度の改善を通じて農業などコミュニティビジネスの生産意欲とコミュニティ形成意欲を高める必要性が生じる。また，地方政府の財政負担の軽減が必要になろうし，NPOなど市民団体の育成も考慮されることになるという。

しかし，両国のさらなる観光産業の伸長にとって，住民・市民と中央・地方政府の連携がポイントになるだけに，仲介者としての農業協同組合や農村信用社など地域金融機関の経営効率を高めるための市場メカニズムの重視と地方分

権化が不可欠であると指摘している。

　第9章（林論文）は，中国と同様，人口規模の大きい大国であり，高成長を遂げつつあるインドを研究対象国に据え，同国の家計消費支出の地域格差の実態を描き出し，その地域格差の要因を明らかにすることを目的としている。具体的には，1999/2000年と2011/12年の2時点における全国規模の家計調査データを使用し，消費支出の地域格差を測定した。さらに，地域内格差と地域間格差に対して，教育や社会階層（指定カースト，指定部族等）などの世帯の属性が影響しているのかどうかについて，タイル尺度およびBlinder－Oaxacaの手法を使用して，それらの属性で要因分解を行なって検証している。

　分析の結果，インドにおける家計消費支出の地域格差が拡大しており，地域内（都市・農村内）格差が目立つものの，地域間（都市・農村間）格差も拡大していることを確認した。教育の差が家計消費支出の都市・農村内格差の要因に，また教育の差，カースト等の身分の差，就業部門による生産性/付加価値の差が家計消費支出の都市・農村間格差の要因になっており，それらへの対応，特に教育の量の拡大と質の改善が同国の地域格差の是正につながるであろうと指摘している。

　以上のように，本書ではできうる限り世界経済や地域経済との関連や影響を考慮に入れながら，転換期を迎えている中国経済を分析することを試みた。研究領域や課題が多岐に及んだため，全体としてやや体系性を欠いてしまったかもしれないが，今なお世界から注目を浴びている中国経済の実情を把握し，将来を展望をするうえで，本書が多少とも参考になるならば，望外の喜びである。

　最後に，中央大学経済研究所の国際経済研究部会の開催・運営，および本書の出版をサポートしてくださった経済研究所事務室の宮岡朋子さんに，この場を借りて，深甚なる謝意を表したい。

2017年9月

編著者　中　條　誠　一
　　　　唐　　　　　成

目　次

はしがき

第1章　中国経済・新常態の対外不均衡——高貯蓄・高流動性経済の矛盾——
　　　　　　　　　　　　　　　　　　　　　　　　　　　坂本正弘…1
　はじめに………………………………………………………………………1
　1. 新常態の中国経済………………………………………………………2
　2. 新常態への移行の諸困難とその対応…………………………………9
　3. 新常態の金融的側面……………………………………………………17
　おわりに　中国の新常態の今後——問題残る対外不均衡——…………22

第2章　中国の付加価値貿易と産業構造……………長谷川聰哲…27
　はじめに………………………………………………………………………27
　1. 中国の産業と貿易構造…………………………………………………28
　2. 中国の貿易構造—Gross と Value-Added の相違—…………………30
　3. 付加価値貿易のデータからみた中国の国際価値連鎖………………33
　4. 中国の貿易費用と貿易フロー…………………………………………37
　おわりに……………………………………………………………………39

第3章　中国における経済転換の課題——家計消費を焦点として——
　　　　　　　　　　　　　　　　　　　　　　　　　　　唐　　成…41
　はじめに………………………………………………………………………41
　1. 家計消費の概要とその動向……………………………………………43
　2. 国民所得分配構造と低消費率…………………………………………48

3. 平均消費性向の低下要因 ………………………………………53
　　おわりに ……………………………………………………………57

第4章　東アジア経済統合と中国経済 ………………益村眞知子…61
　　はじめに ……………………………………………………………61
　　1. 東アジア経済統合の経緯 ………………………………………63
　　2. 東アジアにおける貿易構造の変化 ……………………………72
　　3. 東アジア経済統合の経済的影響 ………………………………77
　　4. 東アジア経済統合と欧州統合の比較 …………………………80
　　おわりに ……………………………………………………………82

第5章　EUの対中国通商政策と中国の対応
　　　　――これまでの展開と若干の展望―― ……………田中素香…85
　　はじめに ……………………………………………………………85
　　1. 21世紀のEU通商政策の新展開と中国 ………………………86
　　2. EU中国間の通商関係発展の特徴 ……………………………94
　　3. 2016年のEU中国通商紛争 …………………………………105
　　4. EU中国通商摩擦・紛争と懸案事項の行方 …………………109
　　5. EU中国通商関係に関する若干の展望 ………………………114

第6章　真の人民元の国際化とアジア通貨システムの行方
　　　　………………………………………………………中條誠一…121
　　はじめに …………………………………………………………121
　　1. 人民元の国際化の実態 ………………………………………122
　　2. どうすれば，人民元のアジア通貨化は可能となるか ……130
　　3. 世界，アジアから見た人民元のアジア通貨化 ……………138
　　おわりに …………………………………………………………143

第7章　転換期を迎えた韓中経済――相互補完関係は持続可能か――
　　　　　　　　　　　　　　　　　　　　　　　　　　　金　　俊　昊…147
　　はじめに……………………………………………………………………147
　1.　韓中経済関係の変遷と特性：相互補完性の生成………………………148
　2.　韓中経済関係の発展：相互補完性の依存性への変容…………………157
　3.　韓中経済関係の転換：相互補完性の競合性への反転…………………164
　　おわりに……………………………………………………………………173

第8章　地方創生の観光産業――日本と中国――………岸　　真　清…177
　　はじめに……………………………………………………………………177
　1.　日本と中国の観光政策……………………………………………………178
　2.　コミュニティビジネスとしての地域密着・発信型観光産業…………181
　3.　都市近郊における農業関連観光産業の役割……………………………185
　4.　農村地域の資金循環………………………………………………………188
　5.　住民参加型金融システムの構築…………………………………………193
　　おわりに……………………………………………………………………197

第9章　インドにおける家計消費支出の地域格差：その実態と要因
　　　　　　　　　　　　　　　　　　　　　　　　　　　林　　光　洋…201
　　はじめに……………………………………………………………………201
　1.　データと分析方法…………………………………………………………204
　2.　家計消費支出の地域格差…………………………………………………210
　3.　都市・農村内の家計消費支出格差：教育水準と社会階層による要因分解
　　　……………………………………………………………………………214
　4.　都市・農村間の家計消費支出格差：Blinder-Oaxaca 手法による要因分解
　　　……………………………………………………………………………218
　　おわりに……………………………………………………………………222

第 1 章

中国経済・新常態の対外不均衡
――高貯蓄・高流動性経済の矛盾――

坂 本 正 弘

はじめに

　21世紀の中国は，世界金融危機後の世界経済を背負い，2015年には，AIIBを創立し，大国としての存在を示したが，同時に，過剰生産・債務に悩み，株式市場の乱高下と元安を経験し，外貨準備の大幅減少に直面した。その原因として本論では，4兆元対策の後遺症としてのGDPの5割となった貯蓄と過剰ともいえる流動性がもたらす構造問題の困難ととらえた。その結果，中国経済の効率は大きく落ちており，金融バブルの危険はあるが，国内金融の対応能力に余裕はあるのではないかと考察した。しかし，国内の投資機会が乏しくなる結果，資本流出圧力が高まり，外貨準備減少から，国際収支面の制約が高まり，マネー外交の足かせになる可能性があると考える。

　以下，1では，21世紀の中国経済の台頭と新常態経済移行過程での状況を述べ，2では，高貯蓄，高流動性の構造問題を取り上げ，3では，中国の金融状況を考察し，最後にまとめとする。

1. 新常態の中国経済

1-1 中国の高度成長と大国への台頭

　21世紀に入ってからの中国の台頭は括目すべきものがある。特に，2008年の世界金融危機後の台頭加速には怒涛の観があった。世界の覇者・米国の躓き，EUの混迷の中で，4兆元対策を発動し，世界経済を支え，世界貿易 NO 1 となり，その経済力が米国を凌駕するのは時間の問題との観測がでた。世界覇権への意識が芽生えたと考えるが，事実，物的・PPPベースのGDPでは2014年以来，米国を抜いている（表1-2）。

　中国は，総合国力の帰趨が，その影響力を増減させ，戦略的国境を規制するとの考えを持っている。総合国力は，軍事力，経済力，外交力を総合したものだが，総合国力が小さければ，戦略的国境は，地理的国境の内側に縮み[1]，総合国力が大きければ，戦略的国境は地理的国境を越えて拡大し，中国の影響力は拡張するというものである。総合国力の中で，中国の軍事力充実は目覚ましいものがあり，国連安全保障理事会常任理事国の地位もその外交力を強めてきたが，高まった経済力による政治目的の追求が極めて有効だった。2008年の世界金融危機時の4兆元対策とその後の貿易力，投資力，援助力を動員した経済力の影響は極めて大きく，それを強制使用することにより，その政治目的の追求を有効にした。

　2012年，中国共産党総書記になった習氏にとって，急激に増大する総合国力は戦略的国境を拡大し，大国の論理を追求する絶好の機会となった。2013年の米中首脳会談で米中両大国を特別関係と規定したが，それは核心的利益の相互尊重（南シナ海を含む），戦略的信認の相互醸成，経済の相互利益を促進するという内容の主張だった。さらに，ユーラシア大陸を横断する一帯一路構想を唱道し，陸と海の覇権追及を始めたが，貿易，マネー外交が経済不況の諸国

---

1) 中国の総合国力の小さかった20世紀初頭，日本とロシアは中国の地理的国境・領土の中で戦争をした。

を引き付けるうえで，有効だった。2015年春のAIIB設立では，中国は経済低迷の欧州諸国を味方につけ，米日の反対を押し切った。中国外交の劇的勝利であったが，同年11月の人民元のSDR構成通貨入りの決定もその流れで，将来の基軸通貨を狙う中国がポンド，円を凌ぐ地位を獲得した[2]。マネー外交の貢献が大きかったが，その象徴は4兆ドルに膨張した外貨準備であった。2008年の世界金融危機以来の中国台頭の黄金時代といえよう。

1-2 新常態への移行の困難

しかし，2015年は，同時に，中国経済の新常態への移行の困難が一気に噴き出した年でもあった。中国経済は2012年から新常態に入ったが，2014年に入り，資本形成の減速，輸出の減退があり，GDPの減速が明瞭となった。名目GDPで見ると，2011年18.5％だった成長が2012年10.4％に急減し，2014年には8％と，実に半分以下に落ち込んだ。2014年下期には，外貨準備が減少に転じ，社会総融資も大幅に減じた。地方政府の金融逼迫や企業業績悪化の中，景気が落ち込んだが，このような状況での株価上昇（14年央の2100台から年末の3000超え）は朗報であり，景気の支えとなった。15年に入り，当局の煽りもあり，株価が5500まで，大きく上昇したが，バブルを恐れた当局の政策転換があり，夏以来，暴落に転じ，当局は買い支えに苦闘した。この間，当局は8月に，何年振りかの元切り下げを行ったが，外貨準備の大幅減少に見舞われ，2015年末にかけて，当局は株と元安対策に苦闘することとなった。2016年初頭も株式市場の一時閉鎖，更なる外貨準備の減少が続いた。当局の強い介入も有効でない事態は，政権の経済運営への内外の不信・不安を高め，2016年春には，党内での経済運営に対する路線対立が表面化する異常な事態となった[3]。

2016年に入り，鉄・石炭などの不況産業の処理などの難問が続いたが，当

---

2) 篠原尚之・元IMF副専務理事は，ラギャルドIMF専務理事がIMF理事会前に人民元のSDR入りを，公に推奨したことは異例の政治的声明だと批判した（日経新聞2015年12月26日号経済教室参照）。

3) 習氏側の「権威人士」構造改革路線が人民日報で反対側の拡大路線を批判した。

局のインフラ整備対策が需要を押し上げ，個人消費の拡大とともに，16年末には経済は小康状態になった。ただし，企業債務の累積は増大し，当局は外貨流出への規制を強めているが，経常収支黒字の続く中で，流出は止まず，2017年初，外貨準備が3兆ドルを下回る状況となった。

2017年3月6-15日には全国人民代表者会議があり，李首相の政府活動報告があった。過去一年には国内外での矛盾とリスクの交錯があったが，経済を鈍化から，安定・好転に導いたと喝破した。そのうえで，2017年は，経済安定を最優先するとし，GDPの目標を6.5%前後と引き下げ（16年の目標は6.5-7%）の中で，前進を図るとした。財政は減税とインフラ投資の積極姿勢だが，金融政策は引き締め気味にし，さらに，鉄鋼・石炭の過剰生産能力の圧縮，不動産在庫の圧縮，企業債務の抑制を図る一方で，製造業の質的改善を重点とする方針を示した。李首相は全人代終了後の記者会見で金融リスクに触れたが，上記，2015年を中心とする金融情勢の混迷は中国当局にとってトラウマであろう。

1-3 高貯蓄・高流動性の構造問題

中国経済は，もともと，貯蓄率が高く，2000年にはGDPの4割を占めたが，通貨供給量を示すM2は158兆元とGDP 109兆元を上回り，流動性の高い経済となっていた。中国社会科学院張明は，中国の高い貯蓄率は，個人貯蓄，政府貯蓄，企業貯蓄とも高いためだとした。世銀のkuijs氏の推計では，2003年のGDPへの比率は個人貯蓄16.6%，政府貯蓄7%，企業貯蓄18.9%で，全体で42.5%であった。この比率は，国民所得が個人部門以外の部門により多く分配されていることを示すが，政府貯蓄は医療や社会保障が整備されてないので，個人消費に回らず，また，企業貯蓄も配当の習慣がないので個人部門に回らない。更に，個人部門の所得配分も格差が大きいので，個人消費が高まらない構造とした（張，2008）。その後の高度成長はこの3部門の貯蓄を高めたが，特に4兆元対策以降の中国の貯蓄率は一時GDPの5割を超えた。その後漸減し，2016年にはGDP比46%で，その内訳は，家計23%，企業18%，政

表 1-1　中国の潤沢な金融環境

(単位：兆元，倍，%)

	01	05	08	09	10	11	12	13	14	15	2016
GDP	10.9	18.6	31.9	34.9	41.3	48.9	54.0	59.5	64.4	68.9	74.4
M2	15.8	29.6	47.5	61.0	72.6	85.1	97.4	110.6	122.8	139.2	155.0
M/G	1.4	1.6	1.5	1.7	1.8	1.7	1.8	1.9	1.9	2.0	2.1
貯蓄率	38.5	45.7	50.7	50.6	51.5	51.4	49.9	49.7	49.4	48.2	46.4

(出所) 内閣府資料。

府5%となっている (IMF, 2017)。

他方，GDPの支出は，2016年，消費支出54%（うち家計消費39%,）に対し，資本形成44%，純輸出2%の投資偏重であるが，個人や企業の高貯蓄の裏面である。対応する日本の数値は消費支出76%（家計消費56%），米国は，消費支出87%（家計消費69%）で，中国が，いかに貯蓄・投資偏重で，家計支出が少ない構造であることが理解される。

また，M2は，流動性の高いM1（流通貨幣＋当座預金）に定期性預金を加えたものだが，一国の経済がある時点で，利用できるマネーの総量・流動性と定義される。中国のM2は，21世紀の高成長の中，金融機関の与信活動の拡大とともに急増したが，特に，大幅な経常収支黒字と資本流入の結果の外貨準備の急増が影響した。中国人民銀行は，元安を維持しながら，急膨張する外貨準備の影響を中立化する為，金融機関の預金準備率を21%に引き上げるなどの不胎化措置をとったが吸収しきれず，金融環境は極めて潤沢となった。M2の増加も2割前後が続き，2015年にはGDPの2倍の流動性を有する経済となった（表1-1）。

4兆元対策は，実際には，20兆元（約400兆円）の膨大な投資といわれる。高い貯蓄と流動性の高い金融環境が，かかる投資の急膨張を賄い，中国を世界の経済大国としたが，同時に，その高貯蓄，高流動性は新常態に減速した経済と構造的矛盾を抱えるものとなった。

1-4　構造的諸矛盾

構造的矛盾の第一だが，マーチン・ウルフは，6%成長の中国経済にはGDP

約3割の貯蓄があれば、十分と喝破した（日本経済新聞、2017年4月6日号）。GDP5割の高貯蓄は10%の高度成長期には、国内にそれなりの投資機会を見つけられた。減速の新常態では、十分の投資機会がなく、貯蓄過剰と蓄積された金融商品は、海外に機会を求め、海外への大幅な資金流出を齎し、元安と外貨準備の減少を結果したとの指摘である。現在、中国の経常収支は依然大きいが、2014年後半以来、経常収支黒字を上回る資本流出が続き、元安圧力を強め、外貨準備は2017年初め3兆ドルまで落ち込んだ。

　第2は、マクロ経済の管理である。中国政府は、投資主導から消費主導により、6.5%の成長を狙うが、上記のように企業貯蓄の比重が高く、かつ、都市戸籍と農村戸籍のなど、格差の大きい経済では、高貯蓄から消費主導への転換は容易でない。家計消費が、GDP比4割を切り、資本投資が44%の経済では、消費の寄与度が限られる。中国当局は、景気対策として、2016年後半以来の巨額のインフラ投資を選び、景気を支え、鉄鋼や石炭の不況業種にも恩恵を与えているが、経済の投資依存をむしろ深める結果となっている。

　第3に、流動性の高い金融環境の下、高貯蓄と金融資産は有利な投資対象を求める。かなりの部分は銀行預金に回るが、銀行預金利子が1.5%に引き下げられた現在、資金は各種理財商品に向かい、一時下火になった影子銀行の金融が急増している。資金は、また、不動産や株式や市況商品に回り、不動産価格は高騰し、株価も不安定となる。中国当局にとって2015－6年の経験はトラウマであり、バブルを恐れ、金融の調整に神経を使う。

　第4に、貯蓄率5割で6%強の成長では、資本係数は8に近く（資本係数＝貯蓄率／成長率）、資本効率は極めて低いが、流動性の高い、共産党支配の金融環境がこれを助長する。国有企業や地方政府企業への容易な与信は、企業債務を2016年末GDPの2倍近い高水準とした。資金が生産性の高い民間企業には向かわず、国有企業の生産調整やゾンビ企業延命や不良資産に向えば、経済効率は落ちる。インフラ投資も短期の効率は悪い。

　以上、中国の経済効率は極めて低いが、高貯蓄・高流動性は、共産党支配のもと、無駄な投資、業績の悪い企業の累積債務も金融的には受け入れる余裕を

示すともいえる。確かに企業の債務は高く，地方政府の債務は憂慮されるが，国有金融機関の財務諸表には，なお余裕があり，地方債の引き受けや企業債務の株式化は進んでいる。背後にある中国人民銀行の資産の過半は外貨準備だが，金融機関や地方政府支援の余地は大きい。ムーデイズは，最近，中国国債の評価を引き下げたが，中央政府の債務は増大しているとはいえ，なお債務累積は低い。当面，バブルの危険はあるが，金融不安に対抗する能力は大きいといえようか。

ただし，消費主導への移行など国内の構造改革が進まなければ，高貯蓄・高流動性は資本流出圧力を高め，外貨準備が落ち込めば，国際収支の制約が強くなる。当局は，16年以来，個人や企業の外貨流出を抑制する方策を強め，2017年に入り，外貨準備の減少は止んでいるが，中国企業の海外投資は激減し，また，人民元の国際市場での利用は急減し，SDR通貨の機能は阻害されている。人民元が国際通貨として，対外決済に使用できなければ，援助外交の足かせとなる。新常態の対外不均衡は，大国・中国のマネー外交の大きな制約となる重要な事案である（坂本正弘，日本経済新聞2017年8月2日号「経済教室」）。

1-5 米中関係の影響

中国の台頭には，米国の後押しが，好影響を与えてきた。オバマ政権は後半には当初の親中から，批判を強める状況になったが，なお融和的であった。FRBの利上げは15年，16年とも12月1回きりだったが，中国の金融情勢，外貨準備の減少への配慮があったとされる。しかし，FRBの利上げは17年1月に続き，6月も行われ今後も予想される。また，新しく登場したトランプ政権は，中国を為替操作国と規定し，米国企業の中国への移転が，米国の製造業を空洞化したと強く非難し，国境関税の付加などに言及している。また，南シナ海での人工島建設，軍事基地化も強く非難した。ただし，2017年4月の米中首脳会談以降，北朝鮮問題が緊迫する中，トランプ大統領は貿易問題を鎮静化する意向も示したが，その後は台湾への武器輸出再開，中国金融機関との取引停止など[4]，政治面からの米中経済関係への影響も注目すべきである。

表1-2 世界のGDP

(単位:兆ドル)

	米国	中国	中国PPP	日本	EURO	世界
2008	14.7	4.5		4.9	13.5	62.8
2009	14.4	4.9		5.3	12.4	59.8
2010	14.9	5.9		5.6	12.1	65.3
2011	15.5	7.3		6.2	13.1	72.1
2012	16.1	8.3		6.2	12.1	73.4
2013	16.7	9.5	16.6	5.2	13.2	75.4
2014	17.4	10.6	18.2	4.8	13.5	78.0
2015	18.0	11.2	19.7	5.1	11.6	74.2
2016	18.5	11.2	21.3	5.2	11.9	75.3
2017	19.4	11.8	23.2	5.4	11.7	78.0
2019	21.2	13.8	27.3	5.7	12.8	86.1
2021	22.9	16.3	31.8	6.0	11.1	95.1

(出所) IMF, World Data Jul/2017. 日本の2008-14は内閣府資料。

表1-3 主要国の輸出入推移

(単位:10億ドル)

	U.S.A.			中国			日本			ドイツ		
	輸出	輸入	計	輸出	輸入	計	輸出	輸入	計	輸出	輸入	計
2000	780	1258	2040	249	225	474	479	380	858	614	604	1218
08	1307	2141	3448	1430	1132	2562	781	762	1443	1567	1323	2890
09	1070	1580	2650	1201	1006	2207	581	552	1133	1120	926	2046
10	1290	1938	3228	1577	1349	2926	770	694	1464	1298	1180	2478
11	1499	2303	3802	1898	1743	3642	822	852	1674	1642	1423	3065
12	1562	2275	3837	2049	1818	3867	799	886	1686	1600	1310	2910
13	1592	2294	3886	2210	1950	4160	715	832	1547	1755	1395	3150
14	1633	2385	4018	2342	1959	4301	684	803	1487	1704	1447	3151
15	1510	2272	3782	2273	1680	3953	625	648	1273	1771	1513	3284
16.	1456	2208	3664	2098	1588	3686	646	551	1200	1536	1328	2864

(出所) 内閣府資料から作成。

　2015年以来の調整過程をへて，中国が米国を凌ぐ経済大国になるというシナリオは大きな挑戦を受けている。世界貿易 NO 1 の地位も 2014 年以降の輸出入減少を受け，2016 年は米国に追い付かれる状況である（表1-2, 1-3）。

---

4) トランプ政権の対中政策の変更との評価もある。

2. 新常態への移行の諸困難とその対応

2-1 新常態への移行の構造問題

　IMFは2016年8月，中国の経済審査を発表した。4兆元対策の後遺症を抱える中国経済は，複雑で，困難な，下振れリスクの大きい挑戦下にあるとし，①特に国有企業の経営改善・債務削減，②，マクロ経済減速への財政出動，③金融不安・影子金融問題，④対外資本流出問題を指摘したが，高貯蓄・高流動性がもたらす構造的困難である。

　第一に，IMFは企業，特に国有企業の債務累積を問題視したうえで，金融を厳しくして，不良企業は清算すべしとした。新常態への移行に伴う経済の減速の中で，多くの国有企業では業績が悪化し，債務不履行が急増している。鉄鋼，石炭，非鉄，鉄道・船舶など運輸関連業種といった構造不況業種が典型だが，生産調整と人員削減が必要とされる。鉄鋼は中国の安値輸出がG20でも問題となり，12億トンの能力に対し，5年間で1～1.5億トンの削減が必要とされているが，これは50万人の人員削減となる。石炭業の生産削減は5億トンで，人員は130万人の整理となる。さらに，国家発展改革委員会は火力発電，建材，非鉄に生産能力削減を拡大する方針である。しかし，地方政府には，これらの産業は雇用維持に不可欠であり，債務不履行でも，ゾンビ企業に多額の赤字金融を行い，生き延びさせている実態がある。

　最近の驚きは，鉄鋼・石炭の需給改善であり，価格の上昇である。鉄鋼に関しては，中国政府は生産調整が大幅に進んだ上，インフラ・不動産開発に伴う需要増大があり，さらに，自動車向けの需要は高まったためとする。ただし，米中経済・安全保障調査・検討委員会（以下USCC）によると，中国政府のいうように，鉄鋼業では，一部企業では生産調整が進んだが，鉄鋼需給の好転から，他の企業での生産能力増強の動きがあり，中国全体の鉄鋼生産能力は増大しているとの見解である。石炭産業にも似た動きがあるという（USCC(2017)）。

世界の鉄鋼生産16億トンに対し，生産調整が進んだというが，中国の12億トンの生産能力が異常に大きいことは変わりない。中国政府は今後も，生産調整を進めるとするが，中国のインフラ重視の政策は結果的に，鉄鋼・石炭業における国有企業を維持することになろうか？USCCはこれら産業の維持が，環境問題を悪化させると懸念を示している。

　このような中で，当局は市場原理を重視するとするが，資金の割り当てが，国有企業に優先的に行われ，民間企業の投資意欲を低めていることが指摘される。生産性の高い民間部門の投資が低迷し，生産性の低い国有企業が，合併やインフラ投資で生存している実態がある。

　第二に，マクロ経済の需要管理については，IMFは短期的に，経済減速がもたらす脆弱性を財政出動により緩和するのは妥当だとする。金融面では，中国はすでに緩和しており，注意深い姿勢が必要だとする。中国は①住宅・不動産，②設備投資，③インフラに，2009年から3年間に，米国の100年間のセメント消費に相当する投資を行ったとされるが，それによってGDPの5割に達する投資依存体質となった（表1-4）。すなわち，中国は2001年には家計消費が45％で，政府支出を合わせると消費が6割を占め，残りの4割が投資・純輸出の経済だった。その後，純輸出が2008年まで8-9％に拡大し，投資も急拡大し，2009年以降は47％に上昇し，純輸出を合わせた投資が5割を占める経済となった。

　2012年以降，消費主導の体質への転換を図り，家計消費の比重がやや上昇してきたが，なお，家計消費は4割以下である。中国の企業貯蓄が大きい状況では，消費拡大で6％の成長を達成するのも容易でない。重厚長大業種の設備投資に期待できない上，民間投資の活性が望まれるが，国有企業に圧迫される状況では景気の維持に十分でない。IMFは財政出動の内容として，年金，医療，教育など消費支出を重視すべしとしたが，中国当局の答えはインフラ投資であった。

　その後の推移だが，中国当局のインフラ投資，減税中心の財政出動を行ったが，鉄鋼やセメントの需要に働きかけ，国有企業を支援する効果となる一方，

表 1-4　中国 GDP とその構成

	GDP（名目）		GDP（実質）	家計消費		政府消費		資本形成		純輸出	
	兆元	前年比%	前年比%	兆元	構成比	兆元	構成比	兆元	構成比	兆元	構成比
2001	10.9	10.4	8.3	4.9	45.0	1.7	15.6	4.0	36.7	0.2	1.8
02	12.0	10.5	9.1	5.3	44.2	1.8	15.0	4.6	38.3	0.3	2.5
03	13.6	13.4	10.0	5.7	41.9	2.0	14.7	5.6	41.2	0.3	2.2
04	16.9	17.8	10.1	6.5	38.5	2.2	13.0	6.9	40.8	0.4	2.4
05	18.6	16.4	11.3	7.5	40.0	2.6	14.0	7.6	40.4	1.0	5.3
06	21.7	17.1	12.7	8.4	37.7	3.1	13.3	8.8	39.5	1.7	7.5
07	27.0	23.1	14.2	9.9	36.9	3.6	13.3	11.2	41.2	2.3	8.6
08	31.9	18.2	9.6	11.5	36.0	4.2	13.1	13.8	43.2	2.4	7.5
09	34.9	9.3	9.4	12.7	36.3	4.6	13.2	16.2	46.3	1.5	4.3
10	41.3	18.3	10.6	14.6	35.6	5.3	12.9	19.7	47.9	1.5	3.6
11	48.9	18.5	9.5	17.7	36.2	6.5	13.4	23.3	47.9	1.2	2.5
12	54.0	10.4	7.9	19.8	36.0.	7.3	13.5	25.5	47.1	1.5	2.8
13	59.5	10.2	7.8	22.0	36.9	8.1	13.6	28.2	47.2	1.5	2.5
14	64.4	8.2	7.3	24.2	37.3	8.6	13.3	30.2	46.8	1.7	2.6
15	68.9	7.0	6.9	26.5	38.1	9.6	13.7	31.3	44.9	2.4	3.4
16.	74.4	8.0	6.7	29.3	39.2	10.8	14.4	31.9	44.2	1.6	2.2

（出所）内閣府資料から作成。

家計消費の堅調さを支え，景気を刺激した。李首相が人民代において，経済は安定から好転へ向かっているとした背景だが，今後もインフラ投資・不動産開発や減税への依存が続く状況となる。しかし，国有企業の投資が増加する中，生産性の高い民間投資は依然不振の状態である。

第三に，4兆元対策は，実態は20兆元の対策だったとの評価があるが，過剰設備の半面，過剰債務を生み出し，金融を不安定にした。2009年の社会融資は前年に比べ，倍増の急増加であるが（表1-5），この年M2は実に，28.4%の増加である。人民元貸し出し（銀行貸し出し）以外の，「その他」部分には影子金融が多い。2008年以来の急激な社会融資の増加の中で，「その他」の比重が高まり，2013年には銀行貸し出しと影子金融とは互角となった。その後規制が強まり，14年下期から，15年にかけては，影子金融貸し出しは比重を低めた。しかし，内閣府（2017）『世界経済の潮流』によると，預金金利低下のなかで，新たな高収益を求める動きが強くなり，2015年以降は理財商品の発行残高が再び多くなっているという。

表 1-5 社会融資規模の総額, 銀行貸し出し及びその他

(単位:兆元)

	社会融資総額	銀行貸出	その他	外貨貸し	M2	M2前年比 (%)
2002	2.0	1.8	0.2		158	16.9
06	4.3	3.2	1.2		345	17.0
08	7.0	4.9	2.1		475	17.8
09	13.9	9.6	4.3		610	28.4
10	14.0	7.9	6.1		725	18.9
11	12.8	7.5	5.1		852	17.2
12	15.7	8.2	7.5		974	14.4
13	17.3	8.9	8.4		1,106	13.6
14	16.4	9.8	6.6	0.7	1,228	11.0
15	15.4	11.7	3.7	-0.6	1,393	13.3
16	17.8	12.5	5.3	-0.5	1,550	11.3
14/上	10.5	5.7	4.8	0.6		13.4
14/下	5.9	4.1	1.8	-0.1		12.6
15/上	8.8	6.6	2.1	0.2		11.7
15/下	6.6	4.7	1.9	-0.7		13.2
16/上	9.8	7.5	2.3	-0.4		12.6
16/下	8.0	5.0	3.0	-0.2		11.4
17/上	11.2	8.2	3.0	0.5		10.0

(出所) 中国人民銀行。

表 1-6 中国の財政収支 (中央+地方)

(単位:兆元)

	歳入	歳出	収支
2008	6.1	6.3	-0.1
09	6.8	7.6	-0.8
10	8.3	9.0	-0.7
11	10.3	10.9	-0.5
12	11.7	12.6	-0.9
13	12.9	14.0	-1.1
14	14.0	15.1	-1.1
15	15.2	17.6	-2.4
16	16.0	18.8	-2.8
17 (計画)	16.9	19.5	-2.6

(出所) 内閣府資料および2017年の人民代報告。

　社会融資総額の融資残高は2014年末124兆元, 2015年末138兆元, 2016年末156兆元に急増し, GDPの210%の高水準である。2016年12月の内容は, 銀行貸し出しが105兆元と多く, その他51兆元だが, その他の中では委託貸出 (13.5兆元), 企業債券 (17.9兆元) 信託借款 (6.6兆元), 非金融機関株式 (5.9兆元) が主である。2017年上期の残高は167兆元と11兆元の増加だが,

表1-7　2015年末の部門別債務（GDP比）

	非金融部門計	一般政府	家計	非金融企業
中国	255	44	40	171
韓国	235	40	88	106
日本	388	221	66	101
米国	250	100	79	71

（出所）IMF資料—BIS資料より作成。

銀行貸し出しも，その他貸し出しも旺盛である。

　企業は業績が悪化すると，金利も払えない，不良債権が発生するが，それにつけ込み，高利潤，高利息を求める影子金融が金利を高くし，取引を不安定にする。地方の小銀行ほど影子金融への依存が高いとされるが，企業業績が悪化すれば，高金利の理財商品への返済ができず，影子金融は投資者への収益のみならず，投資資金も払えない状況となる。ただし，預金者には，高い預金金利は歓迎である。

　IMFは中国には資産投機の性向があると指摘する。中国の株価については，前述のように，2014年から15年に，政府の誘導があり，政策変更から乱高下もした。最近の住宅，不動産価格の高騰には政府支持があったが，上がりすぎとの指摘は多い。しかし，不動産価格は地方政府の財政に大きく影響するほか，住宅保有者にも大きな影響がある。大幅な価格上昇には懸念が出るが，大幅な下落はそれ以上に容認できないだろうと思われる。

　以上のように，中国には金融不安があるが，政府の債務レベルは低く，十分対応できるとの意見が多い。表1-7のように諸外国と比べて非金融部門全体の赤字は高くない（日本が最も高い）。家計や政府はむしろ低くなっている。しかし，中国企業の債務レベルは際立って高く（表1-7），年々の増加はかなり高い速度である。

　このような企業財務の脆弱性に対し，国有企業の合併や，金融機関が介入し，債務の株式移行が実施されている。また，最近まで，地方政府の債務が大きな問題だったが，地方債の発行が認められ，金融機関が引き受け，一部は中央銀行の引き受けとなっている。債務問題は，最終的には中央銀行，中央政府

の負担となる。地方債を入れた一般政府の負債比率は，BIS の統計では 2015 年 44% で高いといえないが，増加速度は高い。なお，一般政府の 15 年度の公式赤字は GDP 比 2.4% だが，IMF スタッフは予算外の赤字も加えると 9.5% になるとする（表 1-6）。日本よりも悪い状態であり（日本，約 5%），将来への不安を残す[5]。

2-2　経常収支の黒字継続下の資本流出

表 1-8 に見る如く，中国の外貨準備は 21 世紀に入り，急激に増え続けた。為替レートを 8.28 元/ドルの割安水準に固定する中，輸出が急増し，経常収支の黒字が増大した。しかし，為替レートを割安に抑える市場介入政策が取られたため，輸出急増の中，人民元の切り上げ予想が強まり，資本流入を高めた。2008 年の金融危機以降は，経済大国・中国への期待も高まり，資本流入が膨張を続

表 1-8　中国の国際収支と外貨準備

(単位：10 億ドル)

	経常収支 A	外貨準備	外貨準備増 B	資本流入 B―A	対ドルレート	対外純債権	対外資産	対外負債	上海株 A
2000	21	166	11	-11	8.278				1.981
01	17	212	46	29	8.277				2.051
03	46	403	117	71	8.277				1.536
05	132	819	209	77	8.195				1.215
07	353	1.528	462	109	7.608	1,188			4.427
08	421	1.946	418	-3	6.949	1.494			3.211
09	243	2.399	454	211	6.831	1.491			2.875
10	238	2.847	448	210	6.770	1.688			2.964
11	136	3.181	334	198	6.462	1.688			2.793
12	215	3.311	130	-85	6.312	1.865	5.213	3.387	2.325
13	148	3.821	510	362	6.196	2.106	5.986	3.880	2.299
14	236	3.843	22	-214	6.143	1.603	6.438	4.835	2.338
15	304	3,330	-513	-817	6.228	1.673	6.155	4.482	3.873
16	196	3.011	-319	-515	6.640	1.801	6.467	4.666	3.140
14/上	80	3.993	172	92	6.158				2.139
14/下	156	3.843	-150	-306	6.137				3.137
15/上	152	3.694	-149	-301	6.114				5.009
15/下	152	3.330	-364	-516	6.389				3.712
16/上	110	3.205	-125	-235	6.535				3.037
16/下	86	3.011	-194	-280	6.835				3.304
17/上	71	3.057	+46	-25	6.777				3.294

（出所）中国人民銀行，内閣府資料より作成。

け，外貨準備は2014年5月には4兆ドルの高水準となった。

　しかし，中国経済が減速し，新常態へと移行する中，状況は変化した。2005年から，少しずつ切り上げられた人民元は，2015年には2001年から見ると3割も切り上がり，しかも，この間の中国の賃金上昇も大きかったため，輸出競争力を低下させた。2014年5月をピークに外貨準備の減少が始まったのは，経常収支は依然として，黒字を続けたにもかかわらず，それを上回る資本流出が始まったためである。特に，2015年には株式市場の乱高下の中，8月に元を切り下げたことが，さらなる元安の思惑を生み，資本流出が強まり，2015年末の外貨準備は3兆3千億ドルへの減少となった。経常収支の黒字は3040億ドルの高水準だったが，8170億ドルという大量の資本流出があったためである。人民元とオフショア人民元の乖離が大きく，人民元レートの下落圧力に対し，人民銀行が大量の買い支えを行ったことが原因であるが，15年11月の人民元のSDR構成通貨入りの決定に向けて，元安を嫌ったことも関係した。

　2016年春以降の状況は，外貨準備の減少幅は縮まったが，依然，経常収支はかなりの黒字だが，対外投資の加速を含む資本流出が続いているため，減少が続いている。2016年を全体としてみると，経常収支は1960億ドルの黒字であったが，資本流出は5130億ドルと高水準になったため，外貨準備は3.011兆ドルに減少し，2017年1月に至って，ついに3兆ドルを切った。中国の対外純資産は16年末現在1.8兆ドルだが，対外資産は6.5兆ドル，対外負債4.7兆ドルである（表1-8）。人民元レートは，2015年6月の対ドル6.11元から，2016年12月には6.94元と1割以上の低下である。

　以上が最近の状況だが，中国当局は，外貨準備はなお3兆ドルもあるといいながら，その減少を防ぐため，種々の外貨流出抑制策を講じている。個人のドルの持ち出しの制限（年5万ドル），海外保険への規制のほか，最近は企業の海外投資への規制，海外への資産持ち出し制限（10万ドル，）等を行っている。さらに，国内人民元（CNY）とオフショア人民元（CHN）の為替レートの乖離縮小のための香港オフショア市場への介入に当たっては，17年1月，中国人民

5）　ムーデイスは2017年5月，中国国債の格付を引き下げた。

銀行は香港市場での銀行間の人民元取引を抑制するとともに，自らも人民元を買い占め，金利を急上昇させ，投機筋の損を誘う戦術を採用した。かかる事態の解決には，より根源的には人民元の思い切った切下げが必要だが，それはドルの債務が大きい上，さらなる資本流出となる危険があるので難しいとみられる[6]。

IMFは，巨額の資本流出について，投資家が中国の中長期的成長展望や当局の経済運営に疑問を持っていることや，FRBの利上げが人民元レートの下落期待を高めたことにあるとしたが，中国人自身の資産の海外持ち出しは無視できない大きさであり，資本取引の自由化は資本流出を加速する恐れがあるので慎重にと勧告している。確かに，中国の経常収支の黒字はかなりの大きさであるが，資本流出が中国人自身を含む資産の海外持ち出しにあるとすれば，その原因からして，中国経済への信任の回復，環境悪化対策強化や，政治的環境の改善なくしては，それを抑えるのは困難といえようか。

17年上期の状況は，外貨準備は460億ドル増加した。経常収支黒字710億ドルに対し，資本流出規制強化により，企業投資は半減だが，なお，250億ドルの資本流出が続いている。さらに言えば，規制強化は人民元の国際通貨としての地位をさらに損ねている。

2-3 人民元のSDR構成通貨入り

中国は人民元の国際通貨化を国是として強く推進してきたが，中国のマネー外交を増強できる点からも当然である。しかし，資本取引規制の制約の中，まず，SDR構成通貨入りを当面の目標とした。構成通貨となる条件は2つある。第一は，世界輸出での地位だが，中国はNO 1で問題ない。第2の条件はその通貨の国際的使用状況だが，資本取引の自由化を伴わない人民元には大きなハンディであった。中国は，貿易決済での人民元建て化を推進し，中国貿易額の約25％にまで増大させると同時に，多くの中央銀行とスワップ協定を結び，

---

6) 中国人民銀行は，最近人民元の基準値の設定にあたって，減価が強く出ない方式を採用している。

表1-9　2016年4月通貨別外国為替取引額

(単位：%，取引総額は10億ドル)

	2001	2004	2007	2010	2013	2016
取引総額	1.239	1.934	3.324	3.981	5.345	5.088
ドル	89.9	88.0	85.6	84.9	87.0	87.6
ユーロ	37.9	37.4	37.0	39.1	33.4	31.3
円	23.5	20.8	17.2	19.0	23.0	21.6
ポンド	13.0	16.5	14.9	12.9	11.8	12.8
人民元	−	0.1	0.5	0.3	2.2	4.0
取引額全体	200	200	200	200	200	200

(注) 人民元は2016年豪ドル6.9，カナダドル5.1，スイスフラン4.8に次ぐ8位。
(出所) BIS,Triennial Central Bank Survey : Foreign Exchange Turnover in April 2016 & Sept 2016

　さらに，オフショア人民元の使用を促進した。その結果，金融機関の国際決済ネットワークのSWIFTによると，世界貿易等に使用された人民元のシェアは2015年8月には，円を抜いて，ドル，ユーロ，ポンドに次ぐ2.79％だったことが，SDR構成通貨として，ドル，ユーロに次ぐ地位をしめた理由とされた。ただし，2016年7月のSWIFTにおける人民元の地位は1.90％に減少し，円の3.42％に及ばない。中国の輸出入取引額の減少，人民元の減価さらに資本流出規制の強化が人民元保有の意欲を減退させたといえよう。

　また，より総合的通貨の指標として，国際決済銀行が3年に一度行う外国為替取引での通貨別シェアによれば，2013年の2.2％から，2016年には4％に増加したが，その順位は8位で，ドル，ユーロ，円，ポンドとは大きな差がある（表1-9）。

3．新常態の金融的側面

3-1　中国の高度成長から新常態への調整を支える金融体質

　中国経済の高度成長，新常態への調整期を支えたものとして潤沢な金融・資金環境がある。一方で，企業や中央・地方政府の積極的な投資を支え，特に実質は20兆元ともいわれる4兆元対策における急激かつ大規模な資本形成を可能にしたのは，中国の影子金融を含む金融機関，中央・地方政府による資金供

給である。他方，新常態への調整期においても，成長分野の企業やインフラ投資の支えもさることながら，業績不良な企業や，地方財政を支えるのみならず，株式や不動産バブルを起こすのも，潤沢な流動性を有する金融環境である。このような，金融環境の象徴として，GDP 5割の貯蓄と通貨供給量のM 2 がある。

3-2 大きな貯蓄と高い流動性

中国経済は改革・開放時の実物経済体質から，急激に貨幣経済化し，90年代には，M 2/GDP はほぼ1となった。21世紀に入り，GDP，M 2ともに増加が加速したが，M 2/GDP はさらに上昇した。市場介入によって急増する貨幣供給を不胎化すべく，中国人民銀行は預金準備率を引き上げるなどしたが，流動性の増加は避けられなかった。M 2は08年の4兆元対策と共にさらに加速した。表1-5に示す如く，4兆元対策が本格化した09年のM 2の増加は，28.4％という高いものであった。2012年以降，とりわけ14年以降は減速し，16年のM 2は11％であるが，それ以上にGDPの減速が著しく，M 2/GDP は依然として2を超えている。M 2は現金と定期預金を含む預金通貨の合計だが，米国のM 2/GDP は最近でも1未満，日本も最近は1.7であり，中国の2を超えるそれは国際的に見て極めて高いといえる。

また，家計部門の消費性向が低く，企業部門と合すると，貯蓄率は現在もGDPの5割近い水準にある。それによって，生み出される資金，貯蓄は，まず，銀行預金に向かうが，その他は，理財商品など影子金融商品に向かい，また，一部は，株などの証券や不動産に向かう。時として市場をバブルにするが，さらに，かなりが，海外へ流れる。ウルフは中国の貯蓄率，48％のうち15％は余剰だとし，国内で，満足できない投資機会の分が海外に向かい，外貨準備が3兆ドルまで減少したとする（2017）。

高い貯蓄率は，高度経済成長期は高い投資を支え，生産性を上げるが，停滞期にはその効率を低める。資本係数＝貯蓄率/成長率（C＝S/G）の理論から言えば，中国の50％の貯蓄率に対し，成長率が6％だと，資本係数は8を超え

る効率の悪さとなる。特に，資金が生産性の良い企業に向きにくく，生産性の低い国有企業に向う状況は，効率の悪さを裏書きする。

　しかし，大きな貯蓄は，中国のように政府・中央銀行，企業が一体的なところでは，停滞期にも，効果を持ちうる。金融機関を通じて，業績の悪い企業の延命を可能にし，その債務累積を高くし，地方企業への赤字融資や金融債の消化を可能にする。企業の株式化も可能であるが，地方債を含め，中国人民銀行がこれを保障する。大きな貯蓄は，中央政府のインフラ投資を賄い，最終的には，債務の保証を可能にする。

　貯蓄過剰は需要管理を難しくし，経済効率の悪さをもたらす危険性はあるが，潤沢な余剰資金によって債務累積に耐えることも可能となり，中国のような体制下では，短期，中期にも，経済の安定化に資する作用があろう。ただし，株式市場，商品市場，不動産などにバブルをもたらし，金融を不安定にする危険がある。経常収支が黒字の中で，元安が進行し，資本流出が大きいのは異常だが，今後構造改革を怠り，債務問題にメスを入れず，さらに中国経済の体質が中長期に悪化すると，資本流出は止むことはない。経済停滞が続くと，海外に投資機会を求める動きが強まるのみでなく，国内からの資本持ち出しが強まり，国際収支の制約を高める可能性が強い。

表1-10　中国における預金金融機関の貸借対照表の推移

(単位：兆元)

	2007	08	09	10	11	12	13	14	15	16	17.6
海外資産	2.0	2.2	1.7	1.9	2.4	2.9	2.9	3.7	4.2	5.0	5.2
中銀預金準備資産・債権	10.9	14.7	15.9	17.7	19.5	21.0	22.1	24.0	22.4	25.3	24.3
対政府債権	2.9	3.0	3.0	4.3	5.0	5.6	5.2	7.1	11.0	17.2	18.9
金融機関債権等	6.7	10.0	11.5	15.4	21.4	28.8	33.3	39.1	49.1	59.1	58.0
非金融部門貸出	31.4	36.4	47.9	56.9	65.4	75.5	88.0	98.2	112.4	125.8	133.8
総資産・負債	54.1	64.2	81.0	96.2	113.8	133.7	152.4	172.2	199.1	230.4	240.4
非金融機関負債	37.3	44.7	57.1	66.8	78.0	89.1	97.1	110.2	124.9	142.1	149.1
企業預金	18.6	21.4	29.7	36.5	40.6	45.0	51.4	55.1	63.0	72.6	76.0
個人預金	17.3	21.8	26.0	30.3	35.2	41.1	46.7	50.9	55.2	60.4	64.3
その他負債	11.6	13.1	17.5	18.1	25.4	32.3	41.9	46.1	53.9	63.5	54.7
社債と資本	5.2	6.4	6.4	8.6	10.4	12.3	13.5	15.9	20.3	24.8	26.6
GDP	27.0	31.9	34.9	41.3	48.9	54.0	59.5	64.4	68.9	74.4	

（出所）中国人民銀行。

3-3　中国の預金金融機関の金融状況

中国の預金金融機関の総資産・負債は，2008年以降，急増しているが，GDP比でみると2007年の2倍だったものが，2016年には3倍を超える大規模な状況であり，中国の銀行部門の金融的な潤沢さ（あるいは容易さ）はむしろ増大しているといってもよい（表1-10）。

負債勘定では，企業預金と個人預金が急速に増加しているが，2016年には両者ともGDPに匹敵する水準であり，M2/GDPが2となる状況を裏書きする。巨額な貯蓄が銀行貸し出しを支えている。ただし，預金金利が15年から3％以下に引き下げられており，一部は影子金融への預金の流出したと考えられる。

資産勘定では，非金融機関への貸し出しは，08年にGDPと同額だったものが16年には1.7倍に膨張した。4兆元対策を担う中で急増したことが大きな原因だが，最近の増加は業績の良くない国有企業への貸し出しや，企業債務の株式化も影響している。中銀預金等準備資産は2014年までは急激な増加を示しているが，それは中国人民銀行が不胎化政策を実施するため，金融機関に対して預金準備率を引き上げたことによる。14年をピークに準備率が引き下げられたため，それは減少した（16年末は増加）。今後も中銀預金減少に伴う，他の資産への振り替え融資の余力を示す。他方，政府債権引き受け14年から増加し，16年からは巨額のものとなったが，これは中央銀行保証の地方債の引き受けであり，今後も増加しよう。

以上が預金金融機関の貸借対照表だが，不良債権はなお増加だが，債務の証券化などの対策もあり，負債，資産とも余裕があるといえよう。

3-4　新常態への移行過程の中国人民銀行

中国人民銀行の総資産・負債は21世紀に入り急増した。その主な原因は，経常収支の黒字の増大とともに，低く抑えられた人民元への増価の期待が強いため，大きな資本流入が起こり，外貨資産の急増により，総資産が急膨張したためである。この時点での人民銀行の最重要課題は，外貨資産購入により，あ

表1-11 中国人民銀行貸借対照表

	GDP（名目）		外貨資産	対政府債権	金融機関債権など	総資産・負債	発行貨幣	金融機関預金準備	その他
	兆元	増加率	兆元	兆元	兆元	兆元	兆元	兆元	兆元
2001	10.9	10.4	2.0	0.3	2.0	**4.3**	1.7	1.7	0.9
02	12.0	10.5	2.3	0.3	2.5	**5.1**	1.9	1.9	1.3
03	13.6	13.4	3.1	0.3	2.8	**6.2**	2.1	2.2	1.9
04	16.9	17.8	4.7	0.3	2.9	**7.9**	2.3	3.6	2.0
05	18.6	16.4	6.3	0.3	3.8	**10.4**	2.6	3.8	4.0
06	21.7	17.1	8.6	0.3	4.0	**12.9**	2.9	4.8	5.2
07	27.0	23.1.	12.5	1.6	2.8	**16.9**	3.2	6.8	6.9
08	31.9	18.2	16.3	1.6	2.8	**20.8**	3.7	9.2	7.8
09	34.9	9.3	18.5	1.6	2.6	**20.7**	4.2	10.2	8.3
10	41.3	18.3	21.5	1.5	2.8	**25.9**	4.9	13.6	7.4
11	48.9	18.5	23.8	1.5	2.8	**28.1**	5.6	16.9	5.6
12	54.0	10.3	24.1	1.5	3.7	**29.4**	6.1	19.2	4.1
13	59.5	10.1	27.2	1.5	3.0	**31.7**	6.5	20.6	4.6
14	64.4	8.2	27.8	1.5	4.5	**33.8**	6.7	22.7	4.4
15	68.9	7.0	25.4	1.5	4.9	**31.8**	7.0	20.6	4.2
16	74.4	8.0	23.0	1.5	9.9	**34.4**	7.5	23.4	3.5
17.6			22.3	1.5	10.7	**34.5**	7.3	23.0	4.2

（出所）中国人民銀行。

ふれ出る過剰流動性の統制にあった。人民銀行は，負債勘定での銀行券増発によるインフレを回避し，金融機関に21％の高い準備率を要求して，過剰流動性を吸収し，不胎化政策を続けた。しかし，吸収しきれず，Ｍ２は増加を続けた。

中国人民銀行は人民元の価格を決定できる権限をもつ点で特色があるが[7]人民元は，2005年以来，緩やかながら，増価を続けた。しかし，人民元増価への期待は強く，資本の流入は続いた。特に，4兆元対策後の資本流入は加速し，2009年の外貨資産はGDPの半額を超える事態となった（表1-11）。このため，人民銀行は負債勘定において，通貨発行増を抑制するとともに，不胎化政策に伴う過剰流動性を抑えるため，金融機関の預金準備率を21％に引き上げて対応した。

2014年下期に至り，経常収支黒字は継続したが，人民元安の圧力が高まり，大幅な資本流出が起こった。折からの人民元のSDRバスケット通貨入りもあ

---

7) 日本や米国では為替レートは財務省の権限である。

り，人民銀行は，人民元を買い支え，外貨準備は減少に転じた。しかし，オフショアの人民元の減価はやまず，人民銀行は，2015年夏，元の切り下げを行った。だが，人民元の減価に対する，人民銀行の買い支えにも拘らず，資本流出は加速し，人民銀行の2015年末外貨資産は2.4兆元減の25.4兆元となり，総資産も2兆元減の31.8兆元となった。2016年も人民元の減価と資本流出は続き，外貨準備は16年末22.9兆元となった。外貨資産の減少は14年5月の28.1兆元から見ると，5.2兆元の減少であり，金融危機時の4兆元を上回るデフレ効果である。

中国人民銀行はこのデフレ効果を緩和するために，金融機関預金準備率を14年の21%から，16年には17%まで下げて，預金金融機関に流動性を付与し，また，貸出金利も6%から4%に引き下げて対応した。同時に，14年から金融機関への貸し出しを増やしたが，特に2016年以降は，金融機関の地方債引き受けもあり，人民銀行からの金融機関への貸し出しを大幅に増やした。このため総資産は2016年から増加に転じた。

中国人民銀行の状況は以上の通りだが，今後の方向としては，資産勘定では外貨資産は減少気味だが，最近増加の金融機関への貸し出しのほか，地方債を含め政府債権増加の余地はあろう。

おわりに　中国の新常態の今後──問題残る対外不均衡──

以上，中国は新常態への移行において，IMFのいう投資・貯蓄過剰のマクロ不均衡，不況業種での過剰能力削減，企業の債務累積などの諸問題を抱え，特に，2014年下期から2016年にかけて，株式市場，不動産市場，人民元安などの金融不安に見舞われた。しかし，中国当局のいう「三去一降一補」[8]の方針のもと，2016年下期以降は，インフラ投資，鉄鋼，石炭産業の生産削減，国有企業債務の株式化，地方債の発行，減税を一因とする消費の堅調など，

---

8) 過剰生産能力，在庫・レバレッジ解消の三去，コスト削減の一降，弱点補強の一補をさす。

種々の対応メカニズムの整備もあり，小康状態である。

　中国の経済効率は極めて低いが，高貯蓄・高流動性は，共産党支配のもと，無駄な投資，業績の悪い企業の累積債務も金融的には受け入れる余裕といえないことはない。国有金融機関の財務諸表には，なお余裕があり，地方債の引き受けや企業債務の株式化は進んでいる。背後にある中国人民銀行に金融機関や地方政府支援の余地はあり，中央政府の累積債務も大きくない。

　但し，鉄鋼産業の能力増，石炭事業の雇用調整，環境悪化問題は残り，国有企業の累積債務は急上昇中である。特に，国有企業の構造改革は，政府が行っている，国有企業優先，企業合併の推進，債務の株式化などの方策では不十分である。地方財政の債務問題も地方債の発行で，一時しのぎだが，住宅在庫は残り，不動産価格はバブルの危険もあり，要注意である。ムーデイズは，最近，中国国債の評価を引き下げたが，中国政府の過剰貯蓄・流動性との苦闘は続く。

　中国当局のより重要な関心事は 3 兆ドルに減少した外貨準備に関する対外均衡ではないか？消費主導への移行などマクロ経済の不均衡解消などの構造改革が進まなければ，高貯蓄・高流動性は資本流出圧力を高め，外貨準備が落ち込めば，国際収支の制約が強くなる。当局は，16 年以来，個人や企業の外貨流出を抑制する方策を強め，2017 年に入り，外貨準備の減少は止んでいるが，中国企業の海外投資は激減し，また，人民元の国際市場での利用は急減し，SDR 通貨の機能は阻害されている。人民元が国際通貨として，対外決済に使用できなければ，援助外交の足かせとなる。5 月中旬，習政権は AIIB 加盟を誇り，一帯一路構想の国際会議を謳歌したが，新常態の対外不均衡は，大国・中国のマネー外交の大きな制約となる重要な事案である。

追補　IMF 理事会は 2017 年 8 月 15 日，中国経済審査（4 条審査）を公表した。
1．その理事会報告の概要は以下の様である。
　まず，経済の現状だが，中国経済の 2017 年の成長は，2016 年よりの景気政策と海外環境の改善，国内改革の進展により，6.7％くらいの安定的成長とな

るとした。その上で，理事会としては，第1に，中国の安定的成長への立ち直りを歓迎し，当局がサービスと消費主導成長への移行のため，更なる改革を進める良き機会と認識する。第2に，国民貯蓄の減少が，国内および対外の不均衡を是正するうえで重要であり，社会支出の増強，累進課税の採用などを歓迎する。第3に，理事会は，国有企業の業績改善，余剰能力削減を歓迎するが，予算制約，不良債務切り捨て，ゾンビ企業の整理など，更なる改革を促す。第4に，金融リスクの減少を重視し，金融政策の漸進的引き締めを支持する。第5に，財政政策では，インフラ投資の拡大など，当面の調整の必要性は認めるが，予算外支出の抑制，中央と地方の財政調整，債務累積の抑制に配慮する。第6に，人民元の価値は基礎条件におおむね合致だが，当局の資本流出規制には，公平性と透明性の確保が必要とした。第7に，政策形成の枠組みの改善が重要とし，地方政府財政の自律性回復，予算外支出減とともに，年金，社会保障などの中央財政化や，さらに政策の基礎となる統計の充実が必要とした。

2．中国経済4条審査報告は，以上の理事会報告のほか，事務局による本報告（Staff Report），構造問題報告（Selected Issues）がある。内容は理事会報告の敷衍であるが，諸報告を通じる筆者の印象として次の2点を指摘したい。

第1は，理事会報告以下，諸報告を通じて，過剰貯蓄問題を取り上げたのは，2017年報告が初めてである。これを国内，対外関係の不均衡の根源とした問題意識は，筆者が，本稿で取り上げた視点と同じである（坂本，2017）。構造問題報告は9項目を取り上げているが，理事会報告と共に，その第一項目として，高貯蓄が国内では過剰投資を煽り，対外的には不均衡を齎すとした。過剰貯蓄は，家計，企業，政府各部門の高貯蓄の結果だが，高家計貯蓄は，一人っ子政策や，社会保障など社会安全枠の欠如，住宅所有・不所有，所得不均衡などが原因とする。税の累進課税とともに，政府の年金，医療，教育への支出増が，消費の拡大，政府貯蓄の減少に資するとするが，企業貯蓄も高く，中国経済が消費主導に移行するにはかなりの時間を必要としよう。

第2は，IMFが昨年も主張している点だが，国際決済銀行の43カ国の分析から，非金融部門の債務の増大が，趨勢を10％以上上回るとバブルとなる可

能性が高く，資産価格の下落に対し，債務返済が厳しくなるともものである（露口，2017）。IMF は，中国の非金融部門（企業，家計，政府）の債務が，過去 5 年間 60％ 増えて，GDP 比 230％ になり，趨勢から 25％ も多い。最近の経済情勢は短期的には安定に向かっているといわれるが，現在も非金融部門の債務は増えており，2022 年には 290％ になる予測もある。非常に警戒すべきだとする。

これに対し，中国側は IMF に対して，地方政府関連企業の債務はさほど大きくない。また，このくらいの債務は管理できる手段があるとしているが，今後の推移を見たい。

参 考 文 献

Bank for International Settlements (2016) *Triennial Central Bank Survey - Foreign Exchange turnover in April 2016*. & September 2016.
Bank for International Settlements (2016) *BIS Statistical Bulletin*, December 2016
張明（2008）「中国の国民貯蓄率はなぜ高いのか」季刊中国資本市場研究 2008 Spring
IMF (2016) *The People's Republic of China 2016 Article IV Consultation August 2016*
IMF (2017) *The People's Republic of China 2017 Article IV Consultation August 2017*
内閣府（2017）世界経済の潮流　2016 年 II, 2017 年 1 月。
三浦有史（2016）「過剰能力が問う中国習近平政権の力量」　日本総研『環太平洋情報』2016 Vol 16 No. 62.
村田雅志（2016）『人民元切り下げ』東洋経済新報社
坂本正弘（2015）「中国・新常態の混迷」外国為替貿易研究会『国際金融』1277.2015.10 月。
坂本正弘（2016）「中国・新常態下の挑戦」外国為替貿易研究会『国際金融』1289.2016.10 月。
坂本正弘（2017）「中国バブル不安の実相（上）―過剰貯蓄経済の矛盾拡大」日本経済新聞『経済教室・2017 年 8 月 2 日号』
関　辰一（2016）「中国で深刻化する過剰債務問題」　日本総研『環太平洋情報』2016 Vol 16 No. 62。
露口洋介（2017）「中国バブル不安の実相（下）」日本経済新聞『経済教室・2017 年 8 月 3 日号』
ウルフ，マーチン「中国リスク・金融こそ本丸」『日本経済新聞 2017 年 4 月 6 日』6 ページ。
U. S.‒China economic and security review commission (2016) *2016 Report to Congress*.
U. S.‒China economic and security review commission (2017) *March and Febuary Trade Bulletins*.

第 2 章

中国の付加価値貿易と産業構造

長谷川　聰哲

はじめに

　鄧小平の開放政策以来，他の先行したアジア経済と同じく，中国の経済は輸出主導の工業化により発展してきたことはよく知られている。輸出産業の成長がどのような産業構造の中で進んできたのかは，伝統的貿易統計だけでは，産業の相互依存関係を説明することはできない。今日の国民所得勘定の基礎にある産業連関と価値の生成は，一国で完結するわけではない。本章では，国際間での資財の供給，調達の相互依存の視点から，中国の産業構造と貿易について分析する。

　世界経済における中国の台頭する過程で，その生み出す商品・サービス価値の形成において，国境を越えてどのように資材が調達され，どのように商品・サービス価値が販売されるかという国際的な相互依存の強度を，TiVA（Trade in Value-Added；付加価値貿易）データベースを利用することにより説明する。産業間で国境を越えてどのようなつながりがあるのかを，中国が日本や他国と国際比較することによって TiVA データの有用性を認識することができる。

　また，資材の供給・調達が国境を越えて行われるときに，貿易費用の大きさで，貿易フローに変化が生じる。新たに UNESCAP が開発した貿易費用のデータも有用である。貿易費用は時間の経過につれて物理的，制度的な変化に

伴い変化する。中国の貿易費用がその貿易フローにどのように関係しているかを説明する。その貿易費用の削減のための地域貿易協定の締結が中国の将来のGVC（Global Value Chain；国際価値連鎖）の展開と関係することを論じる。

1. 中国の産業と貿易構造

国民経済の産業構造を俯瞰する都合の良い分析手法として，スカイライン・チャートがある。1969年にワシリー・レオンチェフ博士が考案した分析手法である[1]。このスカイライン・チャートを，中国経済について作成したものが図2-1である。ここで利用した産業連関表は，OECDにより公表された2015年版の2011年表である。34部門の枠組みで各国について公表されているうち，中国については33部門までの投入・産出データが利用できるものになっている。

横軸は，国内経済全体の生産高を100％として，各産業の生産シェアを示している。最大の生産シェアを誇るのが，第20部門の建設業である。これに対して，縦軸には，頂上部分が国内生産されて国内で需要される部分と輸出を足したその産業の生産高に対する名目の輸出高の割合（自給率）を示している。濃く塗られた部分は，輸入を示し，薄く塗られた部分は国内で賄われている部分である。建設業は，輸出も輸入もほとんど見分けられる割合がなく，ほぼ自給される産業であるといえる。

一方，第14部門のコンピュータ・電子・他については，ひと際棒グラフが高く描かれている。その縦棒の頂上が輸出を行われて自給率で測ると150％を上回るレベルをもつ主力輸出産業になっている。しかしながら，この生産を維持するうえで，濃く塗られた部分の割合だけ，輸入に依存していて，差し引くと120％を下回るほどの自給率になる。他方，同じく輸出産業としての繊維・

---

[1] Wassily Leontief (1966), Input-Output Economics, Oxford University. オリジナルの論文は，1963年にScientific American, Inc.に発表されたものである。

図 2-1　中国経済 2011 年の産業構造のスカイライン・チャート

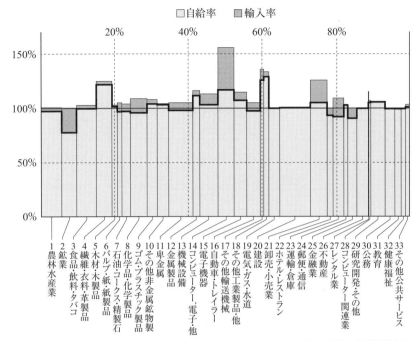

（出所）OECD の NIOT (National Input-Output Table) のデータベースより，中国の産業連関表を用いて，筆者作成。

衣類・革製品の高さは輸入財の割合が少なく，差し引きした自給率は 120% を上回る高さである。

　この産業部門の中での生産，輸出，輸入と生産規模に対する産業の生産高のシェアだけが示されているが，それぞれの産業がその商品・サービス価値を生み出すうえで，現実には他の産業の商品・サービス価値を投入資材として購入する。そのような産業の相互依存の実態は，このスカイライン・チャートでは示すことはできない。そうした産業の価値を生み出す工程で，国内だけではなく国外からの調達の国際的な相互依存関係を示すものが国際産業連関表であり，データベースとしての付加価値貿易（TiVA；Trade in Value-Added）統計の役

割である。

2. 中国の貿易構造 ―Gross と Value-Added の相違―

OECD が WTO と協力して進めている TiVA（Trade in Value-Added）データベースと，2009 年に欧州委員会の資金支援を受けたプロジェクトとして始動することになった WIOD（World Input-Output Database）がある。後者は世界の 43 経済＋ROW（その他世界）についてのものである。現在，国際的に利用可能な国際産業連関表をベースに構築されている代表的な国境を越えた付加価値貿易のデータベースである。このうち，前者の方は，網羅する経済が 63 経済で，34 の産業部門についてのデータを提供する。アジア地域についても多くの経済を含むという点から，日本，中国などのアジア経済を分析するうえで，より好ましいといえる。これに対して，WIOD の統計は，それぞれの経済が 56 産業部門を備えるデータベースで，2000 年 − 2014 年の 15 年を時系列でカバーする。

国際産業連関表のメリットは，それぞれの経済が同じ基準による部門情報を提供されることにより，多国間に亘るそれぞれの GVC（Global Value Chain）を余すところなく，産業レベルで財貨・サービスの価値が国境を越えて，どのように財貨・サービスの付加価値が形成されるための調達 sourcing が行われ，その財貨・サービスが国境を越えてどの国のどの産業に販売されるかを説明することができる。国民経済の枠組みで説明されていた前方連関，後方連関の概念は，国境を越えて付加価値を交換 trade in jobs する国際連結 global connectivity の強度を説明することを可能にする。この視点から多国間の産業別の対外的感応度係数，対外的影響係数を初めて定式化したのが，長谷川・徐（2012）[2]である。このような概念に基づき，OECD-WTO の TiVA データベースでは，前方国際価値連鎖参加（Forward GVC participation）および後方国際価値連鎖参加（Back-

---

2) JETRO-IDE により公表されてきた国際産業連関表の形態の AIIOT（アジア国際産業連関表）を利用して，国際間の前方連関，後方連関を定義し，分析したのが長谷川聰哲・徐贇（2012）である。

ward GVC participation）と名付け，最近になって利用可能なデータとして公表された[3]。

世界経済における中国の台頭は，上記のような国際産業連関表の枠組を用いて分析することができる。その生み出す価値の形成において，国境を越えてどのように資材が調達され，どのように価値が販売されるかという国際的な相互依存の強度を，以下では TiVA データベースを利用することによって説明する。

また，貿易費用は時間の経過につれて物理的，制度的な変化に伴い変化する。中国の貿易費用がその貿易フローにどのように関係してきたかを時系列で説明する[4]。

伝統的貿易統計は，国境を超える商品・サービス価値の規模を示すにとどま

図2-2　中国の総輸出における原産地別付加価値

単位：米百万ドル

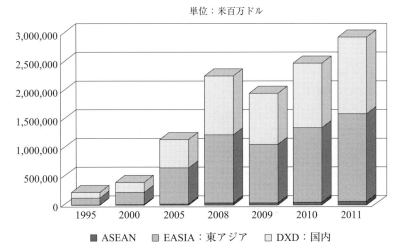

■ ASEAN　■ EASIA：東アジア　□ DXD：国内

（出所）OECD-WTO database を利用して筆者作成。

---

3) De Backer, K. and S. Miroudot (2013) は，前方国際価値連鎖参加および後方国際価値連鎖参加を，TiVA データを用いて分析している。
4) 貿易費用の新しい定義とそのデータベースについての説明は，長谷川聰哲「地域貿易協定と付加価値貿易」(2017) で説明している。

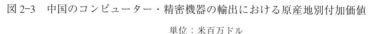

図2-3 中国のコンピューター・精密機器の輸出における原産地別付加価値

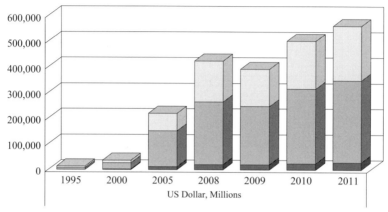

（出所）OECD-WTO database を利用して筆者作成。

り，グロスの数値が示されるだけである。これに対して，OECD-WTO の TiVA (trade in value-added；付加価値貿易) データによる視点は，商品，サービスの価値が国境を越えてどの地域，国家（経済）において付加されるのかを示すことにある。こうした視点から，中国の付加価値貿易額と伝統的貿易額との関わりを見てみることにする。下記の図2-2，図2-3 は，中国の総貿易額と代表的輸出産業であるコンピューター・精密機器産業の貿易額についての TiVA データを使って，その付加価値がどの地域で生じたものなのかを図示している。

図2-2 で描いた中国の総輸出における原産地別付加価値では，輸出商品・サービスのおよそ半分の価値が国外で発生していることが示されている。輸出の拡大には，海外からの付加価値の調達が不可欠な状況にあるのである。図2-3 では，同じように，中国のコンピューター・精密機器産業の輸出における原産地別の構成を示すものである。この図によると，2011年に中国のコンピューター・精密機器産業の輸出を5500億ドル行うにあたって，3400億ドルの付加価値を国外から調達することが必要であったことを示している。

3. 付加価値貿易のデータからみた中国の国際価値連鎖

　企業間で連結する調達網を説明するためには，従来の産業連関分析で使われてきた閉鎖経済の中で定義された前方連関，後方連関の概念を，国境を越えて産業間で供給，調達 sourcing される枠組みでとらえることが，今日のグローバル化した企業活動を説明し，分析するうえで重要な視点となる。前述の長谷川－徐（2012，前掲）は，こうした視点から，国際産業連関表を利用して，対外前方連関，対外後方連関の概念を定義して，APEC 地域の経済を分析している。同じ視点から，De Backer, K. - S. Miroudot (2013)[5]は，OECD 加盟国の国際価値連鎖参加率について，前方参加率，後方参加率と呼んで分析した。この GVC 参加指標の定義は，Koopman et al. (2010) により，それぞれの経済が，国際的な GVC への参加の強度を示すために定義された。外国の投入資材の調達（後方参加），第三国の輸出に利用された国内で生産された投入資材の供給（前方参加）と定義し，それを足し合わせた値で，各国産業の活動がグローバルな価値連鎖にどれほどの強度となっているかを比較している。次の図 2-4 は OECD 加盟国と中国を含むアジアの主要経済を抽出して描いたものである。韓国や中国の前方参加率の水準が，日本と比べてかなり低いことが，この図から分かる。この国際価値連鎖（GVC；Global Value Chain）への参加率の比較によると，日本が前方参加率ではノルウェー，米国と並んで高い値を示している。しかしながら，日本は米国，オーストラリアと並んで後方参加率がとりわけ低い値を示していて，国際価値連鎖 GVC の構築が，他の工業国の姿と異なっていることが分かる。

　それでは，中国経済の国際価値連鎖 GVC の構築はどう進んでいるのであろうか。次に示した図 2-5 では，中国の総輸出に占める外国の付加価値のシェアを，OECD 平均，日本との比較で示したものである。直近年の値では，日本の

5）　De Backer, K. - S. Miroudot (2013).

図 2-4　OECD 諸国における GVC 参加指標

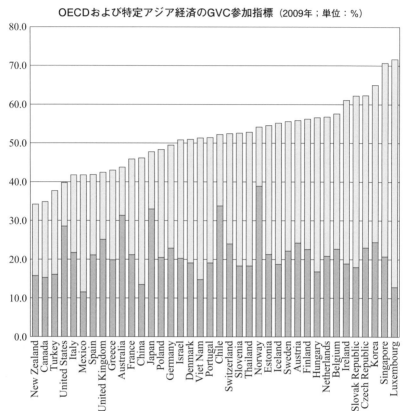

（出所）OECD, OECD.Stat, OECD Global Value Chains indicators を使用して筆者作成。

14.7%, OECD 平均が 24.3% であるのに対して, 中国は 32.1% と, きわめて国際価値連鎖の後方参加率 Backward Participation が高い状況にある。その背景には, 輸出主力産業が必要とする投入資材の国内調達を担う企業が, いまだ十分整備されていないことが主なる理由である。

図 2-6 では, 中国の総輸出に占める国内付加価値額が, 日本と比較して示されている。前図はシェアで比較したものであるが, その背中合わせとして国内調達の資材がどれほど体化されて輸出されたかを示したものである。金額ベー

図 2-5　中国の総輸出に占める外国の付加価値シェア

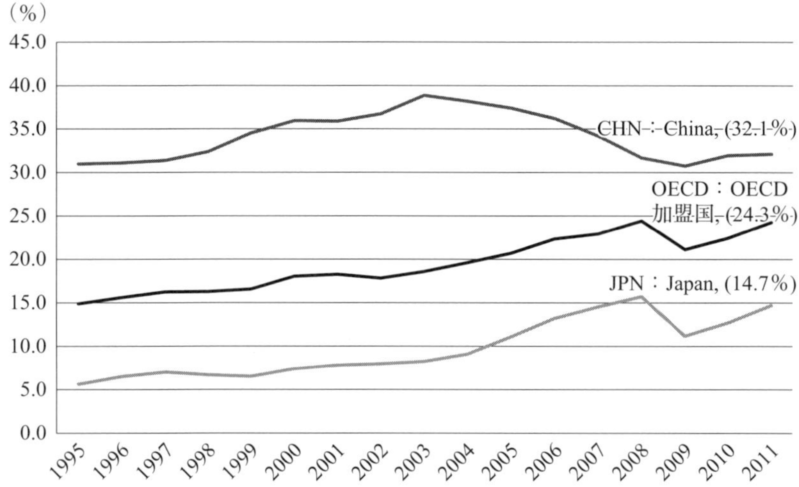

(％)

グラフ：
- CHN：China, (32.1％)
- OECD：OECD加盟国, (24.3％)
- JPN：Japan, (14.7％)

（出所）OECD-WTO database を利用して筆者作成。

スで，国内付加価値が国外に輸出されたもので，2000 年以降の中国の付加価値輸出額の伸びは大きく，2005 年を過ぎると日本を上回る規模に成長していることが分かる。前述したように前方参加率 Forward Participation では，日本は確かに世界の中では高い値を示してきたものの，前方参加の規模において，中国は日本をはるかに凌駕するレベルに至っている。

　総輸出と付加価値輸出の差は，アメリカへの輸出におけるポジションにも明白に違いを読み取ることができる。次の図 2-6 では，日本と米国のアメリカへのグロスで測った輸出（Gross Export；総輸出）を描いたものである。2003 年までは，日本の総輸出額の方が中国よりも規模が大きいのだが，それ以降の日本は輸出を増大することはないのに対して，中国の総輸出の成長は続いてきた。図 2-7 では，日本と中国のアメリカへの付加価値貿易額（TiVA；Trade in Value Added）を描いたものである。総輸出の場合と比べての違いは，日本の付加価値輸出の規模の上位は 2005 年まで続いていたが，その後もアメリカへの日本の付加価値輸出は成長することがないままであるのに対して，2005 年

図 2-6 日本と中国のアメリカに対する総輸出

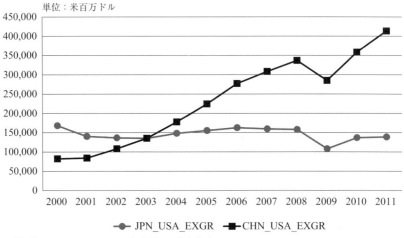

（出所）OECD-WTO database を利用して筆者作成。

図 2-7 日本と中国のアメリカに対する付加価値輸出

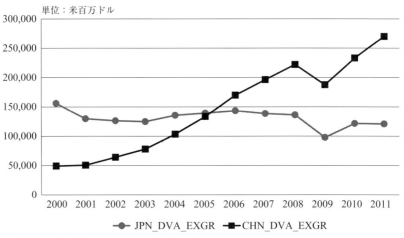

（出所）OECD-WTO database を利用して筆者作成。

以降の中国の付加価値輸出は日本を追い越して，成長を続けている。

4. 中国の貿易費用と貿易フロー

　グラビティー（重力）・モデルによる貿易フローの説明は，質量（経済規模）がパートナー経済同士で大きければ大きいほど，それに比例して貿易量は大きくなり，地理的距離の大きさに反比例するというものである。経済学で地理的距離が取引量を説明する変数として導入されたのには，それが貿易費用 trade cost の代理変数として理解されたからである。一方で，貿易費用の標準的な変数として，貿易の実証分析に利用されてきたのは関税率である。グローバルな貿易自由化の交渉が進んできたこともあって，関税率は大幅に削減されてきた。これに代わって，貿易費用の主たる関心は非関税障壁の方へと向けられてきた。UNESCAP の最近公表した相対的貿易費用指標は，従来の関税率や地理的距離を包含したものとして，障壁の結果どの程度に通商相手国との間で価格差が生じているかを推計したものである[6]。

　経済的交流を発展させるという地域貿易協定 RTA が世界的な関心事項になっていることの意味することは，貿易費用が削減されることが貿易拡大につながるという認識があるからである。地理的距離を説明変数としてグラビティー・モデルに利用している限り，貿易費用の削減という変化はモデル式に反映されない。非関税障壁をも包含する貿易費用指標は，貿易フローを説明する新たなグラビティー・モデルの説明変数の利用として注目されなければならない。地域貿易協定 RTA の締結，批准，発効は，地理的距離を変数に利用している限りは，貿易の変化を説明することはできない。UNESCAP の貿易費用指標は，それに代わる説明変数として，経済分析への活用に期待できる。

---

6) 米国の主要貿易相手としての欧州の諸国と比べて，NAFTA 締結相手のカナダとメキシコの間の相対的貿易費用が，欧州との間でのものと較べて，大きな削減が生じていることを，Novy（2008）は示し，地域貿易協定がこうした貿易費用を削減させたものであると主張する。

図 2-8　中国の貿易費用と貿易額の関係

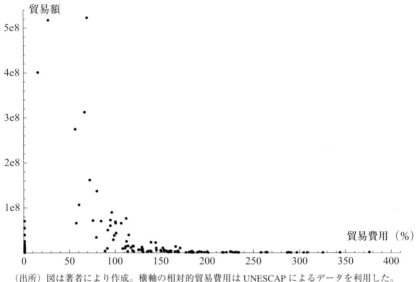

(出所) 図は著者により作成。横軸の相対的貿易費用は UNESCAP によるデータを利用した。従価表示 (%) で示している。

　そこで，中国の対外貿易の説明に，この貿易費用指標を導入して分析したのが，以下の部分である。もちろん，経済規模の大きなパートナーとの間での貿易は大きくなるという所得要因は，大きな説明変数であるままだが，これに価格要因としての貿易費用指標が補完されることになる。

　図 2-8 は，中国との貿易取引国との間の貿易費用が低いほど，両国間の貿易の規模が大きいことを説明したものである。投入資材だけを説明した訳ではないが，貿易費用削減のための TPP や RCEP のような地域貿易協定 RTA の締結を進めて，中国にとっても GVC の展開を一層推し進めることこそ，アジア太平洋地域における国際経済関係に好ましい将来を約束するものと言えよう。

　縦軸の中国の総貿易額（単位：1,000 米ドル）は世界銀行のデータベースから中国の貿易相手国との輸出額と輸入額を抽出し，足し合わせたものである。2013 年時点の中国の貿易相手国との相対的貿易費用が，100% を下回る相手国との貿易は大規模に行われていることを示している。また，相対的貿易費用が 150% を上回る相手国との貿易は，きわめて少ない規模でしか行われていない

ことが分かる。

　横軸はUNESCAPの指標による中国と貿易相手国との相対的貿易費用を，縦軸は中国の貿易相手国との総貿易額を表示し，2013年についての166サンプル数からなる散布図を描いたものである。貿易相手経済との間の経済規模の大きさに貿易が比例的に増大することは，これまでの多くのグラビティー・モデルによる分析で示されてきたが，相対的貿易費用が貿易のフローを決定する要因として有意であることをこの散布図は示している。地域貿易協定の脈絡において，この相対的貿易費用の指標は人為的に削減可能な要因としてより一層注目されるべきであろう。

お わ り に

　中国経済の発展は，対外貿易とのかかわりで進んできた。貿易と産業構造を概観する上で，本章ではスカイライン・チャートを使って説明することができた。しかしながら，産業間の国際的なコネクティビティー（結び付き）は，よりグローバルに包括的に構築されたデータを使うことにより，GVC（国際価値連鎖）の実態を知ることができる。中国の国際貿易における競争的シェアは，必ずしも中国自身の付加価値が貿易パートナーに供給されているわけではない。OECD-WTOにより構築，公表されたTiVA付加価値貿易統計を利用することによって，これまでの貿易統計だけでは説明することができなかったグローバルに産業が結びついた依存関係の中で，生産活動が行われていることが分かる。中国の商品・サービス価値のある部分は，外国からの付加価値の調達によって生産と輸出が賄われていることを見ることができた。

　貿易費用は，これまでの地理的距離や関税率に偏重した保護率だけでは，非関税障壁の高さを反映した保護の度合いを十分に反映することはできなかった。UNESCAPの構築した相対的貿易費用の指標を使うことで，RTA地域貿易協定の追及する貿易円滑化の数値的度合いを国際的に評価することが可能になる。本稿では，中国にとっての相対的貿易費用を貿易相手国と重ね合わすこと

によって，一定の相対的貿易費用の削減された相手国とは，貿易量が高いレベルを実現していることを説明することができた。貿易費用の削減は，地域貿易協定によって実現できることから，中国のこれからの対外政策として GVC 構築の観点からの制度面での国際的な取り組みが重要となる。これまでの貿易政策を巡る分析と政策では，財貨・サービスの価値は，国内か外国のいずれかでその価値が形成されるという視点が強調されてきた。これからは，RTA を形成する市場統合された地域内であるのか，第三世界のいずれかで付加価値が形成されるという視点が重要になるであろう。

参 考 文 献

長谷川聰哲・徐饗（2012），「アジアの産業構造と相互依存」『産業連関』，環太平洋産業連関分析学会，Vol. 20, No. 1.

長谷川聰哲「地域貿易協定と付加価値貿易」（2017）『アジア太平洋地域のメガ市場統合』中央大学出版部.

De Backer, K. - S. Miroudot (2013), "Mapping Global Value Chains", OECD Trade Policy Papers, No. 159, OECD Publishing, Paris. http://dx.doi.org/10.1787/5k3v1trgnbr4-en

Koopman et al. (2010), OECD Trade Policy Paper No. 159.

Dennis Novy (2008),, "Gravity Redux : Measuring International Trade Costs with Panel Data", Economic Inquiry 51 (1).

Wassily Leontief (1966), Input-Output Economics, Oxford University.

OECD, NIOT (National Input-Output Table) database. http : //stats.oecd.org/Index.aspx?DataSetCode=IOTS

OECD-WTO, TiVA database ; http : //stats.oecd.org/Index.aspx?DataSetCode=TIVA_2016_C 1

World Bank-UNESCAP, Data of Relative Trade Cost.

http : //databank.worldbank.org/data/reports.aspx?source=escap-world-bank-international-trade-costs

第 3 章

中国における経済転換の課題[1]
——家計消費を焦点として——

唐　成

はじめに

　2008年に米国に端を発する金融危機・経済危機は中国経済にも大幅な落ち込みをもたらしていた。この「100年に一度」と称される世界金融危機に対処するため，中国は積極財政と金融緩和の実施および4兆元を始めとする一連の景気対策が実施された結果，経済成長がいちはやくV字型の景気回復を果たした。しかし，その後の景気刺激策の政策効果が薄れていくにつれて，GDP成長率は2012年に8％を切ってから，2016年に6.7％まで低下し続けている。それどころか，4兆元の景気刺激策は過度なインフラ投資や設備投資をもたらして，中国経済は生産能力の過剰問題や地方政府および企業に巨額な負債を抱えている。

　このため，中国は持続的に発展できる経済体質への変革を目指して，「供給側（サプライサイド）構造改革」を推し進めており，従来の輸出，投資など需要項目から考える経済成長モデルから供給面への効率重視に変える経済運営方針

---

[1]　本章は唐成（2008）「中国経済における内需拡大の課題－消費率の低下要因分析を焦点に」『桃山学院大学総合研究所紀要』第36巻第3号を大幅に修正したものである。

を打ち出している。特に過剰生産能力の廃棄やゾンビ企業の退場などの構造改革に取り組み，金融制度などの分野での資源配分の役割を重視する改革を進めている。しかし，過剰投資や過剰債務問題の解決に時間を要することから，短期間にその状況から抜け出すことは困難であると考えられる。

　通常の一国では，家計消費がGDPのなかで最大の比重を占める構成要素であり，その動向は景気循環にも影響を与える。したがって，高度成長から転換期を迎えている中国経済は依然として需要面からの成長寄与，特に家計消費の増加に伴う内需拡大は，中長期的に安定した経済成長には不可欠な条件である。須藤・野村（2014, 4-5頁）によれば，高度成長期以降の日本経済において，個人消費は経済成長率と連動して推移し，経済性のトレンド要因となっている。このように，日本の経験から示されているように，家計消費を経済成長のけん引役，または下支えの役割として，いかに果たせるかが転換期の中国経済にとって，まさに焦眉の課題である。

　このような問題意識をもとに，本章の目的は，内需拡大の可能性を探るため，そのカギとなる家計消費の動向に焦点を当て，高度成長期以降における家計消費率の推移について，国際比較を通じてその特徴を明らかにする。また，家計消費率がなぜ低いのかを明らかにするとともに，家計消費拡大の課題を解決するための政策提言を行いたい。

　本章の構成は以下の通りである。第1節は1990年代以降の家計消費の概要を国際比較しながら，その特徴を明らかにする。第2節は家計消費の需要面からの立ち位置を明らかにしたうえで，家計消費率の概要を明らかにする。次に，簡単な理論フレームワークに基づいて，家計消費率の動向をマクロ的な視点からその要因を明らかにする。第3節では，家計消費率をいかに拡大することができるか，これまでの分析結果による政策提言を行う。

1. 家計消費の概要とその動向

1-1　統計的事実（その1）：GDP のけん引役ではなかった家計消費

本節では，まず GDP の需要面からみた家計消費の役割を確認してみる。図3-1 は実質 GDP 成長率および GDP の需要項目である家計最終消費支出，政府最終消費支出，総固定資本形成，純輸出における成長率寄与度の推移を表している。これによると，家計消費も総固定資本形成も 1978 年から 1990 年代の前半まで，GDP 成長率と連動して推移しているが，次第に総固定資産形成が GDP 成長率との連動性を強め，投資が経済成長のトレンド要因となっていることがわかる。

図 3-1　実質 GDP 成長率と需要項目別寄与度

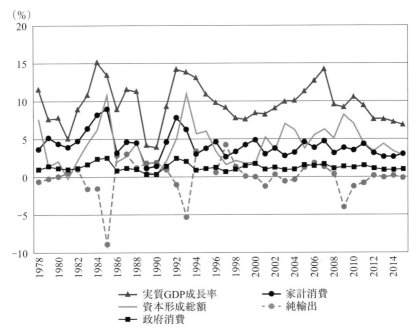

（注）各数値は消費物価指数（1978 年基準）または固定資産投資指数（1990 年基準）に基づいて算出。
（出所）国家統計局データベースにより作成。

なぜ投資が中国経済をけん引してきたのか。唐（2016）によれば，特に2000年代以降家電や自動車といった耐久消費財が広く都市部家庭，一部の農村部家庭に浸透してきたと指摘している。このことは，消費の拡大と多様化によって耐久消費財市場は住宅市場とともに拡大し，その需要が増加していった。また，こうした耐久消費財の需要拡大を支えているのが機械・電子などの産業であり，これらの産業は1995年以降の中国にとって，同時に輸出の最大項目でもある。つまり，輸出と国内の需要拡大に対応するための設備投資の拡大が同時進行に行われたのである。しかし，リーマン・ショック以降，輸出が低迷したことにより，企業の設備投資意欲がかなり低下し，結果的に近年の経済成長をけん引するのは政府の公共投資に頼っているといえよう。

1-2　統計的事実（その2）：国際的にも低い家計消費率

しかし，これまで高い投資率に抑えられ，中国の家計消費率は本当に低いのかをめぐる議論も展開されている。たとえば，朱天・張軍（2012）は家計の住居支出が実際低く推計されていることや政府・企業などの公的資金が実際に個人消費（公費消費）を行っていることから，家計消費率の低さはむしろ統計データそのものの欠陥や統計上の問題点にあると指摘している。その一方で，Aziz and Cui（2007）は，教育，医療，養老など公共サービスへの政府投資が極めて不足している事実を考えると，中国の消費水準は実際もっと低いと指摘している。また，Wang and Wen（2012）は，近年の住宅価格が急速に上昇した結果，投資率の上昇と消費率の低下をもたらしているため，住宅投資を消費統計に入れると，中国の消費率は大幅に低下していないと説明ができるとしている。しかし，陳斌開・陳琳・譚安邦（2014）は住宅投資が消費支出項目に含まないという国家統計局の統計基準がむしろ正しいと指摘したうえで，中国の消費率が国際的にも低いことを明らかにしている。

図3-2のように，世界銀行のデータベースによると1978年から2015年の間，平均家計消費率を算出してみると，中国の家計消費率はやはり低いことが確認できる。この図3-2によると，この間において，家計消費率の世界平均は

図3-2 平均家計消費率の国際比較(1978-2015年 対GDP比)

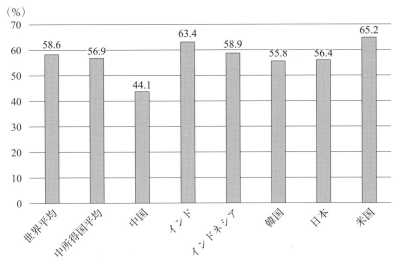

(出所)世界銀行データベースより筆者作成。

58.6%であるのに対して,中所得国グループは56.9%,日本56.4%,韓国55.8%,インド63.4%,米国65.2%のいずれも50%台後半以上の水準を保っているものの,中国は44.1%で,世界平均よりも14.5ポイント低いことがわかる。

また図3-3で示しているように,時系列的に見ると,中国の家計消費率は1980年代の50%台から2000年代の40%台,特に2000年代前半は30%台へ大きく低下してきたことが特徴的である。しかも,少なくともこの三十数年間,これらの国々の最も低い水準を一貫して下回っている。このため,2015年時点で,日本は58.6%,韓国は49.3%,米国は68.1%であるのに対して,中国はわずか37.0%に過ぎないのである。このように,国際的にみて,中国の家計消費率は時系列的にも,平均的にも「異常」な低さであることが特徴であろう。

このように,これまで中国の高い経済成長を規定する要因の中では,家計消費よりもむしろ投資であったといっても過言ではない。中国の家計消費率はなぜこの二十数年間低下していたのだろうか。その原因究明こそ,中国経済が直面している内需拡大への転換に関わる重要なカギであることはいうまでもな

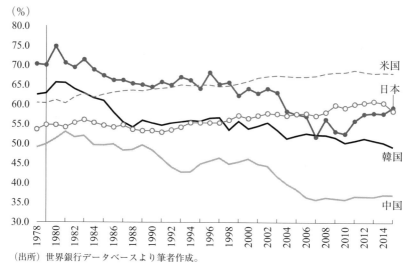

図3-3　家計消費率の国際比較（1978〜2015年，対GDP比）

（出所）世界銀行データベースより筆者作成。

い。

1-3　分析のフレームワーク

　これまで，中国の家計消費率の動向を説明する要因は多くの研究成果があげられているが，未だ統一した見解は得られていない[2]。しかし，多くの消費理論から，家計消費（あるいは貯蓄）の動向を決定する最も重要な要因は可処分所得であるといえる。可処分所得が上昇すると，消費も増加するという両者の関係がきわめて線形に近いというのはケインズ型消費関数の理論的説明である。そこで，本章では，マクロ的な視点から，古典的な理論的フレームワークを提示することにより，家計消費率と可処分所得の両者の関係を分析してみよう。ここで，GDPに占める家計の最終消費支出の比率を c とすると，次のような恒等式が成り立つ。

2）　陳斌開・陳琳・譚安邦（2014）がサーベイ研究を行っている。

第3章　中国における経済転換の課題　47

$$c = C/GDP = Yd/GDP \times C/Yd \tag{1}$$

c：家計消費率

Yd/GDP：GDPに占める家計可処分所得　　　　　　　　　　　　①

C/Yd：家計可処分所得に占める家計消費の比率　　　　　　　　②

　この家計消費率は(1)式に基づき，家計消費(C)と家計の可処分所得(Yd)の比率と，GDPに占める家計の可処分所得の比率に分解することができる。この推計式をもとに家計消費率の問題を次のような2つの側面，すなわち，第1に国民所得に占める家計部門の比重の低下，第2に家計の平均消費性向の低下，という2つの要因から接近することが可能である。

　図3-4は1990年代以降の家計可処分所得の対GDP比，家計平均消費性向の平均成長率をそれぞれ示している。それによると，1990年代後半を除く時期において，両者の関係は全体的に似ている動きを示している。ただ，可処分所得の対GDP比は1996年から2006年までほぼ一貫して低下傾向をしているが，

図3-4　家計平均消費性向と可処分所得／GDPの推移

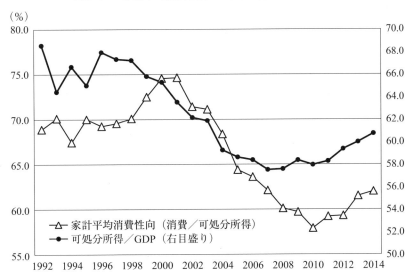

（注）全て実質値で算出したものである。
（出所）国家統計局『統計年鑑各年版』資金流量表（実物）より筆者作成。

家計平均消費性向は2001年まで上昇し，その後，低下傾向に転じている。そして，リーマン・ショック以降の2010年頃，両者とも上昇傾向を示している。このように，可処分所得と家計平均消費性向との間に相関関係があると考えられる[3]。

2. 国民所得分配構造と低消費率

では，家計の可処分所得がどのような構成になっているのか。資金循環統計データをもとにその事実を確認してみよう[4]。表3-1は家計部門と政府部門のそれぞれ当初所得と可処分所得の構成比変化を示している。当初所得は労働者報酬や財産所得など再分配前の所得のことを指すが，可処分所得は当初所得から税金や社会保険費用を政府部門への支払いを差し引き，政府部門からの社会保険や福祉サービスの受取額を加え，その他の移転所得を合わせたものである。

まず，当初所得の構成比をみると，家計部門の比率は1992年の66.3％前後を変動しながら，1990年代後半から徐々に低下傾向にあり，特に2000年以降の低下が目立つ。その比率は，1992年の66.3％から2008年には57.2％と9.1ポイント減っている。ただし，2004年以降，個人企業や自営業などの集計を家計部門から企業部門へ算入するようにしたため，家計部門の比率は2003年の63.2％から2004年の57.7％へと大きく低下した点には注意する必要がある。しかし，それにしても家計の当初所得の比率は2000年代以降低下している傾向に変わりはないと考えられる。

では，この当初所得がなぜ低下しているのか。家計部門の当初所得は主に雇

---

[3] 可処分所得を被説明変数，家計消費支出を説明変数という回帰分析では，可処分所得が1％変動すると，消費支出に0.46％影響を与える結果が得られている（$R^2 = 0.239$）。

[4] 資金循環統計による先駆的な分析は何新華，曹永福（2005），李楊，殷剣峰（2007），藩春陽・杜莉・蔡璟孜（2010）などが挙げられる。ただ，本章では，近年国家統計局による資金循環統計の改定値を採用している。

表 3-1　家計部門および政府部門の当初所得と可処分所得の推移

(対 GDP 比，%)

	家計部門			政府部門		
	当初所得 (a)	可処分所得 (b)	(b) − (a)	当初所得 (a)	可処分所得 (b)	(b) − (a)
1992	66.3	69.1	2.8	16.0	17.8	1.8
1993	62.7	65.1	2.4	15.6	17.2	1.6
1994	65.1	67.2	2.1	13.3	14.6	1.3
1995	64.6	66.6	2.0	12.4	14.2	1.8
1996	67.4	69.4	2.0	12.8	14.7	1.9
1997	65.7	68.4	2.7	12.5	14.4	1.9
1998	66.3	68.7	2.4	12.9	14.3	1.4
1999	65.7	67.1	1.4	13.1	14.2	1.1
2000	64.2	66.5	2.3	13.1	14.6	1.5
2001	62.5	64.8	2.3	12.7	15.1	2.4
2002	61.8	63.0	1.2	13.9	16.4	2.5
2003	63.2	62.3	−0.9	13.6	16.2	2.6
2004	57.7	59.4	1.7	13.9	16.7	2.8
2005	59.6	59.2	−0.4	14.0	17.5	3.5
2006	59.0	58.7	−0.3	14.2	18.1	3.9
2007	58.1	57.7	−0.4	14.6	19.0	4.4
2008	57.2	57.7	0.5	14.1	18.5	4.4
2009	59.3	59.5	0.2	14.0	17.8	3.8
2010	59.1	59.5	0.4	14.8	18.3	3.5
2011	60.4	60.1	−0.3	15.4	19.2	3.8
2012	61.4	61.9	0.5	15.9	19.8	3.9
2013	60.7	61.3	0.6	15.2	18.9	3.7
2014	60.1	60.6	0.6	15.2	18.9	3.7

（出所）国家統計局『中国統計年鑑』各年版より筆者作成。

用者報酬である。一般的に雇用者報酬を用いて，労働分配率という指標で示されることが多い。労働分配率とは，経済全体の観点からは，国民の生産活動によって新たに作り出された付加価値（国民所得）のうち，労働者にどれだけ報酬（賃金等の人件費）として分配されたかを示す指標である。労働分配率が高くなると，マクロ的な所得のうち，より多くの部分が対価として家計部門に回るため，家計の消費支出につながりやすい。労働分配率を比較する場合は，通常分母に国民所得（純所得）を用いる場合と，GDP を用いる場合がある。ただし両者の違いは国民所得に固定資本減耗が含まれているかいないかである。

　中国の労働分配率がどのような水準にあり，またどのように時系列的に推移

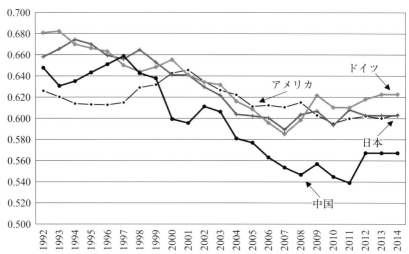

図 3-5　労働分配率推移の国際比較

（注）中国は 2004 年以降，個人企業や自営業などの統計を家計部門から企業部門に変更したため，2004 年の数値が大きく下がっていると思われる。
（出所）Federal Reserve Economic Data, Federal Reserve Bank of St. Louis.

してきたかを図 3-5 において，日本，アメリカ，ドイツとの比較でその特徴を示しておこう。まず，この 4 カ国において，労働分配率の推移は先進国だけでなく，新興国の中国でも労働分配率は低下傾向にあることがわかる[5]。しかし，それでも中国の労働分配率がこれ以上に日本やほかの諸国より低下していることが特徴的である。

次に，国民所得の再分配から家計と政府部門の可処分所得の構成変化の特徴を明らかにしてみよう。表 3-1 によると，家計部門の可処分所得の比率は，1996 年の 69.4％ が最も高いが，2008 年には最も低く，57.7％ にとどまっていた。しかし，それ以降は徐々に上昇，低下を繰り返しているが，2014 年に 60.6％ を占めている。この可処分所得と当初所得の比率の差(b − a)推移をみると，1990 年代の可処分所得は，1999 年を除く全ての年において，当初所得よりも平均 2

---

5) このような指摘は OECD（2015）などを参照されたい。世界的に労働分配率が低下した背景には，イノベーション，グローバリゼーション，資本市場の圧力，投資コストの低下，企業成長メカニズムの変化などが挙げられる。

図 3-6　一人当たり実質 GDP および都市・農村住民の可処分所得の成長率

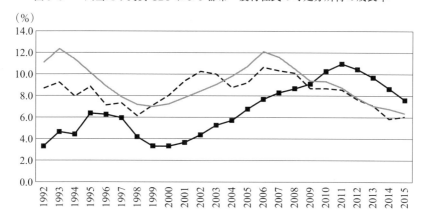

（注）農村住民は可処分所得に相当する「純収入」である。いずれも 3 ヵ年平均実質値である。
（出所）国家統計局『中国統計年鑑 2016 年』、『統計公報 2016』より筆者作成。

％以上高くなっており、家計部門が支払う税金や社会保険料よりも政府部門が受け取る社会保険金、その他の移転所得の方が大きくなっていたといえる。しかし、2000 年代以降は両者の差額が大きく低下し、マイナスの年も少なくなかった。これは 2000 年代の大半は政府部門からの移転所得よりも家計部門から政府部門への税金や社会保険料の方が大きくなっていることを反映している。したがって、家計の可処分所得は雇用者報酬ほど伸びておらず、政府による家計部門への所得再分配は十分に機能していないことが示唆される。

　この点は家計調査による都市住民および農村住民の一人当たり可処分所得（農村の場合は純収入）の伸び率の低さからも示されている。図 3-6 は 1990 年代以降、都市住民と農村住民一人当たり実質可処分所得の対前年比の成長率と 1 人当たり GDP 成長率を比較したものである。それによると、家計の所得伸び率の大半は GDP 成長率の伸びを下回っていることがわかる。そのうち、都市の可処分所得の伸び率は 1996 年、1999 年、2003 年、および 2012 年の 4 回だけであった。しかし、農村住民の純収入伸び率は 1996 年にわずか GDP 成長率を上回ったが、2009 年まで一度も成長率を超したことはなかった。このよう

に,これまでの経済成長の果実を必ずしも一般国民が享受できていないのが現状である。

　他方,政府部門の当初所得の比率は全期間においてはそれほど変化していないものの,可処分所得と当初所得の比率の差は1990年代1%台を維持したが,2000年代以降は大きく差を開いて,4%近く拡大している。このことから,政府部門は再分配機能を通して,企業部門や家計部門から受け取る税収,保険料を相対的に増やした一方で,経常移転や社会保険,福祉サービスを相対的に低下させていることを反映したと言える。その結果,政府部門の再分配所得は相対的に上昇したのである。

　たとえば,図3-7において財政支出に占める教育支出および社会保障関連支出,衛生費支出など民生項目の時系列変化をみると,教育支出は1996年の17.8%が最も高い水準であったが,2006年に11.8%へ大幅に低下していた。その後徐々に回復しているものの,2015年に14.9%にとどまっている。他方,医療衛生費支出も1992年の6.1%から2007年の4.0%まで緩やかに低下して

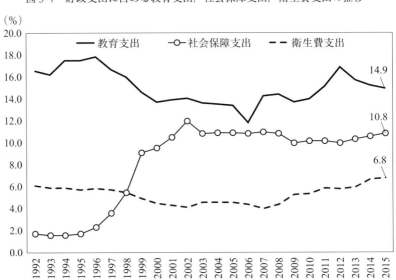

図3-7　財政支出に占める教育支出,社会保障支出,衛生費支出の推移

(出所)　国家統計局『統計年鑑2016』より筆者作成。

いた。2008年以降は上昇傾向に転じているものの，2015年は1990年代と同じく6％台の水準にある。

また，社会保障支出の比率は1990年代末の年金改革などが反映され，1992年の1.7％から2002年の12.0％まで大きく上昇したが，その後はほぼ横ばいに維持されている。このように，経済の高度成長に比例して急増した財政収入とは裏腹に，国民の生活に直結する教育支出や社会保障支出の比率はかえって低下，ないし伸び悩んでいる。これらの民生項目の合計は2015年に32.5％にとどまっており，先進国の50～60％の水準までにはほど遠いのである。このことが国民にとっての教育費用や医療費用，社会保障費用の自己負担増につながり，結果的に家計消費率の低下をもたらした要因にもなっていると考えられる。杭斌，申春蘭（2009）によるミクロ実証分析からも，教育費や医療費用の大幅な負担増が都市家計の貯蓄率を持続的に上昇させる重要な要因であることを明らかにしている。

3. 平均消費性向の低下要因

次に，家計の低消費率のもう1つの要因である家計の平均消費性向の低下という側面から分析を試みたい。家計の平均消費性向が低下している裏返しの結果として家計貯蓄性向の上昇，つまり家計貯蓄率の高さが挙げられる。なぜ家計貯蓄率が高いのかについて，数多くの先行研究がなされており，汪偉（2015）は国民貯蓄行動，人口構造の変化，予備的貯蓄動機，不確実性や流動性制約など多面的に家計の消費・貯蓄行動を分析しており，最も代表的な実証研究であるといえよう。

しかし，中国人はなぜ貯蓄をしているのか，どのような目的のために貯蓄を行っているのかなど，マイクロデータによる家計の実際の貯蓄に関する考え方や貯蓄の動機といった意識面にまでたち入って，分析しているのが唐成（2005）にとどまっている。本章では，唐成（2005）に加えて，我々が2015年に山西省で実施した家計調査結果を取り入れて，もっぱら家計の貯蓄目的とい

う意識面から，転換期において，家計の貯蓄目的が高度成長期に比べて，どのように変化してきたのかを明らかにしてみよう。

家計の貯蓄はさまざまな動機で行われている。ホリオカ・渡部 (1998) によれば，家計の貯蓄動機を大別して次のように3つに分けることができる。その1つはライフ・サイクル目的である。これは各自の生涯の間における収入と支出との間のタイミングのずれに対応するための貯蓄のことを指す。2つ目は予備的動機である。これは失業・所得の変動などのような収入面の不確実性と，病気・事故・災害になること，予想以上に長生きすることなどのような支出面の不確実性に備えるための貯蓄のことを指す。3つ目は遺産動機である。子供などに生前贈与や遺産を残すための貯蓄のことを指す。

唐 (2005) によれば，1980年代における都市世帯と農村世帯の貯蓄目的の共通点として，「子供及び老人の扶養費」，「結婚」，「病気・災害」を考える世帯の割合が高いことが挙げられる。これは1980年代後半でも家計における，収入は比較的低く，貯蓄の余裕がまだ十分でなかったことが反映されている。また，「老後の生活費」を目的とする割合も低く，都市世帯と農村世帯はそれぞれ9.0%，3.3%であった。その背景には，1980年代後半までは，都市部では伝統的な「単位」の社会保障制度がまだ存在していたため，都市世帯は自分の老後をさほど心配していないということがある。また，農村世帯の場合も伝統的に自分の老後は家族保障によって行われていることから，そのための貯蓄動機が低いと考えられる。

しかし，1990年代に入ると，家計の貯蓄目的には「子供の教育資金」，「老後の生活資金」，「住宅購入費」がいずれも重要な貯蓄目的として登場するようになった。その背景には経済の市場化への加速によって，経済社会などの面において大きな変貌を遂げ，それが家計の生活様式にも大きな変化をもたらしたことがあった。「老後の生活資金」，「子供の教育資金」，「病気，災害，その他の不時の出費に備えるため」，「マイホームの購入」といったライフ・サイクル目的の貯蓄と予備的動機としての貯蓄が，いずれの調査でも貯蓄目的の上位4位を占めていたことがわかる。2000年代以降，筆者が行った上海調査，遼寧

省調査および山西調査と比較しながら，具体的にその特徴を見てみよう。もちろん，貯蓄目的に関する調査の対象や時期，場所などの面においては異なっていることを念頭におく必要がある。

表3-2 はこれら地域の家計の貯蓄目的を示しており，具体的には次のような特徴が挙げられる。すなわち，2002年の上海貯蓄調査では，「①老後の生活費」が最も大きな比率を示しており，全世帯の58.7%がこの目的のために貯蓄を行っている。ついで「②こどもの教育費」が54.3%，「③病気，災害，その他の不時の出費に備えるため」が43.0%，「④マイホームの購入」が20.3%，「⑤こどもの結婚費用」が18.2%と高い値を示している。

他方，遼寧省瀋陽市民の貯蓄目的を見ると，全世帯の「②こどもの教育資金」(64.3%)，ついで46.2%は「③病気，災害，その他の不時の出費に備えるため」に貯蓄している。「①老後の生活資金」(41.3%)，「⑥特に目的はないが，貯蓄していれば安心」(22.6%)といった項目が上位を占めている。

これらに対して，2015年の山西省の家計貯蓄目的（複数回答）によると，「③病気，災害，その他の不時の出費に備えるため」(58.2%)，「①老後のため」(46.1%)，「③こどもの教育のため」(45.2%)，「⑤こどもの結婚資金にあてるため」(29.2%)，「④住宅購入のため」(23.6%)という順になっている。

つまり，2000年代前半と2015年現在の貯蓄目的の重要度もそれほどかわっ

表3-2 家計貯蓄の目的

	上海市 （2001年）	遼寧省 （2004年）	山西省 （2015年）
①老後の生活資金に備えるため	58.7	41.3	46.1
②こどもの教育資金にあてるため	54.3	64.3	45.2
③病気や不時の災害のときに備えるため	43.0	46.2	58.2
④マイホーム取得のため	20.3	30.6	23.6
⑤こどもの結婚資金にあてるため	18.2	11.3	29.2
⑥特に目的はないが，貯蓄していれば安心なため	5.8	22.6	10.4
⑦旅行，レジャーのため	5.5	9.5	9.3
⑧遺産として残すため	0.2	0.4	4.6
サンプル数	n＝425	n＝501	n＝685

（出所）上海，遼寧調査は唐（2005），山西調査は2015年に実施された。「特に目的はないが，貯蓄していれば安心」(22.6%)といった項目が上位を占めている。

ておらず，ライフ・サイクル目的の貯蓄と予備的動機としての貯蓄目的を占めていることが共通である。しかし，2015年山西省調査の結果から「病気，災害，その他の不時の出費に備えるため」という予備的貯蓄動機が最も重要な内容となっていることがわかる。

なぜ家計にとって予備的貯蓄動機が最も重要な貯蓄目的となっているのか。我々の調査では，表3-3のように，「今の生活に不安を感じているか」という質問項目も設けて，その背景を探ってみた。この項目に対して，「生活に不安を感じている」と答えている人は全体的に73.4％を占めていることがわかった。このうち，20代は全体的に最も高い93.1％を占めており，その後年代とともに下がっていくのであるが，60代になると，再び生活の不安を感じる割合が増えている。

次に，我々はその「不安を感じている」理由として，同じく表3-3で示しているように，①から⑤までの質問項目を用意している。これによると，若い世帯は「①仕事の不安定（25.0％）」，「②収入不足（26.9％）」，「③蓄え不足（29.6％）」などが挙げられているのに対して，60代以上は「②収入不足（34.7％）」，「③蓄え不足（26.5％）」，「④社会保障（30.6％）」への不安，などと答えている。

2015年の山西省の調査から，次のようなことが考えられる。つまり，人々は必ずしも自分の将来所得あるいは老後の蓄え，年金，医療など既存の社会保障制度を展望できないために，将来に備えて，現在の消費を減らし，貯蓄に励むことになるかもしれない。平均消費性向の低下が示すような，いわゆる「消

表3-3 「生活に不安を感じている」割合とその「不安の理由」について

年代別	生活不安の割合(%)	不安の理由				
		①仕事の不安定	②収入不足	③蓄え不足	④社会保障制度	⑤その他
20代 (n=58)	93.1%	25.0%	26.9%	29.6%	18.5%	0.0%
30代 (n=246)	80.5%	12.0%	34.8%	29.0%	24.0%	0.3%
40代 (n=219)	66.2%	16.6%	31.6%	28.9%	22.9%	0.0%
50代 (n=117)	60.7%	12.3%	41.8%	27.0%	18.9%	0.0%
60代以上 (n=45)	77.8%	6.1%	34.7%	26..%	30.6%	2.0%

(出所) 山西調査（2015）。

費不振」が継続していると考えられる。こうした予備的動機の強さが家計消費を抑制し，結果的に貯蓄率を押し上げているのである。

　これらの予備的貯蓄動機は，現在の中国において，いずれも強い要因となっていることと考えられる。特に1990年代後半以後の市場経済への移行の加速に伴い，医療，年金，失業保険などの社会保障制度や住宅，教育などの制度改革が家計の消費・貯蓄行動に大きなインパクトを与えている。このような予備的動機にもとづき貯蓄を増加させているという実証的な研究も数多く挙げられている[6]。近年の中国において社会保障制度の普及が加速しており，2015年に医療保険制度が普及され，カバー率が100％，全国の基本養老（年金）保険の加入者が2010年の3.6億人から2015年の8.4億人まで増加し，加入率も82％まで上昇している（2016年政府工作報告）。もちろん，こうした社会保障制度の整備がある程度家計にとって安心を与えると考えられる一方，現実的には制度そのものの水準がまだ低いため，人々はなお，収入不安および病気による医療費負担や災害に対する不確実性に対処するために，家計の消費行動を慎重にさせ，結果的に貯蓄率を押し上げる要因になっていると考えられる。

おわりに

　高度成長から経済転換期に入っている中国にとって，持続的な経済成長を維持していくための重要課題は，内需拡大とりわけ家計消費の拡大である。しかし，家計消費率は，2000年代以降の高度成長と逆行するように，むしろ低下し続けており，国際比較しても「異常」というほどの低さである。本章では，その原因を①ゆがんだ国民所得分配構造による家計部門の労働分配率が低下したこと，②家計の予備的貯蓄動機が強まったこと，という2つの側面から明らかにしている。

　中国における経済転換の課題はまさに家計部門の消費拡大が可能であるかど

6）詳しいサーベイは唐成（2017）を参照されたい。

うかにかかっている．本稿の分析結果から，その実現のための政策課題として，次のような示唆ができる．すなわち，第1に，家計部門への所得をいかに増加させるかということが，家計消費拡大の根本的な政策課題である．このため，労働分配率を引き上げていくことが最も重要である．

それには，企業部門の営業余剰を労働者に波及させるための制度設計も肝要である．その労働分配率を向上させる1つの有効な手段として，工会（労働組合）を労働者のための組織に転換することが不可欠である．現在の工会は企業管理側の一員としての位置づけにあり，労働争議の調停にはそれなりの役割を果たしているが，労働者の合法的な権利を守るための利益代表ではない．したがって，労働者権益を高めていく機能を工会に付与するような制度改革が必要とされる．またそれによって，工会は真の労働者の代表として機能し，労資交渉を通じて，労働者の収入や福祉の向上につなげることが可能になると思われる．

さらに，金融改革も必要である．現在の銀行融資型中心の金融システムにおいて，特に中小企業の資金調達は銀行融資に依存せざるを得ないのが現状である．しかし，中小企業にとって，銀行融資はきわめて困難な状況におかれている．このため，企業は，利益を多めに手元におき，その自己資金を重要な資金調達源としている．したがって，金融改革を通じて，中小企業向け融資拡大のチャンネルを増やせば，労働分配率の向上にも貢献できる．

第2に，家計が直面するさまざまな不確実性を除去していく政策の実施が不可欠である．すでに明らかにしたように，現在の再分配機能は結果的に家計部門から政府部門への移転所得の「逆流」を生んでいる．今後は「順流」に転換し，政府部門から家計部門への再分配を拡大していく必要がある．特に，中低所得者の税負担を軽減し，所得の再分配を行い，中低所得者の可処分所得を増やすことが重要である．さらに，家計部門への教育サービス，住宅事情の緩和，社会保障制度の普及と給付水準の向上など，包括的なセーフティネットを構築することが急がれる．

参 考 文 献

須藤時仁，野村容康（2014）『日本経済の構造変化—長期停滞からなぜ抜け出せないのか』岩波書店．

唐成（2005）『中国の貯蓄と金融—家計・企業と政府の行動分析—』慶應義塾大学出版会．

唐成（2016）「中国の経済成長」家近亮子，松田，唐亮『5分野から読み解く現代中国』晃洋書房．

唐成（2017）「中国の家計貯蓄率はなぜ高いのか—1990年代以降の分析を中心に—」谷口洋志『中国政治経済構造的転換』中央大学出版部．

ホリオカ，チャールズ・ユウジ，渡部和孝(1998)「日本人の目的別貯蓄額」ホリオカ，チャールズ・ユウジ，浜田浩児編『日米家計の貯蓄行動』（郵政研究所研究叢書）日本評論社．

陳斌開，陳琳，譚安邦（2014）「理解中国消費不足：基于文献的評述」『世界経済』第7期，pp. 3-22．

杭斌，申春蘭（2009）「経済発達地区城鎮居民預防性儲蓄動機研究」『山西大学学報』第7期，pp. 23-30．

何新華，曹永福（2005）「从資金流量表看中国的高貯蓄率」『国際経済評論』第6期，pp. 58-61．

藩春陽・杜莉・蔡璟孜（2010）「中国消費率下降之迷：基于資金流量表的分析（1992～2007）」『上海経済研究』第7期，pp. 3-12．

李楊，殷剣峰（2007）「中国高貯蓄率問題探求—1992～2003年中国資金流量表的分析」『経済研究』第6期，pp. 14-26．

汪偉（2015）『中国高儲蓄現象的理論与実証研究』上海財経大学出版社．

朱天，張軍（2012）「中国的消費率太低？」『経済導刊』第11期，pp. 55-56．

Aziz, Jahangir and Li Cui (2007), "Explaining China's low consumption : the neglected role of household income", *IMF working paper* WP/07/181.

Kuijs, Louis (2005), "How will China's Saving-Investment Balance Evolve? "*World Bank China Research Paper*, 2005.

OECD and World Bank (2015), Income inequality and labour income share in G 20 countries : Trends, Impacts and Causes.

Tang Cheng, Hoken Hisatoshi and Xu Wenxing (2006), "Analysis on Saving Behaviors in Urban China : Empirical Results Based on Household Survey in Shanghai ." *Modern Asian Studies Review*, Vol. 1. No. 1, pp. 1-21.

Wang, X. and Wen, Y. (2012), "*Housing Prices and the High Chinese Savings Rate Puzzle*," *China Economic Review, 23 (2)*, pp. 265-283.

第 4 章

東アジア経済統合と中国経済

益 村 眞知子

はじめに

　1990年代以降,世界経済環境の変化などを背景に,世界的にEPA/FTA(経済連携協定／自由貿易協定)を推進する動きが活発化している。その背景には,①WTOドーハ・ラウンドの停滞により,世界の主要諸国が貿易・投資拡大のために積極的にEPA/FTAを締結するようになったこと,②EU(欧州連合)による市場統合(1993年)などがあげられる。

　とくにAFTA(ASEAN(東南アジア諸国連合)自由貿易地域:1993年発効)や,アメリカ,カナダ,メキシコによるNAFTA(北米自由貿易協定:1994年発効)にみられるように,1990年代は経済関係の深い近隣諸国との間での貿易・投資の自由化・円滑化等を目的に,地政学的要因や経済的要因によりFTAを締結するケースが多かった。しかし,近年ではグローバリゼーションの進展を背景に,近隣諸国に限らず世界の主要諸国・地域間でEPA/FTAを締結するのが潮流となっている。

　1990年代以降,東アジアと中国は,着実な経済発展により世界経済の成長のけん引役になると同時に,生産ネットワークを支える生産基地としての評価が高まっている[1]。なかでもASEAN地域は,この10年間に高い経済成長率

---

1) 詳細は,益村(2015)参照。

を実現し，今後，世界の「開かれた成長センター」となる潜在力があることから，2015年末にスタートしたASEAN経済共同体（AEC）[2]は世界各国から注目を集めている。

　ASEANは日本企業にとっても重要な市場であるが，東アジアの経済統合の中心でもある。ASEAN地域の成長に向けて各国が一体となって，経済統合に本格的に取り組み始めたのはAFTA創設に向けてである。AFTAは，域内の関税障壁及び非関税障壁の除去等により域内貿易の自由化を図り，国際市場向け生産拠点としてASEANの競争力の強化，域内経済の一層の活性化を図ることを目的としている。AFTAは，ASEAN地域内の関税率を1993年から2008年までの15年間で0〜5%に引き下げ，EUやNAFTAに相当する自由貿易地域をつくろうとする構想であり，共通実効特恵関税（CEPT）協定が1993年1月からスタートした。

　一方，日本，中国，韓国，インド，オーストラリア，ニュージーランドの6カ国がASEANと締結している5つのFTAを束ねる広域的な包括的経済連携構想として東アジア地域包括経済連携（RCEP：Regional Comprehensive Economic Partnership）があるが，対象国はこれら6か国とASEAN10か国の計16か国である。RCEPが実現すれば，人口・経済規模ともに世界的にも大規模な広域経済圏が出現することになる。

　本章では，ASEANを中心とする東アジア経済統合と中国経済との関連について考察することを目的とする。最初に，東アジア経済統合の経緯について概観し，次に2000年代以降の中国とASEANを中心とした貿易構造の変化について東アジア経済統合との関連から考察し，そして東アジア経済統合の経済的影響について検討する。最後に東アジア経済統合について欧州統合との比較検討を行う。

2）ASEAN経済共同体（AEC）は，ASEAN政治・安全保障共同体，ASEAN社会・文化共同体とともにASEAN共同体を構成している。

1. 東アジア経済統合の経緯

1-1 東アジア経済統合

東アジア経済統合の中心であるASEANは，1967年の「バンコク宣言」によって設立され，原加盟国はタイ，インドネシア，マレーシア，フィリピン，シンガポールの5か国で，1984年にブルネイ加盟後，加盟国はベトナム（1995年），ラオス（1997年），ミャンマー（1997年），カンボジア（1999年）と順次増加し，現在10か国である。ASEANは，総人口6億人（最大のインドネシア（2.3億人）～最小のブルネイ（40万人）），名目GDP 1.8兆ドルであり，一人当たりGDPは3,107ドル（最大のシンガポール（43,159ドル）～最小のミャンマー（702ドル）），域内総貿易額2.1兆ドルの経済規模の地域である[3]。

AFTA（アセアン自由貿易地域）は1993年からスタートし，域内での関税を段階的に低下させ，多くの物品の関税はほぼゼロになっている。2000年代に入ると，ASEANは，域内における経済統合を進めるとともに，ASEANと周辺国による「ASEANプラス1」と呼ばれるASEANとその域外1か国とのEPA/FTAを締結する動きが活発化している。1999年から始まった日本とシンガポールとのEPA/FTA交渉は2002年1月に締結（2002年11月発効，2007年9月改正）したが，これを機に，中国とASEANとの包括的経済協力枠組み協定（ACFTA）が2002年11月締結（2005年7月発効）するに至った。2000年代後半になると，ACFTA（ASEAN・中国FTA）を機にASEANと各国とのEPA/FTA締結の動きが活発化し，韓国（AKFTA：2007年6月発効），日本（日・ASEAN包括的経済連携（AJCEP）協定：2008年12月発効），インドとオーストラリア・ニュージーランド（それぞれ2010年1月発効）に至った。そしてその後，シンガポール，マレーシア，韓国，中国などが東アジア地域内の国・地域との間で多くのFTAを発効させている。

---

[3] データは2014年である。

次に，中国と ASEAN との包括的経済協力枠組み協定（ACFTA）および日本と ASEAN 包括的経済連携（AJCEP）協定，そして日本，中国，韓国，インド，オーストラリア，ニュージーランドの 6 カ国が ASEAN と締結している 5 つのFTA（自由貿易協定）を束ねる広域的な包括的経済連携構想としての東アジア地域包括経済連携（RCEP）について詳細に考察する。

(1) 中国の ASEAN との FTA 戦略〜ACFTA〜

中国が ASEAN との間で締結した包括的経済協力枠組み協定（ACFTA）は 2005 年 7 月に発効した。ACFTA は，ASEAN（10 か国）と中国の自由貿易地域を目指した協定であり，物品貿易協定，サービス貿易協定，投資協定の 3 つの主協定から構成されている。ACFTA により，ASEAN 6（タイ，インドネシア，マレーシア，フィリピン，シンガポール，ブルネイ）は 2010 年中に中国との間で貿易される品目の 9 割について関税を撤廃し，CLMV 4（カンボジア，ラオス，ミャンマー，ベトナム）は 2015 年までに関税撤廃を行うようになった。なお，ASEAN 6 と中国は 2012 年までに Normal Track 品目の中の関税は撤廃済みであり，CLMV 4 各国でも順次関税の低減が進んでいる[4]。

EU や NAFTA と並ぶ世界の 3 大自由貿易地域の 1 つである AFTA との FTA（ASEAN＋1）が盛んに交渉されているが，ACFTA は 2016 年現在 5 つある ASEAN＋1 の FTA のうちの 1 協定である。ACFTA 物品貿易協定は AFTA の共通実効特恵関税（CEPT）協定との類似点が多いが，詳細部分では異なる場合があるので規定ごとに確認が必要である。

AFTA-ATIGA（物品貿易協定）の ASEAN 6 の適用品目（Inclusion List：IL）の関税撤廃スケジュールと同じ 2010 年に ACFTA の ASEAN 6 と中国の Normal Track 品の関税が撤廃されたことから利用が増加している。ASEAN 6 と中国は 2010 年に Normal Track 品の関税撤廃，Sensitive List 品の関税を 2018 年に 0〜5

---

[4] その他，関税を一定までしか低減しない Sensitive List，低減を行わない Highly Sensitive List 及び除外品がある。また，輸入国で低減されていても，輸出国側で低減しない Sensitive List 品目に対しては MFN（最恵国）関税率を超えない関税をかける互恵規定（reciprocity）もあるために注意が必要である。

％に，CLMV 4 は 2015 年に Normal Track 品の関税撤廃，2020 年までに Sensitive List 品の関税を 0〜5％ にすることになっている。

(2) 日本の ASEAN との EPA/FTA 戦略

日本が ASEAN 各国・地域との間で締結した EPA は，シンガポール（2002 年 11 月発効，2017 年 9 月改正），マレーシア（2006 年 7 月発効），タイ（2007 年 11 月発効），ブルネイ（2008 年 7 月発効），インドネシア（2008 年 7 月発効），フィリピン（2008 年 12 月発効），ベトナム（2009 年 10 月発効）である。

日本の ASEAN に対する EPA/FTA 戦略は，ASEAN 主要各国との EPA/FTA を締結した後に ASEAN との EPA/FTA を締結（日・ASEAN 包括的経済連携（AJCEP）協定：2008 年 12 月発効）している。それに対して中国の ASEAN に対する EPA/FTA 戦略は，日本よりも早く ASEAN との FTA を締結（ACFTA（2005 年 7 月発効））した後に ASEAN 各国・地域との FTA 締結を行っている点に特徴があり，現段階で中国が ASEAN 主要国と FTA を締結しているのはシンガポール（2009 年 1 月発効）だけである。

AFTA では，ASEAN 産とみなされるためには，40％ 以上の付加価値分が ASEAN 内で生産される必要があるが，日・ASEAN 包括的経済連携（AJCEP）協定により，二国間 EPA/FTA に比して原産国として認定されることがより容易になるというメリットがある[5]。したがって，日本は ASEAN 各国との二国間 EPA/FTA に加えて ASEAN との EPA/FTA（包括的経済連携（AJCEP）協定）を締結したものと考えられる。

(3) ASEAN を中心とする経済統合〜RCEP 交渉開始までの経緯〜

ASEAN を中心とする経済統合については，2005 年 4 月に中国が提案する ASEAN＋3（日本・中国・韓国）による東アジア自由貿易協定（EAFTA）と 2007 年 6 月に日本が提案する ASEAN＋6（日本・中国・韓国・インド・オーストラリア・ニュージーランド）による東アジア包括的経済連携（CEPEA）が，民間研究

---

5) 例えば，ASEAN 域内で企業間・工程間域内分業を行っている日系企業の場合には，幅広い材料調達を行っても生産する産品を AJCEP 協定による特恵税率の対象とすることができるのである。

として併存していた。

2005年12月にASEAN＋6を参加国とする東アジア首脳会議（EAS）の初会合が開催され，EASが東アジアにおける共同体形成に重要な役割を果たすことなどを確認する共同宣言が行われた。

2006年8月に，日本は，ASEAN＋6の経済実態としての結びつきの強まりや，ASEANと日中韓印豪NZによるFTAの締結の進展により，16か国による「東アジア包括的経済連携（CEPEA）」構想の専門家研究会を提案し，2007年6月にCEPEAの民間研究会が開催された。2009年にASEAN＋6経済大臣会合及び第4回東アジア首脳会議（EAS）において最終報告が提出され，民間研究の成果を政府間で議論・検討するとの決定を歓迎し，EAFTA構想と並行して政府間の議論に移行していくことを確認した。

2010年に，ASEAN＋3構想とASEAN＋6構想を統合するために，政府間における4分野（原産地規則，税関手続，関税品目表，経済協力）の作業部会での検討が開始され，2011年の経済大臣会合／ASEAN＋3経済大臣会合及び同年の首脳会合に報告され，2011年8月のASEAN＋6経済大臣会合で，貿易・投資自由化を議論する作業部会（物品貿易，サービス貿易，投資）の設置が，日本と中国初の日中共同提案として行われた。

2011年11月の東アジア首脳会合・ASEAN＋3首脳会合で，ASEANは，ASEAN＋3とASEAN＋6とを区別しない新たな枠組みとして東アジアの包括的経済連携（RCEP）構想を提案し，16カ国の間で貿易・投資自由化に関する三つの作業部会の設置が合意された。これによりRCEPの枠組みの下での広域的な経済連携に関する具体的な検討が本格化することになった。

そして，2012年4月，ASEAN首脳会議において，ASEAN側は同年11月までにRCEPの交渉開始を目指すことで一致した。同年8月の第1回ASEAN＋FTAパートナーズ大臣会合が開催され，16カ国は，物品貿易，サービス貿易，投資の自由化に関する検討の進捗を確認するとともに，RCEPの交渉の目的や原則を示した「RCEP交渉の基本指針」をとりまとめた。同年11月，カンボジアのプノンペンで開催されたASEAN関連首脳会議を機に，ASEAN諸国及

び FTA パートナー諸国は，RCEP 交渉の立上げを宣言し，「RCEP 交渉の基本指針」が承認された。そして，2013 年 5 月から RCEP 交渉が開始されるに至った。

2015 年 11 月，マレーシアのクアラルンプールにおける ASEAN 関連首脳会議で RCEP 交渉に関する共同声明文が出されたが，そのなかで，RCEP 交渉の基盤であり，また行動の精神となっている「RCEP 交渉立上げに関する共同宣言文」及び「RCEP 交渉の基本指針及び目的」が想起された。そしてその共同声明文において，「2016 年内の RCEP 交渉の妥結により，地域的及び世界的な経済統合に大きく貢献すること，衡平な経済発展が図られること及び経済協力が強化されることを期待する」と明記されている。

そして，2016 年 9 月，ラオスのビエンチャンにおける ASEAN 関連首脳会議で RCEP 首脳による共同声明文が出されるに至った。共同声明文では，「バランスのとれた，質の高い，互恵的な成果を達成するため，各参加国の多様なセンシティビティや関心に対応する適切な方法を見出す決心をした。我々は，ビジネスの信頼を高め，消費者が裨益し，RCEP 地域の世界成長への貢献及び地域経済統合と参加国の衡平な経済発展の深化を強化させる RCEP 協定の潜在力を再確認する」とある。

RCEP の実現に向けた動きが加速化しているが，RCEP が実現すれば，人口約 34 億人（世界人口の約半分），GDP 22.4 兆ドル（世界全体の GDP の約 3 割），参加国間の総貿易は 11.9 兆ドル（世界全体の約 3 割），参加国に対する海外直接投資の流入 3,296 億ドルに達する広域地域経済圏が出現することになる。

以上でみたように，この間，5 つの ASEAN＋1 の FTA の締結，2015 年の ASEAN 経済共同体実現に向けた取り組みの進展等を受け，2016 年に入ってから ASEAN を中心とした地域経済統合に向けた流れが強まってきている。このような東アジア経済統合について図示したものが図 4-1 である。

RCEP の他には，2013 年以降になると，環太平洋パートナーシップ（TPP）協定[6]，日中韓 FTA，さらに EU との間には，日 EU・EPA，環大西洋貿易投資

---

6) 2017 年 1 月，アメリカが TPP から離脱するとの表明により，今後，TPP について

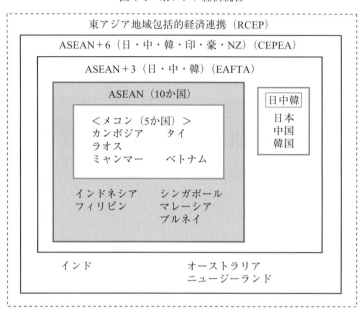

図4-1 東アジア経済統合

パートナーシップ（TTIP，米EU・FTA）の5つのメガEPA／FTAの交渉が動き始め，世界的な地域経済統合の動きが加速化している。

1-2 AFTA（ASEAN自由貿易地域）からAEC（ASEAN経済共同体）へ

(1) AFTA（ASEAN自由貿易地域）

ASEAN経済共同体（AEC）の実現に向けて，ASEAN域内では，物品・サービス・投資の自由化を行っている。物品貿易については，1992年にAFTA（ASEAN自由貿易地域）が創設されたが，これは1991年7月にタイのアナン首相（当時）が提唱し，1992年1月のASEAN首脳会議で採択されたシンガポール宣言でAFTAの創設が合意されたのである。

AFTAは，ASEAN域内の関税率を0〜5％に引き下げ，欧州連合（EU）や北

は，アメリカを除く11か国（カナダ，メキシコ，ペルー，チリ，オーストラリア，ニュージーランド，日本，シンガポール，マレーシア，ブルネイ，ベトナム）で交渉することになる。

米自由貿易協定（NAFTA）に相当する自由貿易地域をつくろうとする構想であるが，その目的は，域内の関税障壁及び非関税障壁の除去等により域内貿易の自由化を図り，国際市場向け生産拠点としてASEANの競争力の強化，域内経済の一層の活性化を図ることである。具体的には，①域内貿易の活性化，②海外からの直接投資および域内投資の促進，③域内産業の国際競争力の強化があげられる。

関税引下げ等の具体的内容は，宣言とは別に定められた共通実効特恵関税（CEPT）協定（1992年1月28日調印）に規定されており，1993年から2008年までの15年間で関税率を0〜5％に引き下げる自由化目標を掲げているが，具体的には工業製品，農産加工品，資本財の実効関税を5％以下に削減することを目標にしている。

AFTAのための共通実効特恵関税（CEPT）スキームに関する協定は，1993年1月1日に発効したが，この協定に基づき，ASEAN諸国で生産され，他のASEAN諸国に輸入される製品に特恵関税が適用されているが，1999年9月のAFTA閣僚評議会で，ASEAN6は2015年に，CLMV4は2018年を目標に関税ゼロとすることで合意した。2010年に一つの目標であったASEAN6による共通実効特恵関税（AFTA-CEPT）の適用が開始され，ASEAN域内の関税率は，ASEAN6が2010年1月1日付で一部例外を除き原則すべての品目について実施済みであり，後発CLMV4は2015年1月1日付で一部例外（全品目の7％まで）を除く品目について関税を撤廃し，残る品目の関税撤廃についても2018年1月1日までに実施予定である。なお，AFTA-CEPTは，2008年のCEPT協定の見直しにより，2010年からより包括的なASEAN物品貿易協定（ATIGA：ASEAN Trade In Goods Agreement）に移行しているが，ATIGAには，AFTAには盛り込まれていなかった貿易円滑化や税関，任意規格・強制規格及び適合性評価措置などが盛り込まれている。

ATIGAはサービス協定とともにASEAN経済共同体の基盤となる物品の自由な移動を実現するための物品貿易に関する基本的協定であり，2015年末発足のASEAN経済共同体（AEC）における物品貿易の自由化実現に向けた一措

置である。

　サービス分野については，1995年の「ASEANサービスに関する枠組み協定」に署名し，協定発効後，段階的に自由化し，各国は2年に1回，自由化する目標項目数を決め，その目標に合わせて規制緩和・撤廃が実施されている。

　投資の分野では，「ASEAN投資に関する枠組み協定」(AIA, 1998年)と「ASEAN投資促進保護協定(IGA, 1987年)の2つの協定が2009年に一本化され，「ASEAN包括的投資協定」(ACIA)となり，ACIAは，その前身であるAIAとIGAの見直しおよび自由化，保護，円滑化，促進等を含む包括的なものとなっている。

　以上のAFTAに関するATIGA（ASEAN物品貿易協定），サービス協定，ACIA（ASEAN包括的投資協定）は，AEC（ASEAN経済共同体）の実現に向け，ASEAN域内では，物品，サービス，投資分野の自由化が推進されているのである。

(2) AEC（ASEAN経済共同体）

　ASEAN地域は，過去10年間に高い経済成長を見せており，今後，世界の「開かれた成長センター」となる潜在力があることから，2015年12月31日にAFTAをさらに進化・高度化させた「AEC（ASEAN経済共同体）」が発足した。世界経済の中で6億人の巨大市場が誕生し，ASEANは新たな時代を迎えることになり，ASEAN経済共同体は世界各国から注目を集めている。

　ASEAN経済共同体発足に向けての経緯は次の通りである。2003年，ASEANは「ASEAN共同体」の創設に合意し，2007年1月のASEAN首脳会合で2015年までにASEAN共同体設立の加速を宣言する「セブ宣言」に署名された。同年11月のASEAN首脳会合で，ASEANの法的根拠となる「ASEAN憲章」に署名し，2009年に，「ASEAN政治・安全保障共同体」，「ASEAN経済共同体(AEC)」，「ASEAN社会・文化共同体」のそれぞれの共同体設立に向けた中長期的な取り組みを示す「ASEAN共同体ロードマップ（2009～2015）」が提示された。

　このうち，「ASEAN経済(AEC)ブループリント」(行程表)に，ASEAN経済共同体の創設に向けた4つの柱（1）単一市場と生産基地，2）競争力ある経済地域，3）公平な経済発展，4）グローバル経済への統合）の実施計画が策定された。

表 4-1 ASEAN 経済共同体の創設に向けた 4 つの柱

1) 単一市場と生産基地
　　①物品貿易，②サービス貿易，③投資，④人の移動，⑤資本移動，⑥優先統合分野，⑦食料・農業・林業
　　※優先 12 分野：木製品，自動車，ゴム製品，繊維，農産物加工，水産業，エレクトロニクス，e-ASEAN，ヘルスケア，航空，観光，物流
2) 競争力ある経済地域
　　①競争政策，②消費者保護，③知的所有権，④インフラ開発，⑤税制，⑥電子商取引
3) 公平な経済発展
　　①中小企業，② ASEAN 統合イニシアティブ
4) グローバル経済への統合
　　①対外経済関係，②グローバルサプライネットワークへの参加

表 4-2 AEC ブループリントの進捗と課題

分　野	進捗（2015 年 1 月時点）	課　題
物品貿易	関税撤廃：ASEAN 6 は 99.2% 撤廃済み，CLMV 諸国は 2015 年までに 93%，2018 年までに 100% 撤廃予定。ASEAN 物品貿易協定（ATIGA）：2010 年発効。物品の域内自由移動を実現するための法的枠組。	非関税障壁：撤廃に進展が見られず。2009 年～2013 年の間，ASEAN 各国で 186 の非関税措置が実施されたとのアジア開発銀行（ADB）の調査もあり。
サービス貿易	ASEAN サービス貿易枠組協定（AFAS）：10 回のパッケージ交渉により 128 分野での自由化を目指す。第 8 パッケージ議定書（80 分野）まで発効済み。	第 1 モード（越境取引），第 2 モード（国外消費）は完全自由化が進展。第 3 モード（拠点の設置）については，ASEAN 企業に対する外資出資率 70% 以上の開放が目標となっているが，自由化が限定的な分野も多い。
投資	ASEAN 包括的投資協定（ACIA）：2012 年発効。製造業等の分野における内国民待遇，経営幹部の国籍要件等について自由化を約束。	ACIA の留保表に記載される自由化例外分野の削減を目指す。
人の移動	資格の相互承認協定（MRA）：8 分野（エンジニアリング，看護，建築，測量技師，会計，開業医，歯科医，観光）で協定を作成。	サービス貿易の枠組みの下での第 4 モード（人の移動）自由化は熟練労働者に限って実施。ビジネス訪問者，企業内転勤者等の自由な移動を規定する「ASEAN 自然人移動協定」が作成されているが，未発効。また，資格の相互承認協定についても，各国の締結手続進捗により実施についてはばらつきあり。

（出所）外務省（2015）。

表4-1はASEAN経済共同体の創設に向けた4つの柱，表4-2はAECブループリントの進捗状況と課題を示したものである。

2009年10月の第15回ASEAN首脳会議において，ASEANコネクティビティに関する宣言が行われ，アジア開発銀行，世界銀行，UNESCAP（国連アジア太平洋経済社会委員会）と協力し，ERIA（経済産業省：東アジア・アセアン経済研究センター）が策定に貢献することになった。そして，2010年10月のASEAN首脳会議で，インフラ整備などの戦略や取り組みをまとめた「ASEAN連結性マスタープラン」が採択された。このマスタープランは，物流や人の流れの円滑化を促進することにより域内の経済的一体性を高めようとするイニシアティブの強化が課題となっていることを反映したものであり，2015年までのASEAN共同体の創設に向けて，地域的，国家的，物理的，制度的及び人的連携により，経済成長，開発格差の縮小及び連結性の改善を実現するための重要なプロセスとして位置づけられている。

2015年11月，マレーシアのクアラルンプールで開催された第27回ASEAN首脳会議で，ASEAN共同体の今後10年間（2016～2025年）の方向性を示す「ASEAN 2025 : Forging Ahead Together」が採択され，今後の方向性が示された。これは，①ヒト・モノ・カネの動きを自由化し，関税を撤廃し，より活発な貿易を促進する，②ASEAN出身者の域内移動は既に短期滞在ビザを不要とし，熟練労働者から順に域内移動を促進する，③競争力の向上により周辺の大国への輸出拡大，ASEAN域内のさらなる成長を目指すものである。そして，2015年12月末からASEAN経済共同体を含むASEAN共同体がスタートするに至ったのである。

2．東アジアにおける貿易構造の変化

東アジアでは，日本，韓国，台湾などが比較的高付加価値の部品や加工品を生産し，中国やASEANなどがその中間財を輸入し，最終財を生産して欧米などへ供給するという工程間分業により，とくに1990年代からの東アジア生産

図 4-2 日本からの中間財輸出額の推移（輸出先別）

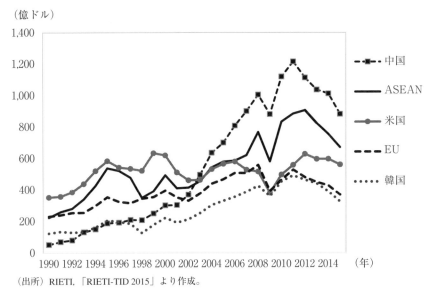

（出所）RIETI,「RIETI-TID 2015」より作成。

ネットワークが形成され，「世界の工場」としての存在が顕著になるほどに発展している。

図4-2は，1990年以降の日本からの中間財輸出額の推移についてみたものであるが，1990年代は日本から米国への中間財輸出が多かった。しかし，2000年代以降については，2008年のリーマン・ショックによる2009年の世界経済危機の時期を除いて，中国とASEAN向けの中間財輸出額が2011年まで急増し，それ以降は減少傾向にあるものの中国向けの中間財輸出額の大きさは顕著である。

次に，東アジア各国・地域の中間財・最終財輸出貿易動向について，1995年，2005年，2015年を比較することによって，貿易構造（生産ネットワーク）の変化を概観する。図4-3-1は1995年，図4-3-2は2005年，図4-3-3は2015年の東アジア各国・地域の中間財・最終財貿易の流れを図示したものである。1995年では日本からASEANへの中間財の輸出が顕著であり，最終財としては日本から米国への輸出が顕著であった。10年後の2005年には，日本，韓

図 4-3-1　東アジア各国・地域の中間財・最終財貿易（1995 年）

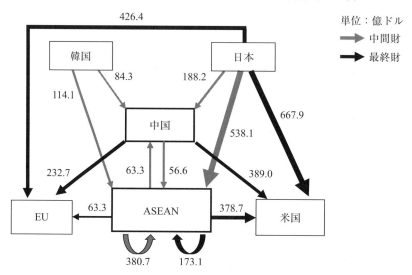

図 4-3-2　東アジア各国・地域の中間財・最終財貿易（2005 年）

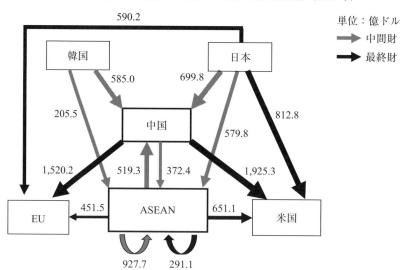

図 4-3-3　東アジア各国・地域の中間財・最終財貿易（2015 年）

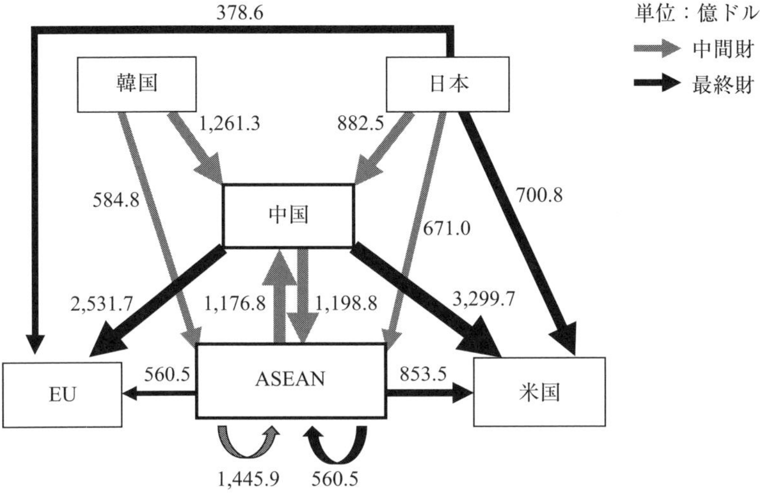

単位：億ドル
⇒ 中間財
→ 最終財

韓国 → 中国: 1,261.3
日本 → 中国: 882.5
韓国 → EU: 378.6（経由）
韓国 → 米国: 584.8
日本 → 米国: 700.8
中国 → ASEAN: 1,176.8
ASEAN → 中国: 1,198.8
中国 → 米国: 3,299.7
中国 → EU: 2,531.7
ASEAN → EU: 560.5
ASEAN → 米国: 853.5
日本 → ASEAN: 671.0
ASEAN 域内（中間財）: 1,445.9
ASEAN 域内（最終財）: 560.5

（出所）REITI,「REITI-TID 2015」より作成。

国，ASEAN から中国へ，そして ASEAN 域内での中間財輸出が急増し，中国から EU や米国へと最終財輸出が急増している。そして，2015 年になると，韓国と ASEAN から中国への中間財輸出はさらに増加し，また中国から ASEAN，そして ASEAN 域内での中間財輸出はさらに増加し，中国から EU や米国への最終財の輸出が急増している。これらのことから，2000 年代以降，中国と ASEAN が東アジアにおける生産拠点（ハブ）としての位置づけを確立しているといえる。

さらに中国と ASEAN の最終財輸出の流れについて確認するために，図 4-4 は中国への最終財輸出額の推移，図 4-5 は 2015 年の主要国・地域から中国への最終財輸出の流れについて図示したものである。図 4-4 から明らかなように，2000 年以降，主要各国・地域からの中国への最終財輸出額が増加傾向を示しているが，なかでも EU から中国への最終財輸出額は 2014 年まで急増している。日本から中国への最終財輸出額は 2011 年をピークに減少傾向を示しているが，これは東日本大震災の影響によるものと考えられる。図 4-5 は 2015 年の中国への最終財輸出額について図示したものであるが，世界の主要国・地

図 4-4　中国への最終財輸出額の推移

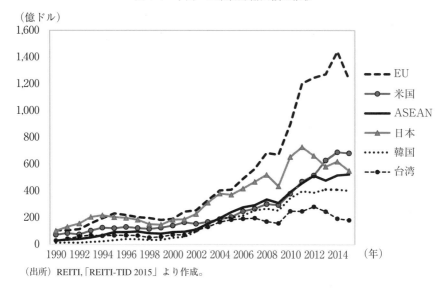

（出所）REITI,「REITI-TID 2015」より作成。

図 4-5　中国への最終財輸出の流れ（2015 年）

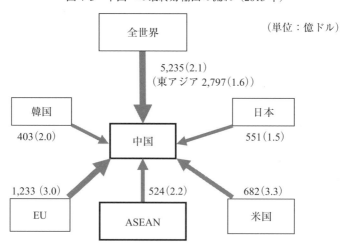

（備考）1. カッコ内の数字は 2005 年比の倍率。
　　　　2. 輸出先としての中国は香港を含む。
（出所）REITI,「REITI-TID 2015」より作成。

域から中国への最終財輸出が増加しているが，世界全体から中国への最終財輸出のなかで東アジアから中国への最終財輸出は53.4%を占め，またEUや米国から中国への最終財輸出額は2005年から2015年までに3倍以上に増加している。

とくに2008年のリーマン・ショックに端を発する2009年の世界経済危機を契機に，EUや米国は中国への中間財および最終財輸出を増加させていることから，中国が組立・最終財輸出拠点としてのみならず，世界の需要地でもあるという位置づけになり，中国とASEANを中心とする東アジアネットワーク構造へと変容していったといえるのではないだろうか。

自律的ともいえるような中国とASEANを中心とする東アジアネットワーク構造が確立する背景には，2000年以降の「ASEAN＋1」と呼ばれるASEANとその域外1ヵ国とのEPA/FTAを締結する動きが活発化していることがあげられる。なかでも中国とのFTA（ACFTA：2005年7月発効），韓国とのFTA（AKFTA：2007年6月発効），日本とのEPA/FTA（日・ASEAN包括的経済連携（AJCEP）協定：2008年12月発効）は，中国とASEANを中心とする自律的な東アジアネットワーク構造を確立するうえで重要な役割を果たしていると考えられる。

3．東アジア経済統合の経済的影響

ASEANは，AFTA創設以来，域内関税の段階的削減によりASEAN域内や中国との年10%前後の高い貿易の伸びを達成してきた。AEC（ASEAN経済共同体）は，当初目標の2020年から早まり2015年末に単一市場が創設された。AECは，ブループリントにみられるように，包括的なFTAにとどまらず，経済共同体の実現のため，道路・鉄道等のインフラ，空運・海運の単一市場，エネルギー供給の統合，格差是正等の幅広い分野を包括する経済統合を実現しようとしている。AECは，財・サービス，人や資本の移動の自由化を進めているが，2015年末にスタートしたばかりであることから現段階ではその目標の

達成はまだ不十分であり，関税同盟，共同市場，経済同盟の条件を完全に満たしてはいないことから，実質的には包括的な FTA であるといえる。

AFTA の共通実効関税制度（CEPT）は 1993 年から発効し，ASEAN 先発 6 か国（ブルネイ，インドネシア，マレーシア，シンガポール，タイ，フィリピン）における関税撤廃・削減の対象品目（IL）の関税は 2010 年から例外を除き 0％ になり，後発国の CLMV（カンボジア・ラオス・ミャンマー・ベトナム）においても一部例外を除き 2015 年にはセンシティブ・高度センシティブ品目以外の品目はほぼ 0％ になっていることからも，ASEAN の関税撤廃は進んでいる。なお，7％ を上限とする一部の品目は 2018 年まで猶予されている結果，2015 年における ASEAN 6 の自由化率（関税率が 0％ の品目の割合）は 99.2％，CLMV は 90.8％ という高い比率になっている。

一方，非関税障壁は，複雑な税関審査や輸入制限措置，規格・基準認証制度，検疫，内国税，原産地証明手続など多岐にわたっていることから，その規制撤廃の重要性は高いものの，自由化の進展は遅れているのが実情である。

これに対して，ACFTA（ASEAN と中国との FTA）は 2005 年に発効していることから，AFTA よりも 10 年以上も自由化の開始時期が遅くなっているために，中国と ASEAN 先行 6 か国は，ACFTA では，まず初めに早期に関税を引き下げるアーリーハーベスト品目（EHP，主に農水産物やその加工品）の関税を 2006 年にゼロにし，2010 年には，一般スケジュールどおりに関税削減を実施する自由化品目（ノーマルトラック，NT）の関税をゼロにした。非関税障壁（NT）品目は，規定通りに関税を削減する NT 1 品目と，その例外である NT 2 品目に分かれるが，2012 年には中国と ASEAN 先行 6 か国は NT の例外品目である NT 2 の関税を撤廃した。なお，ACFTA では，「センシティブトラック品目（ST 品目）」に関しては，中国と ASEAN 先行 6 か国でも関税撤廃はこれからである。また，ACFTA の関税削減スケジュールにおいて，CLMV（カンボジア，ミャンマー，ラオス，ベトナム）の関税削減は，少し遅れることになっている。

中国と ASEAN 先行 6 か国は，2012 年には NT 2 を 0％ にしただけでなく，同時に SL 品目の関税を 20％ 以下に削減し，2015 年には，中国と先行 ASEAN

6 は HSL 品目の関税を 50% 以下にし，CLMV では SL 品目の関税を 20% 以下にすることになっている。そして 2018 年には，中国と先行 6 か国では SL 品目を 0〜5% に引き下げ，CLMV では NT 2 品目の関税を撤廃し，HSL 品目の関税を 50% 以下にし，さらに 2020 年には CLMV で SL 品目が 0〜5% に引き下げられる予定となっていることから，中国と ASEAN との貿易はさらに活発化することが予想される。

　一般財団法人国際貿易投資研究所（ITI, 2017）は，日本・ASEAN・中国の間の生産ネットワークを形成する上での FTA の関税削減に与える影響について次のように指摘している。タイの乗用車輸入の一般的な関税率（MFN 税率）は 70.1% であるが，タイが FTA を結んでいない米国や EU から乗用車を輸入する場合は MFN 税率が適用される。タイと日本との間では日タイ経済連携協定（JTEPA）が締結されているので 49.1% に関税率が削減される。タイが ASEAN から乗用車を輸入する場合には，AFTA を利用すれば関税率が 0% に低下する。自動車部品も同様で，タイの MFN 税率は 25% であるが，他の ASEAN からの輸入ではこれが 0% になる。日本からの自動車部品の輸入では関税率が 7.5%，韓国からは 15.2% に縮まるが，米欧には MFN 税率が適用される。在 ASEAN 日系企業は AFTA 発効以前の 1980 年代から自動車部品の関税削減を認められていたので，ASEAN 域内での強固なサプライチェーンを築き上げることができたのである。

　さらに，国際貿易投資研究所(2017)によれば，タイは中国との貿易で ASEAN 中国 FTA(ACFTA)，他の ASEAN とは AFTA，日本との貿易では日本・タイ EPA（JTEPA）を利用して関税を削減できるが，この 3 つの FTA で最も関税削減効果が高いのは AFTA であり，次に JTEPA，3 番目は ACFTA としている。したがって，タイを生産拠点にしたサプライチェーンの形成に際しては AEC が最も優位性があることから，日本企業が東アジアへの進出やサプライチェーンの再編を検討する場合には，FTA 効果や賃金などのコスト要因を十分に比較しながら決断することが望まれるとしている。日 ASEAN 包括的経済連携（AJCEP）協定の効果を考慮すれば，日本企業にとってはさらに関税削減効果が

大きくなると考えられることから，東アジアのなかでもタイ＋1で示されるように，タイを拠点とするサプライチェーンの構築が促進されることが期待される。

また国際貿易投資研究所（2017）は，中国のFTA戦略について次のように指摘している。中国は，RCEPや日中韓FTAをTPPという足かせ抜きで交渉することが可能になることから，AIIB（アジアインフラ投資銀行）を利用したインフラ投資を中心にした経済協力をこれまで以上にFTA戦略の中に盛り込んでいき，さらに東アジア経済共同体（EAEC）を推進し，ASEANに日中韓の3国を加えた経済圏における経済共同体の創設を図り，東アジア地域における中国の影響力を高めようとしている。

JTEPAは2017年，ACFTAは2018年に関税が引き下げられ，タイで発効済みのFTAでは関税の節約効果は今後さらに増加することから，中国とASEANを中心とする東アジアネットワークにおけるFTAの関税削減効果はさらに高まるとともに，世界のなかでの需要拠点といった位置づけが確立すると思われる。

ASEAN各国・地域は，人口規模も一人当たりGDP規模も，そして経済発展段階も異なるものの，ASEAN＋1によるFTAを通じて域内貿易の活性化を通じて経済活性化が期待される。さらにASEAN経済共同体やRCEPを通じて東アジア経済統合が進めば，ASEAN域内のさらなる経済活性化が進み，中国とならんでASEANは，世界の工場，そして世界の需要地として今後さらに期待される。

4. 東アジア経済統合と欧州統合の比較

EU（欧州連合）は，60年以上にわたって，深化と拡大により経済統合を進めてきた。最初の2つの段階は，石炭・鉄鋼，農業，貿易（関税同盟）などによる部門統合であった。1968年7月に関税同盟が完成し，域内関税の撤廃と対外共通関税の創設を実現した。そして，第3段階の市場統合により，1993年1

月から，人・モノ・サービス・資本の域内自由移動が可能な単一市場が実現した。そして第4段階の通貨統合により，1999年1月から共通通貨ユーロが導入され，2002年から実際に流通するようになった。また，通貨統合により単一中央銀行制度が制定され，金融政策の一元化が実現している。このように，EUでは，関税同盟，市場統合，通貨統合といった統合の深化が進んだ。

また，EUの原加盟国は6か国（フランス，ドイツ，イタリア，オランダ，ベルギー，ルクセンブルク）であったが，2017年1月現在28か国まで拡大した。そして，共通通貨導入国は11か国からスタートし，2017年1月現在19か国まで拡大している。したがって，EUの場合には，深化と拡大により経済統合が進んでいったのである。

一方，FTA（自由貿易協定）により域内輸入数量制限や工業品関税を全廃して自由貿易地域を形成する動きがある。NAFTA（北米自由貿易協定）などが該当するが，ASEANの場合には，AFTA（ASEAN自由貿易地域）として，1993年から関税を段階的に引き下げて，最終的には関税全廃による自由貿易地域を形成することにしている。

経済統合には，国家主導による「制度的統合」と企業主導による「機能的統合」があるが，EUの場合は制度的統合の典型例であり，それに対応して企業活動による域内経済の相互依存関係が高まっていく。それに対して，ASEAN経済共同体をはじめとする東アジア経済統合の場合には，企業の地域的ネットワーク（生産ネットワークなど）が形成され，国家による制度改革はそれを後追いし，自由化や関税・貿易手続きの簡素化などを進める機能的統合の性格が強い。

経済統合は，経済発展水準の接近する諸国間の「水平的統合」と，発展水準に格差のある諸国間の「垂直的統合」に区別することができる。水平的統合のベネフィットとしては，統合によって経済障壁が低下し，規模の経済によって市場規模が拡大するが，市場参加者間での競争が強まると考えられる。したがって，経済統合は，経済革新のための経済政策であるということもできる。

おわりに

　本章では，ASEANを中心に東アジア経済統合と中国経済との関連について，東アジア経済統合の背景と経緯をFTAとの関連から考察し，次に2000年代以降の中国とASEANを中心とした貿易構造の変化について東アジア経済統合との関連から考察し，そして東アジア経済統合の経済的影響について検討し，最後に東アジア経済統合について欧州統合との比較検討を行った。

　東アジアでは，日本，韓国，台湾などが比較的高付加価値の部品や加工品を生産し，中国やASEANなどがその中間財を輸入し，最終財を生産して欧米などへ供給するという工程間分業により，とくに1990年代からの東アジア生産ネットワークが形成され，「世界の工場」としての存在が顕著になるほどに発展している。

　自律的ともいえるような中国とASEANを中心とする東アジアネットワーク構造が確立した背景には，2000年代以降の「ASEAN＋1」と呼ばれるASEANとその域外1か国とのEPA/FTAを締結する動きが活発化していることがあげられる。なかでも中国とのFTA（ACFTA：2005年7月発効），韓国とのFTA（AKFTA：2007年6月発効），日本とのEPA（日・ASEAN包括的経済連携（AJCEP）協定：2008年12月発効）は東アジアネットワーク構造を確立するうえで重要な役割を果たしていると考えられる。

　ASEAN各国・地域は，人口規模も一人当たりGDP規模も，そして経済発展段階も異なるものの，ASEAN＋1によるFTAおよびASEAN経済共同体，さらにRCEPを通じて東アジア経済統合が進むならば，ASEAN域内の経済は活性化し，今後，中国とならんでASEANは世界の工場，そして世界の需要地としてさらに期待が高まる。今後も中国とASEANを中心とした東アジアネットワークについて経済統合の観点から注視していきたい。

参 考 文 献

The ASEAN Secretariat (2009), "Roadmap for an ASEAN Community 2009–2015 : One Vision, One Identity, One Community"
The ASEAN Secretariat (2015), "ASEAN Economic Community Blueprint 2025"
The ASEAN Secretariat (2015), "ASEAN Integration Report 2015"
The ASEAN Secretariat (2015), "Thinking Globally, Prospering Regionally ASEAN Economic Community 2015"
The ASEAN Secretariat (2016), "Master Plan on ASEAN Connectivity 2025"
The ASEAN Secretariat (2016), "ASEAN Economic Community Chartbook 2015"
The ASEAN Secretariat (2017), "Towards ASEAN Economic Community 2025 : Monitering ASEAN Economic Integration"
The ASEAN Secretariat (2016), *ASEAN Statistical Yearbook 2015*
JETRO (2016),「ASEAN自由貿易協定（AFTA）の物品貿易に関する協定（ATIGA）（AFTA-ATIGA）」
RIETI「RIETI-TID 2015」
Bela Balassa (1961), *The Theory of Economic Integration*, Richard D. Irwin.Inc.of Homewood, Illinois.（中島正信訳『経済統合の理論』ダイヤモンド社，1963年）
経済産業省HP「東アジア経済統合に向けて」
経済産業省（2007, 2011, 2015）『通商白書』
外務省（2015）「わかる！国際情勢〜ASEAN共同体の設立に向けて〜」
一般財団法人国際貿易投資研究所（ITI）（2015）「ASEAN中国FTA（ACFTA）及びASEAN日本FTA（AJCEP）の品目別の関税削減効果調査事業結果 報告書」ITI調査研究シリーズ No. 8
一般財団法人国際貿易投資研究所（ITI）（2017）「平成28年度東アジアのFTA及びTPPの関税削減効果調査事業結果 報告書」ITI調査研究シリーズ No. 46
田中素香・長部重康・久保広正・岩田健治（2014）『現代ヨーロッパ経済』（第4版）有斐閣
トラン・ヴァン・トゥ編著（2016）『ASEAN経済新時代と日本』文眞堂
益村眞知子（2015）「産業の再配置とアジア経済」，中條誠一・小森谷徳純編著『金融危機後の世界経済の課題』中央大学出版部

第 5 章

EU の対中国通商政策と中国の対応
――これまでの展開と若干の展望――

田 中 素 香

はじめに

　EU にとって中国は輸入第 1 位，輸出第 2 位の最重要の通商相手国である。中国にとっても EU は米国と並ぶ最重要の通商相手国（地域）である。2010 年代には中国の対 EU 直接投資（FDI）が急成長し，FDI 相手としても重要性を増している。本章はその EU 中国通商関係の 21 世紀における発展を主として EU 側から概観し，双方が現時点で直面する諸課題の性格を明らかにしようとする。

　ドーハ・ラウンドの事実上の中断を受けて EU は，2006 年新通商政策により中国を含む新興大国相手の FTA 戦略に転換し，2010 年新通商戦略でも中国を最重要相手国の一つとした。双方は，政府首脳，閣僚級，実務級の 3 次元の対話制度を構築し通商関係全般に対応すると共に，通商交渉の更新をてがけ，今日も投資協定の交渉，将来の FTA 締結の研究などを続けている。通商政策における双方の相互の重要性は今後も高まるであろう。

　しかし，EU にとって中国は通商政策の問題国である。貿易ではダンピング問題，FDI では M&A による露骨な技術取得行動，在 EU 中国企業への無差別待遇に対して在中国 EU 企業に対する差別待遇などにより，EU 企業と EU の

不満は高まり，通商紛争に発展する。2016年EUは，反ダンピング措置の強化，中国の「市場経済国ステータス（MES）」の承認拒否，そしてM&Aによる先端技術取得への再審査など，紛争に対する一連の強硬な行動に出た。本章ではEU中国通商紛争の今日までの展開を示すことによって，その性格を明らかにしようとする。

この分野はわが国では一貫した研究がない。将来の研究の発展をも念頭に置いて，本章ではこれまでの展開を包括的に説明し，最後に米国トランプ政権の政策を考慮して若干の展望を付した。

1. 21世紀のEU通商政策の新展開と中国

1-1　EU共通通商政策の21世紀

(1) 21世紀のEU共通通商政策

EUは共通通商政策によって対外貿易交渉を進め，貿易協定を締結する[1]。1958年発効のEEC条約第113条は，「共通通商政策は，関税率の修正，他国との関税協定や通商協定の締結，自由化措置，輸出政策，ダンピング，補助金などに関して，一律の原則にもとづく」と規定しており，関税同盟完成の後，共通通商政策はEUの専権となった。EEC諸国は閣僚理事会において特定多数決により欧州委員会（当時はEEC委員会）の交渉権限を承認し，欧州委員会はEUを代表して交渉をとりまとめ，再び閣僚理事会の承認を得て，通商協定は発効する。

共通通商政策をめぐる状況は，大きく20世紀と21世紀に区分できる[2]。第1に，グローバル化の進展と共に通商協定は企業のグローバル活動を支援するようになり，交渉の範囲が関税引き下げ・撤廃からサービス，非関税障壁，知

---

1) EEC, EC, EUと発展してきたが，必要なケースでのみ区別することとし，一般的にはEUと表示する。EEC委員会，欧州委員会についても，欧州委員会と表示する。
2) EUの通商政策の発展については，田中他著（2014）第3章2節に概要を示している。

的財産権（IPR），政府調達などに拡大し，高度化複雑化した。

　第2に，世界通商交渉の状況が一変した。20世紀（戦後）には，米国・EUで世界GDPの過半を占めており，両者が合意すれば，他の先進国を動かしてGATT交渉をまとめることができた。95年にはWTOがスタートした。しかし，21世紀に入ると，中国を先頭にインド，ブラジルなど新興大国の経済規模が飛躍的に拡大し自己主張も強まり，先進諸国主導の高度・広範囲の貿易自由化に反対するようになった。02年WTOが開始したドーハ開発ラウンドは事実上の中断状態に陥り，今日に至っている。

　EUでは単一市場のスタートにより，世界でもっとも高度の自由化を域内で成し遂げ，共通通商政策も世界情勢に適合するように大きく転換した。

　条約面では，2009年12月発効のリスボン条約（現行のEU基本条約）が，EEC条約第113条を継承しつつ，「サービス貿易，知的所有権の商業的側面，海外直接投資（FDI）」を共通通商政策に加えた（第207条1項）。ただし，それらの項目の一部分は加盟国の権限に残され，決定には加盟国の全会一致が必要とされる（第207条4項）。2016年EUカナダFTA（包括的経済・貿易協定CETA）の批准プロセスでは，EU 28カ国38議会の賛成が必要だった（ベルギーなどいくつかの国は憲法で地方議会にも協定批准の権限を賦与しているので，38議会となる）。

　今日，共通通商政策の決定は閣僚理事会（加盟国大臣による決定機関）の特定多数決（加盟国数の55%以上，賛成国人口がEU全人口の65%以上という二重多数決制）により決定され，欧州委員会がEUを代表して交渉に当たる。ということは，EUの通商相手国がEU加盟国を切り崩すことに成功すれば，EUの決定を阻止あるいは骨抜きにできることにもなり，連邦権限の米国と比較してEU共通通商政策の弱点である[3]。上述したように，部分的な全会一致制の適用も，顕著な弱点となっている。

3）　全会一致制のケースでは，ベルギーのように憲法で地方議会の賛成を要件としている国があるため（ベルギーでは5つの議会の賛成が必要），28カ国38議会となっている。2016年10月，人口でEUの1%に満たないベルギーのワロン地区議会が，EU・カナダFTA協定（CETA）の批准を拒否し，一時成立が危ぶまれた。このような問題はEU中国間では起きていないので，指摘のみとする。

(2) EUの新通商政策（2006年）と新通商戦略（10年）

ドーハ・ラウンドの事実上の中断を受けて，EUは2006年7月新通商政策を打ち出した。域内政策（EU加盟国は「一律の原則に従う」との規定により，共通通商政策には域内政策が付随する）として，①競争力強化（単一市場強化），②市場開放，③社会的公正（social justice：市場開放が労働者に与えるダメージの軽減，EUの基本的価値の促進），対外政策として，①非関税障壁（NTB）の除去，②資源へのアクセス，③成長の新分野（サービス，投資，政府調達，ルール重視）を掲げ，具体的には，市場規模と高成長で注目される新興国（地域）とのFTA形成に目標を定めた[4]。

相手国（地域）として，ASEAN，韓国，Mercosur（南米南部共同市場），次いで，インド，ロシア，GCC（湾岸協力会議諸国），そして中国を特定した。交渉分野は上記のように広範囲で，いわゆる「WTO＋」を目指した。EU 5億人の巨大市場を背景に，自由貿易協定（FTA）の締結を目指したのである。ただし，中国については機会とリスクが併存し，特別の包括的戦略が必要としている[5]。

2001年ゴールドマン・サックスのエコノミスト，ジム・オニールの新説が世界にショックを与えた。ブラジル，ロシア，インド，中国の4つの新興大国（BRICs）が高度経済成長を続けており，遠くない将来に経済規模で先進国を追い抜く。やがて中国だけでも米国のGDPを上回り，世界パワー・シフトが起きるというのである。EUの06年新通商政策はこの新興4大国をはじめ成長率の高い新興国グループとのFTAにより，EUの経済成長をはかろうとしたのである。

だが，EU韓国FTAがその唯一の成果であった。ASEANとは07年交渉開始合意・09年3月交渉停止，インドとは09年交渉開始・13年事実上停止，中国

---

[4] European Commission (2006 a)．みずほ総研（2006）はその詳細な解説である。
[5] 中国について欧州委員会は2006年10月に，*EU-China: Closer partners, growing responsibilities* および *A policy paper on EU-China trade and investment: Competition and Partnership* を提出し，新たな関係構築へと踏みだした。

などとは交渉開始に至らなかった。新興国は高度の FTA（高度の自由貿易体制）を受け入れず，06 年新政策は失敗に帰したのである[6]。

　EU は 2010 年 11 月「貿易，成長，世界問題──EU の 2020 年戦略のコアとしての貿易政策」と題する新通商戦略を打ち出した。同年 EU が採択した新中期成長戦略「欧州 2020」の一環であった。08 年 9 月リーマン危機が勃発，翌 10 年 5 月にはギリシャの債務危機が金融・通貨危機となって爆発し，ユーロ危機に突入していった。新通商戦略はそうした経済危機を背景に，EU の GDP を 1 ％（1500 億ユーロ）以上引き上げる，としている。

　FTA 交渉の主要な相手国として，米国，日本，中国，ロシア，インドをあげた。06 年の新通商政策では，新興国を相手とし FTA 協定を米国と争う意志さえ表明していたが，リーマン危機によって米国，EU ともにそうした余裕はなくなり，共存のための FTA を模索することとなった。交渉分野は，NTB，政府調達，サービス貿易，投資，資源やエネルギーへのアクセス（中国のレアアース輸出規制などを念頭に），知的財産権（IPR），競争政策，衛生・植物衛生，持続可能な開発など広範囲で，それまで FTA の対象外だった分野も重視した[7]。

　2013 年，日本との EPA 交渉，米国との環大西洋貿易投資パートナーシップ（TTIP）協定の交渉が始まった。しかし，中国，ロシア，インドとの FTA 交渉は今日まで未着手のままである。なお，EU カナダ FTA（CETA）は 09 年 10 月交渉開始，13 年 10 月基本合意，14 年 8 月詳細取り纏め作業終了，9 月署名と

6） 2015 年通商政策報告書で欧州委員会は EU 韓国 FTA に最大級の評価をしている。「EU 韓国 FTA は EU によってかつて実施されたもっとも野心的な貿易協定である。5 年以内に双方で関税のほぼ 99％ を削減し NTB も扱っている。それは米韓 FTA を超える。4 年間で，EU の商品輸出は 55％ 増え，最初の 3 年間で対外輸出 47 億ユーロを生み出した。乗用車の輸出は 3 倍以上となり，長期にわたった EU の貿易赤字は黒字に転換した。韓国の輸入に占める EU のシェアは 9％ から 13％ に増えたが，米国のシェアは安定，日本は 2％ ポイントを失った。」（European Commission (2015), p. 9.）。なお EU 韓国 FTA については，拙稿（2013）とそこに掲げた参考文献を参照されたい。

7） European Commission (2010 a).

進み，批准過程で一時は成立が危ぶまれたが（注3参照），16年11月に発効した。CETAは「TTIPのひな形」とされていた。またASEANについては，各国交渉に切り替え，シンガポールと10年3月交渉開始，13年9月最終合意，ベトナムとは12年交渉開始，15年12月合意文書に署名した（いずれもまだ発効していない）。

1-2 EUの新政策と中国
(1) 20世紀EUの対中国通商政策

EU（当時はEEC）と中国は毛沢東・周恩来指導下の文化大革命時代末期1975年外交関係を樹立した。その後中国は鄧小平の指導の下，78年「改革開放」政策による市場経済化へと国の路線を転換した。同じ年にEECと中国の間で「貿易協定」が，次いで85年に「貿易・経済協力協定」が調印された。

85年協定は貿易協力，経済協力，合同委員会（Joint Committee）の3項目からなる簡単な協定である。貿易協力では，関税・貿易関連の規制と税・行政手続きについて共に最恵国待遇を保障し，貿易決済に交換性をもつ通貨を使用する。経済協力では，工業と農業・科学技術・エネルギー・輸送と通信・環境保護・第3国における協力を促進し，経済と生活水準を引き上げる。EECは中国に開発援助を行う。これらの目標を達成するために，合同委員会を設置し，ブリュッセルと北京で隔年毎に協議する[8]。

この「85年協定」が現在においてもEU中国通商関係の最重要の法的基礎である。その理由は後述する。

1989年天安門事件によりEU中国関係は一時冷却したが，92年対話が再開された。90年代には，94年世界銀行の『東アジアの奇跡』刊行に示されるように，東アジア新興国の経済発展が世界の注目を浴びた。EUはアジアへの貿

---

[8] Council Regulation (EEC) No 2616/85 of 16 September 1985 concerning the conclusion of a Trade and Economic Cooperation Agreement between the European Economic Community and the People's Republic of China. 欧州委員会のEU法へのアクセスEUR-Lex Document and Information より。

易・投資のシフトを強く意識するようになり，94年に「新しいアジア戦略を目指して」を公表し，96年「欧州アジア会合（ASEM）」を開始，98年文書では中国との「包括的パートナーシップ」を唱えた。通商・経済協力のほかに政治対話を強化し，中国をより深く国際社会に関与させ，法の支配や人権に立脚する開かれた社会へと移行するよう支援する，という[9]。

98年4月第1回EU・中国首脳会議（EU側は欧州委員会委員長と首脳会議議長，中国側は国務院総理＝首相が出席），以後ほぼ毎年首脳会議が開催されている。90年代末から中国のWTO加盟が双方の最重要のテーマとなり，2000年朱鎔基氏が国務院総理（首相）として初めてブリュッセルを訪問した。中国のWTO加盟をEUは米国や日本と共に積極的に支援し，中国は01年12月11日に143番目のWTO加盟国となった。この間に中国の関税は大幅に引き下げられ，非関税障壁の撤廃も進んだ。EUも米国も，WTO加盟により中国が市場経済国として責任ある行動をとるようになり，中国市場の巨大な可能性を手に入れることができると期待していた。

(2) 2006年対中国通商文書におけるEUの中国批判

中国のWTO加盟後，EUとの貿易は順調に伸び，とりわけEUの輸入は加速的に増大した。だが，04年頃からEUの中国に対する反ダンピング措置が急増，農産物，鉱産物，化学品，鉄鋼，カラーテレビなどが対象となった。上述したように，欧州委員会は06年新通商政策において中国を別扱いにし，同じ06年，2つの対中国通商政策文書を公表した。概要を示しておこう。

第1文書「EU—中国：より緊密な連携，増大する責任」では，市場開放・公正な競争を中国政府に求め，また人権・民主主義など価値の面での後退を批

---

[9] 1994年の「新しいアジア戦略を目指して」において，EC委員会は，「中国，モンゴル，ベトナム，ラオスのような構造的経済改革に乗りだしたアジアの旧国家貿易諸国へ専門知識と政策助言を提供し，市場経済へ順調に移行させるための諸機関，政策，法律の整備を支援する」と述べており，中国を遅れた発展途上国と位置づけていた（翻訳は当時の東北EU研究会が発表。拙訳である）。「包括的パートナーシップ」もその延長上に置かれている。なお，EU中国関係の対話・協議の制度化とその歴史的発展については，林大輔（2015）が詳しい。

判するなど，EU 中国間の懸案を率直に提出した[10]。多面的な中国批判と諸要求を羅列しているが，簡略に整理すると次のようになる。

① 価値論：人権，民主主義など EU の基本的価値をベースに中国に広汎に改善を要求
② 中国発展論：中国の発展モデルにおける EU の諸要求を示す。中国の格差拡大，環境問題悪化，劣悪な労働基準などの改善を要求
③ 通商政策論：貿易障壁，不平等な競争条件，不公正な市場競争，IPR（知的財産権）の侵害，中国進出の EU 企業への差別的対応，ダンピング，貿易収支不均衡など中国の通商政策の諸問題を包括的に指摘し，その改善と，併せて投資に偏りすぎた中国経済成長における消費の促進・人民元切り上げなどを求める。

第2文書「競争とパートナーシップ」では，「中国は WTO 義務を遵守し，商品・サービス・投資および政府調達市場の自由化を継続し，欧州の投資家に対する技術移転の強制と輸出条件の賦課を止めるべきだ。EU 企業の IPR などの法的権利を強く保護し，不公正な補助金や戦略産業の保護を終了すべきだ[11]」と中国の方針転換を求めた。ここにいう「技術移転の強制」とは，中国に進出するヨーロッパ企業に中国企業との合弁を強制し，合弁企業への新技術の移転を合弁承認の条件とする中国の政策を指している。新技術の手っ取り早い，確実な入手方法であって，日米などの企業も同じ方式を強制された。これらの解決のため，EU 中国関係の法的基礎である「1985 年貿易・経済協力協定」を更新し，「パートナーシップ・協力協定（Partnership and Co-operation Agreement：PCA）」を追求すべきと主張した。

(3) EU 中国（通商）関係の発展に関する対照的な評価

中国は 2010 年に GDP で日本を抜いて世界第 2 位の経済大国となり，その後も高成長を続けている。上述したように，EU は中国との通商発展に大きく期待していた。その期待は満たされたのだろうか。評価は分かれている。

---

10) European Commission (2006 b).
11) European Commission (2006 c), p. 3.

林大輔（2016）は，通商関係を含めて2003年以降をEU中国関係の「第三期」とし，この時期に「包括的戦略的パートナーシップ」関係の構築がEU中国間で対話枠組みの制度化・重層化という形でめざましく発展し，「良好な関係が深化拡大した」と肯定的積極的に評価している。制度化とは対話枠組みが多方面で整備・制度化され定着したということであり，重層化とは，政府首脳・閣僚・実務家という3つのレベルで確立したということである。

　Holslag（2015）はEU中国通商関係を2期に区分する。1970年代の関係形成以来EU側は中国との通商関係を熱狂的に歓迎（1989年の天安門事件の一時期を除く）し，発展は順調だったが，06年以降「冷却期」に入ったというのである。冷却要因を次のようにいう。21世紀に入ると中国は，グローバル生産ネットワークにおける劣位を認識し，強大な産業・知識ネットワークの構築，世界貿易への影響力などの戦略を追求するようになった。国有の大企業・大銀行の力が強まり，中国に進出したEU企業は厳しい規制や技術移転など様々な要求を突きつけられる。リーマン危機後EUは経済力の弱体化を認識し，中国との間でパワー・シフトが生じている。その結果双方で経済問題が政治化され，「中国とEUは保護主義と政治的競争との負のスパイラルへと押しやられつつある」[12]。林の評価と対照的である。

　この対照的な評価を念頭に置いて，以下では，リーマン危機から習近平政権に至るEU・中国間の通商（政策）のやりとりを貿易とFDIを中心に検証し，どのような評価を下すべきかを考察する。

---

12) Holslag, Jonathan (2015), in : Aggarwal, Vinod & Sara A. Newland (ed.), 引用はp. 132。なお，この著書の出版は2015年だが，Holslagの執筆終了時点は参考資料から判断して12年初めと思われる。

表 5-1　EU の対中国・日本・米国貿易の

	1997	1998	1999	2000	2001	2002	2003	2004	2005
対米国輸出	1414	1615	1830	2325	2399	2421	2210	2346	2517
対中国輸入	375	420	497	703	759	819	958	1274	1585
対米国輸入	1378	1520	1606	1990	1958	1755	1514	1584	1625
対中国輸出	165	174	194	255	301	342	404	482	516
対日本輸入	599	660	719	871	763	686	668	742	734
対日本輸出	361	316	354	449	449	427	402	433	436
独対中輸出	54	61	69	95	121	146	183	210	212

（注）商品貿易。単位は 1998 年まで億 ECU（欧州通貨単位），1999 年以降億ユーロ。
（出所）Eurostat より筆者作成。

2. EU 中国間の通商関係発展の特徴

2-1　21 世紀の EU 中国貿易の発展

（1）商品貿易の発展と時期区分

EU の対中国商品貿易は，国交回復以降輸出入ともに大きく伸びた。1997 年，EU の対米国貿易収支はほぼ均衡，EU の対日輸出と対中輸入がほぼ同額

図 5-1　EU の対米中日の商品貿易の推移（1997-2016 年）

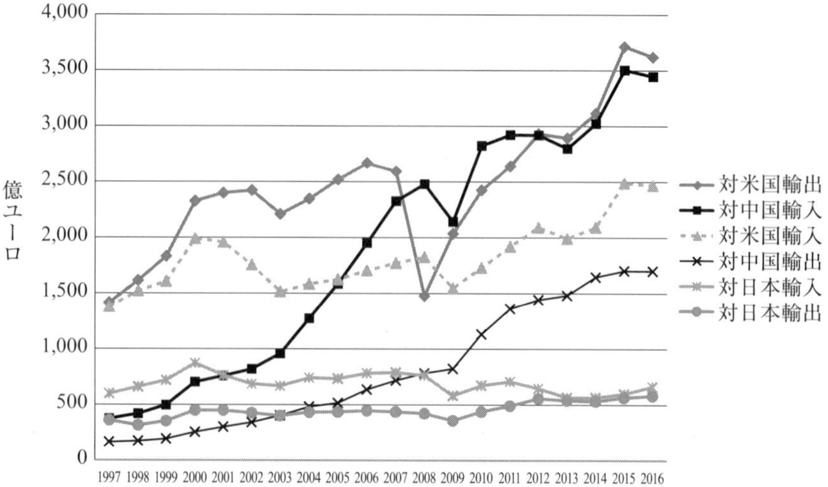

（出所）表 5-1 より筆者作成。

トレンド

(単位：億 ECU，億ユーロ)

2006	2007	2008	2009	2010	2011	2012	2013	2014	2015	2016
2668	2592	1476	2034	2423	2641	2932	2895	3116	3714	3620
1951	2326	2479	2142	2825	2923	2920	2801	3024	3504	3446
1704	1771	1824	1545	1730	1920	2092	1991	2093	2490	2468
637	718	782	823	1133	1362	1442	1482	1647	1703	1701
782	789	762	582	673	708	648	566	566	599	664
447	437	423	359	439	491	557	540	533	566	581
275	299	341	365	538	649	667	669	745	714	761

であった。この年を起点に 21 世紀 EU の中国貿易の発展を，対米日貿易と比較しつつ，見てみよう（表 5-1），（図 5-1）。

　97 年から 07 年の 10 年間に EU の中国からの輸入は実に 6.2 倍，対中輸出も 4.4 倍に急増した。EU の対日・対米輸入はともに 1.3 倍，対日輸出 1.2 倍，対米輸出 1.8 倍なので，驚異的な伸びといってよい。中国の 2 桁経済成長率と WTO 加盟後の貿易の急増が背景にあった。並行して EU の貿易赤字は，97 年の 210 億ユーロから 07 年 1600 億ユーロと 8 倍弱に拡大した。この 10 年間を第 1 期［驚異的貿易発展期］としよう。

　次いで，リーマン危機・ユーロ危機の時期（08 年から 12 年まで）に移行した。この第 2 期に EU の対中輸入は 2480 億ユーロから 2920 億ユーロに 1.17 倍の微増，対中輸出は一度も落ち込むことなく 780 億ユーロから 1480 億ユーロへ 1.8 倍の増加である。EU の対中貿易収支赤字は 08 年の 1700 億ユーロから 12 年 1500 億ユーロに減少した。EU の対米輸出はサブプライム危機・リーマン危機によって 08 年 4 割もの大幅な下落となり，危機前の 07 年水準に戻ったのはようやく 11 年だった（図 5-1）。なお，中国の総輸出額は 07 年米国を抜いて世界 2 位，09 年ドイツを抜いて世界一位となり，14 年まで両国との差を広げたが，成長率低下に伴い 15・16 年には輸出入額共に減少した。

　EU・ユーロ圏諸国がユーロ危機による不況の 2 番底（投資・消費の落ち込み）と緊縮財政に苦しむ中で，対中輸出の伸びと貿易収支赤字の縮小は景気下支え効果をもち，中国の南欧危機国支援措置（国債購入など）と合わせて，EU の苦

境を救済する効果をもった。第1期に EU は中国を目下に見て国際部面で指導・支援するスタンスであり，中国にも西欧の福祉国家に中国の将来を見る論調も存在した。しかし，リーマン・ユーロ両危機によって，米国・西欧への幻滅が中国で拡大し，民主資本主義体制より国家資本体制の方が優位という考えが強まった[13]。これが第2期［中国による危機緩和期］である。

　2013年から16年までは第3期［通商摩擦・紛争期］である。12年9月に EU は中国からの太陽光パネル輸出に対するダンピング調査を開始し，13年からシームレス鋼管や携帯通信機器などにも反ダンピング税が賦課された。太陽光パネルだけでも2011年の輸入は210億ユーロ（120円換算で約2兆5000億円），EU 販売額の8割を占めていた。他の反ダンピング措置と合わせて，13年 EU の対中輸入は図5-1のように減少し[14]，EU の中国批判は強まった。

　12年中国の経済成長率は7％台に落ち，生産者物価もマイナス1.9％と景気後退のシグナルが出た。その後成長率はさらに低下し，生産者物価のマイナスも続き，貿易額も15年から減少に転じた。中国の成長率低下によって EU の対中輸出の伸びは止まったが，中国からの輸入は14年から15年にかけて急騰（図5-1），貿易収支赤字は15年1800億ユーロを越えた。

　そこには鉄鋼品などのダンピング輸出も含まれていた。中国から EU への鉄鋼輸出は，生産能力の積み上がる06・07年に価額・数量とも急増したが，中国が4兆元の景気刺激に乗り出した09年に急減し，過剰生産能力が顕在化した14・15年に再び急増（13年の316万トンから804万トンへ），しかも単価はトン当たり951ドルから555ドルへ42％下落した（表5-2），（図5-2）。

　EU の輸入相手国として中国は06年から第1位となり，最近は2位の米国より1000億ユーロ超大きい。中国からの輸入は，消費財（低価格の繊維衣類，皮革・靴，家具などとスマートフォン・エレクトロニクス系製品など）と資本財（機械，部品など）であるが，サービス貿易を含めた2013年のデータでは，資本財

---

13)　拙稿（2016）31-32ページ，参照。
14)　太陽光パネルに対する反ダンピング紛争については，林大輔（2013）および拙稿（2016）32ページを参照。

表 5-2 中国から EU 28 への鉄鋼品輸出（2004－2015 年）

	2004	2005	2006	2007	2008	2009	2010	2011	2012	2013	2014	2015
価額（単位：千万ドル）	121	148	485	802	798	106	301	493	329	301	490	447
数量（単位：万トン）	143	134	732	1025	695	126	349	462	348	316	568	804
単価（単位：ドル/トン）	849	1105	662	782	1150	846	864	1066	945	951	862	555

（出所）国際貿易投資研究所（ITI）資料より筆者作成。

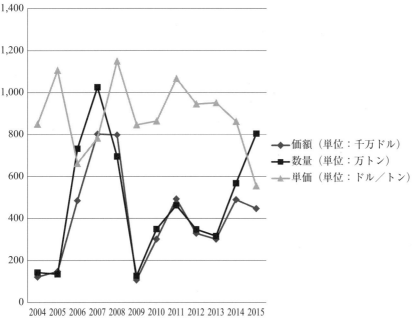

図 5-2　中国から EU 28 への鉄鋼品輸出（2004-2015 年）

（出所）表 5-2 より筆者作成。

65％，サービス 15％，消費財 20％ の割合である。最近では，EU への中国企業進出をテコに，ハイテク部門の貿易が増大している。EU の対中貿易収支赤字は，約 1000 億ユーロの対米貿易黒字のほぼ 2 倍に達している。

（2）ドイツと中国の貿易および中国に進出したドイツ企業について

EU の対中貿易に占める国別のシェアはドイツが最大で，輸出では 40％ 台（07 年の 42％ から 11 年 48％ へ），輸入では 26％ から 27％ を占める。

ドイツの対中国輸出は 07 年から 11 年までの 4 年間に 2.4 倍に伸びた。リーマン危機後のドイツ経済の急速な回復（完全雇用への復帰）は「ドイツの独り勝ち」といわれたが，対中輸出はその支持要因の一つだった[15]。ドイツの対中貿易収支も均衡に近づいた。メルケル首相は多数の経営者とともにほぼ毎年中国詣でを繰り返している。欧州最強のドイツ企業の貿易（輸出＋輸入）で 2016 年初めて中国が相手国第 1 位となった（約 1700 億ユーロ）。ドイツの貿易相手国 1 位は伝統的にフランスか米国だったが，歴史的転換が起きている。

ドイツの輸出品の上位は自動車関連（28％），機械機器（24％），コンピュータ・通信機器など電子品関連（14％），輸入品は電子品関連（27％），機械機器（24％），衣類（10％）である（2014 年）。同年中国にドイツ企業 5200 社が立地しているが，数的には中小企業（ドイツ語で Mittelstand）が多い。完成品だけでなく，ドイツと中国の間のサプライチェーンにおける双方向の原材料・部品貿易も大きい。

在中国のドイツ企業の 71％ は完全所有，合弁は 11％，駐在員事務所 6％ で，12 年からほとんど変化していない。雇用者数は 3000 人以上 6％，1000 人から 2999 人が 6％，251－999 人が 15％，50－250 人が 33％，残り 41％ は 50 人以下である。業種別では，機械・産業設備，自動車，コンサルティング・法律サービス，プラスティック・金属 5％ と続き，電子品，IT テレコムがそれぞれ 3％，化学 3％，医薬品 1％ などである。15 年以上前に進出した企業は 33％，他は 21 世紀の進出である。

ビジネス目標を「達成」あるいは「超過達成」した企業のシェアは 14 年 61％ から 16 年 45％ に減り，中国の成長率低下と並行してビジネス環境は厳しさを増しているが，売れ行きの伸びる自動車部門は好調。機械関連は厳しいなど業種により分かれている。大部分のドイツ企業がライバルとして日本や韓国の企業ではなく中国企業を挙げており，現地企業が競争力を高めていることが分かる。3 分の 1 以上のドイツ企業が，中国のライバル企業は 5 年以内にイノ

---

[15]　「ドイツの独り勝ち」については，田中他著（2014）第 10 章を参照。

ベーションのリーダーになれると評価している。在中国ドイツ商工会議所は「法的な不確実性と不透明な規制枠組み」,インターネットのスピードとアクセスの悪さ,知的財産権の保護が主要な懸念事項と指摘している[16]。

2-2 中国の対EU直接投資（FDI）攻勢の激化

(1) EUと中国の間の直接投資（FDI）の動向

EU企業は20世紀末から中国にFDIを継続してきたので,EUの対中国FDIストックは14年末に1400億ユーロに達し,中国FDIの在EU残高400億ユーロと大差がついていた（欧州委員会資料）。だが,ユーロ危機以後のFDIでは中国がEUを圧倒する勢いなので,本項ではそちらを検討する。

2010年代,中国はグローバル生産ネットワーク構築,世界貿易・投資への影響力強化,シーレーン防衛など,全方面的な戦略を追求するようになった。習近平政権は「一帯一路」計画やアジアインフラ投資銀行（AIIB）など野心的な大計画を打ち上げている。

EUは米国と並んで巨大市場と最先端技術を保有しており,中国はヨーロッパ現地企業を買収し,手っ取り早く技術や市場を獲得しようとした。海外直接投資（FDI）はその重要な手段である。FDIは更地に工場を建設するグリーンフィールドFDIと,現地企業の支配権を握るM&A（企業の合併・買収）とに大別される。

EUへの中国FDIはリーマン危機後09年20億ユーロから増加し,11年に飛躍的に増えた。ユーロ危機で海外投資を喉から手が出るほど欲しいEU諸国に対して,80億ユーロ（当該年の換算値で約8800億円）を越えるFDIを実施した。中国のFDIはそれまでの発展途上国向けから,2010年代は先進国向けを主とする形へと転換した。12年100億ユーロ,13年は70億ユーロに減ったが,14年約140億ユーロ,15年約200億ユーロと急増し,16年には350億ユーロと対前年比77％と一気に増えた。件数ではグリーンフィールド投資が多いが,

---

[16] German Chamber of Commerce in China (2016). なお,アンケートへの回答は在中国ドイツ商工会議所所属の2500社による。

金額では M&A が圧倒的である（M&A は企業の株式の 10% 超を中国企業が保有するケース）。

リーマン危機・世界不況に対抗する 09 年の 4 兆元公共投資計画により短期間で過剰生産能力が積み上がり，国内の投資のはけ口が縮小したため，過剰資金が海外 FDI 投資へ向かった点も見逃せない。2015 年の EU 企業の対中国 FDI は 93 億ユーロ（前年比 9% 減），中国の対 EU・FDI の半分以下である。15 年から中国の世界向け FDI は総額でも流入より流出が上回った。16 年中国の対外 FDI 総額は前年比 40% 増の 1890 億ドル（1300 億ユーロ）と過去最高水準に達した。中国の FDI ストック額は 14 年末の 7440 億ドルから 2020 年には最大 2 兆ドルに達するとの予想もある。[17]。一方，16 年 EU から中国への FDI は 80 億ユーロと，4 年連続で減少した。中国の経済成長の減速や外国企業に対する公式・非公式の障壁が根強く存在することが主因とされている[18]。

16 年中国のドイツ向け FDI は対 EU の 31%，110 億ユーロと過去最高となった。同年のドイツの対中国への FDI は 38 億ユーロとほぼ平年並みだったので，中国からドイツへの流入が初めて上回った。中国の対 EU・FDI は 15・16 年だけで 550 億ユーロ，他方で EU の対中国 FDI は減額しているので，中国の在 EU・FDI 残高が EU の在中国 FDI 残高を追い抜くのはそう遠い将来のことではないであろう。

中国 FDI の EU 加盟国別の配置を見ると，注目すべき点がいくつかある。
① 中国は EU 28 加盟国のすべてに FDI を行っている。マルタ，キプロス，エストニアのような小国から EU 大国まで，さらに西バルカンの EU 加盟候補国にまで及んでいる。
② 非常に広汎な業種に広がっている。
③ 不動産のシェアがかなり高い。

これらの特徴のうち，①は対 EU の中国 FDI の 75% は国有企業によるもの

---

17) Hanemann & Huotari (2015) p. 25. FDI 統計は統計発表主体別の誤差がかなり大きい。しかし，欧州委員会（Eurostat）統計は加盟国の統計を総合する関係からタイムラグが大きい。本章では速報性を重視している。

18) Hanemann & Huotari (2017).

であり，中国政府の政治的判断が入っていよう。EU加盟国の中国支持の獲得や「一帯一路」計画の具体化などが考慮されている。②についても同様と思われる。③の一部は中国特権階級の海外資産蓄積と結びついている可能性が高い。たとえば，ロンドンの繁華街のマンションが中国人に購入されても電灯がつくことはなく，現地では「中国人の貯金箱」と呼ばれているらしい。スペインなど他のEU諸国にも類似の例が見られる。企業のM&Aも一部は中国からの資金逃避のための購入といわれる。

なお，ヨーロッパのFDI受入国は基本的に投資流入を歓迎している。FDI流入は景気を下支えし，交通インフラなどを充実させる役割も果たすからである。南欧諸国はリーマン危機・ユーロ危機によって緊縮財政に追い込まれ，国有資産を売却したが，中国はFDIでそれらの資産を購入し，財政赤字削減を助けた（ポルトガル送電設備，ギリシャのピレウス港施設，イタリアなどの大企業買収など）。

(2) 中国の対EU・FDIの国別・部門別の配置

中国のEU加盟国へのFDIストック額（2000年からの累積額。15年末時点），投資業種の上位3分野（14年末。下位が少額なら上位2ないし1分野）を表5-3に並べておこう[19]。

毎年順位は変わる。15年にはイタリアのタイヤメーカー・ピレッリが中国のケムチャイナ（中国化工集団公司，本拠はスイス）に買収された金額が大きく，イタリアが首位になったが，16年にはドイツのハイテク企業が中国M&Aの標的となり，対ドイツFDIが110億ユーロ，ストック額でも順位を上げた。なお，小国のポルトガルの4位は，上述した高額の送電設備の中国国有企業による買収による。またハンガリーでは，ブダペストとセルビアの首都ベオグラードを結ぶ高速鉄道の建設が17年に中国国有鉄道企業の出資により始まった。

2000年から14年までの配置について若干追加しておこう[20]。英国では表5

---

19) Hanemann & Huotari (2016).
20) Hanemann & Huotari (2015), p. 20.

表 5-3　中国 FDI の上位国と上位部門

国	累積額（€）	上位 3 部門
英国	1520 億	不動産・農業＆食品製造・エネルギー
イタリア	1120 億	エネルギー・産業設備・自動車
フランス	950 億	エネルギー・産業設備・自動車
ドイツ	790 億	産業設備・自動車・情報技術
ポルトガル	550 億	エネルギー・金融＆ビジネスサービス
ハンガリー	200 億	ベーシック素材
スペイン	150 億	農業＆食品製造，娯楽産業
以下省略。		

（出所）Hanemann, Thilo & Mikko Huotari [2016] & [2015].

-3 の 3 部門に次いで，自動車，消費財・同サービス，そして情報技術，輸送・建設と続く。ドイツは多くの部門で英国と共通するが，不動産は小さく，代わりに産業設備のシェアが高い。ドイツの東西南北すべての州の非常に多くの部門に中国企業が進出し，旧東独ではグリーンフィールド投資，旧西独では M&A のシェアが高い。水も漏らさぬ地理的・部門的配置になっており，背後に国家意志（国家計画）を感じさせる。フランスはエネルギー(原発)，イタリアは産業設備のシェアが高い。また，図 5-3 により，2016 年の中国の対 EU・FDI の部門，金額，また 2000 年以降の FDI の動向についても概要を知ることができる。

グリーンフィールド投資で目立つのは情報技術部門であって，EU 主要国の大手通信企業なども顧客にするファーウェイ（Huawei：華為技術有限公司）やスマホ企業などが，若干の小国以外のすべての国に出ている。Huawei は技術防衛を理由に米国から閉め出されたが，EU には自由に進出し，イタリア，スペインなどでも技術を取得している。

金融・ビジネスサービスは小規模で（ポルトガルでやや大きい），多くの国でグリーンフィールド投資である。中国の輸出企業や現地進出企業への融資を中心に展開しているのかもしれない。14 年末時点では人民元国際化にかかる中国金融サービス業の進出の影響は感じられないようだ。

2-3　中国の FDI 攻勢の背景—「中国製造 2025」と第 13 期 5 カ年計画—

2010 年代に急騰した中国の FDI は，富裕層の海外資産蓄積行動を度外視す

図 5-3　中国の対 EU・FDI の産業別配置・2016 年
―中国の投資企業はハイテク・サービス・インフラ部門の資産をターゲットに―

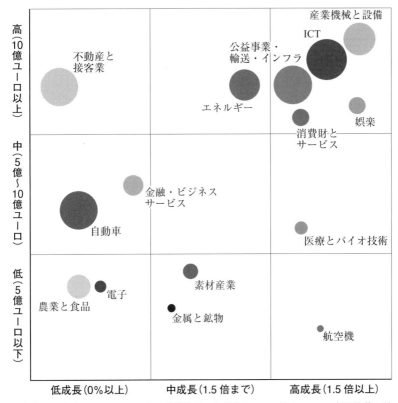

(注) 玉の大きさは 2000-2016 年の総投資額に比例する。ヨコ軸は 2013-15 年平均値に対する 16 年の成長率に対応し，タテ軸は投資額に対応する。
(出所) Hanemann/Huotari (2017).

れば，有利な投資先を海外に見いだそうと中国企業が行動しているのだが，中国政府の政策が後押ししている。

FDI に関わる中国政府の目標の第 1 は 2015 年 5 月国務院通達の「中国製造 2025」に示されている[21]。中国の GDP は購買力平価 (PPP) ベースで 2014 年

---

21) 「中国製造 2025」は英語では，"China Manufacturing 2025" あるいは "Made in China 2025" と表示されている。「中国版インダストリー 4.0」と評価されている。"Industrie 4.0" は IoT による自律的な製造・サービスの生産システム化。2011 年ドイツで発表され，「第 4 次産業革命」構想として世界の注目を集めた。在中国 EU 商業会議所 (EUCCC) 会長は 2016 年末に「中国製造 2025」構想に対して，「政府が巨額の資金

米国を抜き世界一となったが，製造業の生産規模でもすでに世界一である。しかしなお技術格差などが残るので，2025年までに格差縮小・重点突破により製造強国に加わり，順位を上げて45年には第1グループに躍り出る，という雄大な計画である。

政府は，IT（情報技術）を主導分野とし，NC工作機械，ロボット工学，航空宇宙，医薬品，先端鉄道技術，グリーン技術など10の先端分野を示し，積極的に海外に進出するよう自国企業に呼びかけた。米国と競争できる第一級の技術水準を向こう30年間に獲得することが中国政府の真の目標であり，2025年にそれぞれの産業が世界市場で獲得すべき市場シェアも掲げられている。

「科学技術イノベーション2030」というプロジェクト計画も打ち出されている。航空機エンジンおよびガスタービン，深海探査船，宇宙探査機の能力向上，量子通信と量子コンピュータ，脳科学と人工知能研究，国のネットワークセキュリティ，スマートグリッド，スマート生産とロボット，新素材などが掲げられ，「中国製造2025」とも関連する。

2015年10月政府は第13次5カ年計画（16年3月同「要綱」）を発表した。産業構造の高度化を進め，20年までに先進製造業，現代サービス業，戦略的新興産業の比率を大幅にアップ，労働生産性を飛躍的に引き上げる。6.5％以上の経済成長を続け，2020年GDPを2010年レベルの2倍に引き上げる（約20兆ドル）。この経済成長により雇用を確保し，並行して経済・社会の再バランス化を成し遂げる[22]。

をつぎ込んで世界市場シェアを目的に据えるというようなコンセプトはEUにはなじみがない，たとえばドイツのインダストリー4.0はわずか2億ユーロの小規模な基金がアイディアを出し，企業・大学・個人を巻き込んだのだ」，と批判している。またEUCCCの2014年サーベイでは，中国に進出した欧州企業の3分の2は「中国で仕事がやりにくくなった」と回答している。欧州33カ国の財界団体をメンバーとするビジネスヨーロッパ（欧州産業連盟）は，15年3月のレポートBUSINESSEUROPE（2015）において，中国の各部門に存在する多数の障壁を指摘・分析し，国家資本主義的性格（不透明性，技術移転を拒むと報復措置，政府調達への強い制限，現地進出企業への政府の諸要求など）の強化に懸念を表明している。

22) 胡鞍鋼（2016）11-12ページ。

「中国製造 2025」から第 13 次 5 カ年計画までを総合すると，中国は 2010 年代後半から知識ベース・イノベーション駆動型経済発展モデルを採用して，経済の最先進国レベルへの接近を目指しているといってよい。米国・EU での企業買収（M&A）はその重要な一環に位置づけられている。中国でナショナル・チャンピオン企業を創出し，それら先端企業群を世界チャンピオン企業へ発展させる「"Going Global" 路線」を政府はとっていると，EU 側は受け止めている。米欧の最先端技術を M&A によって首尾よく盗み取り，中国の技術に転化する FDI 戦略に対して，米欧での警戒意識は非常に強くなっている。

3．2016 年の EU 中国通商紛争

3-1 摩擦から紛争へ

2-1 では EU 中国貿易の動向を基準として，2013 – 16 年を「貿易摩擦・紛争期」に区分した。

太陽光パネルなどのダンピングに関わる EU 中国通商紛争は 2013 年に激化し，同年の中国の対 EU 輸出を減少させたが，欧州委員会のデヒュフト貿易担当委員（当時）が北京に出向いて双方の合意によって紛争はいったん沈静化した。だが，中国の過剰生産能力は余りにも大きく削減には長期を要する。ダンピング輸出の脅威は続いている。さらに，「中国製造 2025」など政府の高度技術獲得戦略によって，EU 中国通商紛争が繰り返し噴き出す構造になっている。

16 年には EU 側が動いて，通商紛争が再び激化した。これについては別稿ですでに紹介したので[23]，本節では要約のみ示し，現時点での EU 中国通商関係の評価と展望の入り口としよう。

23） 拙稿（2017）参照。

3-2 中国の市場経済国ステータス（MES）の拒否

　WTO の「市場経済国ステータス MES（Market Economy Status）」とは，WTO 加盟国を市場経済国として承認することを指す。中国は WTO 加盟の際に「非 MES」の地位を受け入れたが，加盟後 15 年の 16 年 12 月に WTO 協定の規定により自動的に MES を取得できるとして，諸外国に承認を迫っていた。

　MES を取得すれば，外国が中国に対して反ダンピング措置を発動しにくくなる。ダンピングの認定において，非 MES なら第 3 国の鉄鋼価格を基準にダンピングを認定できるが，MES には当該国の価格を基準にしなければならない。ただでさえ，ダンピングの認定が難しくなる上に，中国では地方政府などが密かに企業に補助金を出す慣行もある。

　とはいえ，16 年 11 月時点で 80 カ国以上が中国の要請を受けて MES を承認した。EU でも人民元取引の欧州ハブ市場をロンドンに誘致したい英国政府は MES 承認に諸手を挙げて賛成，ドイツも訪中の際にメルケル首相が原則的に賛成と中国側に伝えていた。米国オバマ政権は 15 年末 EU に MES を承認しないよう警告したが，欧州委員会は 16 年早々にも承認の法案を提出するとの予想もあった。

　だが，鉄鋼業界や労働組合の反対を受けて，EU の欧州議会が 16 年 5 月 MES 拒否決議を賛成 546 票，反対 28 票，棄権 77 票の圧倒的多数で採択した。それを受けて，欧州委員会は同月 20 日，中国の MES 不認定を決め，日米欧が足並みを揃えた。中国は 16 年 12 月 12 日，米 EU と MES 承認をめぐって 2 国間協議を始めると発表した。協議がまとまらなければ，WTO に協定違反として訴訟する方針とみられる。

3-3 反ダンピング関税の引き上げ

　鉄鋼世界生産の約半分 11〜12 億トンの生産能力を有する中国での国内消費は約 8 億トン，3 億トンから 4 億トンもの膨大な過剰生産能力を保有する（ちなみに日本の年間生産額は約 1 億トン，EU は 1 億 5000 万トン）。中国の鋼材輸出は 09 年 2400 万トンから 15 年には 1 億 1200 万トンへ 4 倍増となり，鉄鋼品の世

界市場価格を引き下げた。

　32万人を雇用するEU鉄鋼業経営者団体は15年末から中国鉄鋼品のダンピングによって20%の従業員が失業したと訴え，労働組合のデモも複数回行われた。この事態を受けて，それまで中国鉄鋼製品への反ダンピング税引き上げに反対していたオランダ，オーストリアが賛成に回り，閣僚理事会の特定多数決で承認された[24]。

　16年11月欧州委員会の提案にもとづき，EUは中国への反ダンピング関税賦課権限（非MES扱い）を確定した。12月13日，EU理事会は「EUの貿易防衛手段の近代化の提案」を正式に採択した。新たな法令採択によって，総生産コストの27%以上に引き上げることができる。

　欧州委員会のデータでは，暫定的なダンピング税率は中国の主要輸出企業に対して設定され，43.5%から103.8%にわたっている。16年秋の時点で中国鉄鋼品に対する米国の反ダンピング税の最高税率は266%，同じ製品に対するEUの税率は21%と報道されており，備えは貧弱だったが，欧州委員会の新権限によりかなり是正されることとなった。

　「米国第一」のトランプ政権はますます高い反ダンピング税率を賦課して中国からの輸入を排除し，鉄鋼の国内生産の復活や投資再開をも視野に入れている。EUでも鉄鋼業界が反ダンピング課税の効果的な賦課を求めていて，欧州委員会の中国鉄鋼製品輸入への対応は厳しさを増すことになろう。

3-4　ドイツ企業買収に対するドイツ政府の再審査

　2016年3月中国の美的集団（Midea）は，東芝の白物家電部門買収とほぼ時を同じくして，ドイツのロボット製造企業クーカ（Kuka）への公開株式買付（TOB）を発表し，8月株式の94%超を入手してTOBは完了。中国企業によるドイツ企業に対する過去最高の45億ユーロの買収を成功させた。Kukaはドイツが進める「インダストリー4.0」の基軸企業の一つであり，ドイツ議会や政

24）　拙稿（2017）1節を参照。

府筋で「国益のために食い止め」という議論が噴出したが，かけ声倒れに終わった。

16年前半の中国企業のM&Aには，投資ファンド福建芯片投資基金（Fujian Grand Chip Investment：FGCI）によるドイツ半導体製造装置メーカー・アイクストロン（Aixtron）買収（6億7000万ユーロ）も含まれていた。それに対して，ドイツ政府は10月買収を再審査すると決定した。

アイクストロンの在米子会社に対するFGCIの買収（投資子会社を通じる買収）に対して，16年12月2日オバマ大統領は大統領令を発して「国防上の理由」により買収を阻止した。アイクストロンの在米子会社は米国のパトリオットミサイルに部品を供給しており，その技術が中国にわたることを阻止したとされる。

米国には安全保障の観点から外国企業による国内資本の買収案件を審査する外国投資委員会（Committee on Foreign Investment in the United States：CFIUS，財務省所管）という制度がある。他方EUでは，中国との投資協定はEU 27カ国各々が締結しており，リスボン条約でEUに権限が移ったにもかかわらず，EUは米国のような制度をもたない。したがって，アイクストロンのケースではドイツ政府の再審査による対応となったのである。

16年春，中国国有化学大手の中国化工集団（ケムチャイナ）がスイスの農薬大手シンジェンタを約440億ドル（約5兆円）で買収する案も驚きをもって受け止められた。あまりに巨額の買収であり，ケムチャイナの経営能力も懸念されたからである。規制手続きの関係で年内に買収を完了できないことが10月下旬に判明した。この件も，ヨーロッパが中国の一連の買収を見直しているということを物語ると評価されている。

このように，2011年から巨大な規模と伸び率で続いてきた中国企業による欧州現地での企業買収の状況は，ドイツの再審査決定などにより大きく情勢変化しつつある。

中国側の情勢も転換しつつある。中国経済の不安定化により人民元の対ドル相場の切り下がり傾向が15年8月以降トレンドとなり，16年11月中国人民

銀行は為替管理を強化し，大口の海外送金や外貨両替の規制を大幅に厳しくした。中国資金の海外移動を個別に判定して許可する厳しい方式へと進んだ。たとえば中国企業大連万達による世界の映画館（スクリーン）買収のような，政府目標とは関わりのない FDI が規制対象とされている。したがって，17 年に中国の FDI の総額がさらに増加するかどうか不明ではあるが，21 世紀前半の世界の産業覇権に関わる先端技術獲得や中国の先端技術企業の世界展開のための FDI は引き続き政府が奨励し，発展を遂げると想定される。

4．EU 中国通商摩擦・紛争と懸案事項の行方

4-1　EU 中国パートナーシップ・協力協定の立ち消え

　すでに述べたように，EU と中国の通商協定の法的基盤は 1985 年貿易・経済協力協定であり，21 世紀に入り複雑多様化した通商関係に対応していない。欧州委員会は 06 年の対中通商文書において，新たに「EU 中国パートナーシップ協力協定（以下 PCA：Partnership and Co-operation Agreement）」へ進むことを提案した。PCA 交渉は 2007 年に開始されたが，09 年秋の EU 中国首脳会談についての公式文書において「加速する」と記されたのを最後に公式文書から立ち消えた。

　欧州委員会は，2010 年の通商戦略文書で 06 年から 10 年までを振り返って，次のように指摘した。医薬品，ICT 部門，政府調達などのキー部門で中国政府から在中国 EU 企業に対して技術移転の圧力がかかった。金融サービス・自動車部品などでは WTO 訴訟により解決したが，新たにレアメタル輸出制限を WTO 訴訟に持ち込まざるを得ない。また，補助金による過剰生産など中国のシステム問題や政府の競争への介入を批判したその上で，PCA への進捗は困難であると結論したのである[25]。

　EU が目指した PCA は自由・無差別の通商をベースとし，人権・民主主義

---

25) European Commission (2010 b), pp. 16-17.

などの価値の要求も入っている。中国政府は人権をEUの求めるような方向で見直す気はもともとない。それは共産党による独自の統治方式に沿っていないからである。また，中国に進出した外国企業から最新技術を可能な限り取得する方針も不変である。したがって，PCA交渉の失敗は運命づけられていた。EUは交渉開始によりその事実を改めて確認し，早々に交渉から撤退したのである。

4-2　第18期三中全会の「市場主導」決定―期待から失望へ―

　「改革開放」に踏み出した1978年から30年余り，中国は投資（総固定資本形成）主導で年率ほぼ10％の高度成長を遂げた。重厚長大産業（石炭，鉄鋼，セメント，造船，石油化学など）の投資，土地の公有制により急速に進んだ高速道路・（高速）鉄道の建設，同じく不動産開発・住宅建設などが牽引した長期の高度成長により中国の所得水準は急速に高まり，貧困層は大きく縮小し，「グローバル化の勝ち組」の先頭に立った。

　だが他方で，顕著な所得格差，環境劣化，地方政府の土地売買や不動産開発に絡む腐敗汚職の蔓延，膨大な過剰生産設備など，種々のバランスの喪失がもたらされた。輸出主導高度成長はリーマン・ショックで終焉し，リーマン危機に対抗するため09年4兆元景気対策により投資主導高度成長へ転換した。経済成長は，設備投資・インフラ投資・不動産投資の3大投資部門により牽引された。中央政府の政策に呼応して地方政府，民間を巻き込む投資ブームとなり，多くの部門で過剰投資・過剰生産能力が積み上がり，バランス喪失はさらに激化し，成長率は12年から低下していった。

　新国家主席習近平のいう「新常態」であって，それは，長期の高度成長がもたらした経済・社会・環境のバランス喪失の是正を進めるべき新情勢ということである。産業構造高度化を軸に再バランス化を進めていく。要点は，①消費主導の安定成長へ徐々に移行，②高付加価値型のハイテク産業・サービス産業を中核に据える，③省エネ・グリーン社会を目指す。

　2012年秋に選出された習近平政権は，13年11月の共産党第18期中央委員

会第 3 回全体会議（以下，三中全会）において，新政権の経済構造改革戦略を明らかにした。最も重視したのは経済構造改革であって，「市場主導」（資源配分に市場の果たす役割の引き上げ）を原則に掲げ，「近代的な市場システムの整備を加速する」とした。「政府の役割は市場が機能しないところを補う」（市場と政府の関係を見直す方針），「公平な競争環境の創出」，金利自由化の加速なども示された。上海自由貿易試験区において貿易・投資関連の金融自由化の実験を始めた[26]。

中国に進出した EU 企業や日米の企業はこの「市場主導」の方針により，規制から解放され自由な行動が許されると大いに期待したのであった。だが，その後，「中国製造 2025」と第 13 次 5 カ年計画が打ち出され，産業政策が強化されるなど，EU 企業の期待は失望に変わった。

中国政府はさらに，国有企業の統合，国家独占型の企業設立を露骨に進めている。鉄鋼部門の宝鋼集団と武漢鋼鉄集団の統合による「宝武鋼鉄集団」，セメントに於ける「中国建材集団」（いずれも 2016 年）などは過剰生産能力対策を兼ねるが，新幹線など鉄道車輛製造の 2 大企業，中国北車と中国南車を 2015 年「中国中車」に統合し，国家独占とした。また原子力発電で，国家核電技術と中国電力投資集団が「国家電力投資集団」に統合された。17 年にも原子力，貿易などで国有企業統合が進んでいる。対外受注で中国の 2 社の過当競争を防ぐなどが理由にあがっている。世界市場競争を念頭においているのが特徴だ。過剰生産能力への対応と将来の世界市場覇権の追求という 2 大目標は「一帯一路」計画や AIIB（アジアインフラ投資銀行）にも貫徹している。

こうして，第 18 期三中全会の決定，「市場主導，公平な競争環境」は忘れ去られたようにみえる。在中国 EU 商工会議所（EUCCC）は繰り返し，失望を表明し，EU の対中国 FDI は 4 年続きで減退しているのである[27]。

---

26) 佐野淳也（2014）参照。三中全会「決定」は見出しが 16 あり，各見出しに複数の項目が示され，合計 60 項目からなる極めて広範な政策要領である。「市場主導」はその一項目ではあるが，経済運営の根本に関わる重要事項であった。

27) 拙稿（2017）参照。

4-3 EUと中国の包括的投資協定（CAI）の行方

(1) EUによるCAIの要求

EUと中国の通商環境の格差が広がっている。中国企業はEUに自由に進出し，出自を問われることなく，銀行，あらゆる製造部門，空港，海港そしてハイテク企業などを自由に買収し生産・営業できる。だが，中国でEU企業は外国投資法やFDI規制（特定の活動を規制する「ネガティブリスト」など）により自由行動はできない。また政府に合弁や技術移転を強制される。

中国が受け身だった時代ならともかく，中国企業の資本力や技術力がドイツを脅かすほどに高度化した現在，あまりに顕著な企業の活動格差はもはや許されない。早急な是正のためEUは包括的投資協定（以下CAI : Comprehensive Agreement on Investment）を要求している。

現行はEU 27カ国がバラバラに双務的投資協定を結んでいるが，リスボン条約（09年発効）が共通通商政策の一環として，EUにFDI交渉の専権を認めたので，統一的なEU中国投資協定を結ぶことができるようになった。

CAIにEUが期待するのは「投資の漸次的自由化，投資家への制限の除去，投資家・投資保護の法的枠組みの設定」である。つまり，EUは，互恵・平等な投資協定を求めている。CAIはカナダ・日本・米国とのFTA協定に組み込まれているような先進国型の投資協定を求めている（日米との協定は未発効）。

(2) CAIに対する中国側の事情

中国にとってCAIは路線に関わる問題であり，認めるつもりはないようだ。

第1に，「中国製造2025」など中国政府の将来展望は国有企業を統一してナショナル・チャンピオン企業を形成し，その技術力などをさらに強化して，世界チャンピオンに育成することである。外国企業による自由な中国企業買収を認めれば，支障が出かねない。また合弁などを通じてEU企業から先端技術を移転させるこれまでのやり方をとれなくなるであろう。

第2に通商政策におけるEUの力が一段と高まる。16年の中国MES否決に示された欧州議会＝欧州委員会ラインによる一本化された強力な権限が中国に向けられる。上述した米国の外国投資委員会（CFIUS）のような制度になれば，

安全保障を理由に EU 企業の M&A 拒否も生じうる。EU 加盟国を切り崩して，制裁を骨抜きにしたような対応は難しくなる。これまで中国の圧倒的優位で進んできた通商の力関係が根本的に変化するかもしれない。

したがって，中国が CAI を受け入れる可能性はそもそもきわめて低いと考えられる。実際にも，15 年 6 月の EU 中国首脳会議で「15 年末までに協定の共同原本作成」が声明に盛られたが，共同原本は作成されなかった。17 年 3 月在中国 EU 商工会議所は，電気自動車（EV）の蓄電池技術を中国企業に渡さないと販売に影響が出ると中国側が EU 企業を脅していると訴えたが，中国政府は記者会見などにおいて「外国企業への差別は一切ない」と強弁している[28]。だが，OECD 発表の「外国企業の行動の自由」において，中国はサウジアラビアやウクライナなどと並ぶ最低のランク（59 カ国のうち 58 位）に位置づけられている（15 年）。

(3) CAI の行方について

CAI を要求する EU は中国と 17 年初め 11 回目の対話（協議）を行ったが，合意できなかった。ここに至って，独仏伊の EU 3 大国は中国企業の FDI 規制の権限を EU に賦与する新制度を提案することで合意した。中国の 10% 経済成長の時期には在中国外国企業の利益は大きく，差別待遇を黙認したのだが，成長率低下・経済不安定・競争激化となった 14 年以降，外国企業への引き締めを強化する習政権の政策に EU 企業は我慢の限度を超え，3 大国も態度を変えたのである。

上述したように，EU 諸国は中国の FDI を歓迎している。とりわけ，ハイテク企業を持たず，インフラ投資を切望している EU 周縁国や EU 未加盟のバルカン半島諸国にとって中国 FDI 流入の利益は大きい。東欧 16 カ国は「16 + 1」において EU とは別ルートで中国と協議している。ハンガリーは「一帯一路」

---

[28] 中国の技術移転要求を含めた詳細な分析は，たとえば，European Chamber of Commerce in China (2017) に見られる。その概要と中国政府の「差別は一切ない」という記者会見などにおける言明については，Financial Times, Charles Clover 記者の記事（European Businesses attack China high-tech push, May 07）などを参照。

計画の一環であるブダペスト＝ベオグラード高速鉄道の事業開始に踏み切った。EUの入札制度は適用されていない。

　したがって，FDI権限のEU委譲という3大国の要求が速やかに実現するかどうかは予想がつかない。だが，EUへの権限委譲以外に中国の攻勢に有効に対処する道はないと思われる。

　2つ追い風がある。第1は国家権限のEU委譲に原則的に反対するイギリスのEU離脱である。第2は2017年3月1日に欧州委員会委員長が提出した「ユンケル白書」である。統合を進めたい諸国だけが先に進むという多段階統合方式を掲げており，3月25日ローマで開催されたEU 27カ国首脳会議において採択された。東欧諸国が反対するなら，先行統合で対処する方式もまったく考えられないわけではない。10月のドイツ総選挙後の統合の動向が注目される。

5. EU中国通商関係に関する若干の展望

5-1　10年ぶりの包括的な対中国政策文書（2016年）

　2016年6月，「中国に関するEUの新戦略の諸要素」という文書を欧州委員会とEU外務安保政策上級代表が共同で発表した[29]。06年の対中国政策文書から10年ぶりのやはり包括的な公式文書である。

　序文で，中国の全面的な改革（経済・貿易・投資・社会・環境などの諸分野）を後押しするとともに，「互恵（相互）主義，平等な競争条件」を促進し，「投資協定をタイムリーに終了させ，中国市場開放への挑戦的アプローチに取り組む，インフラ・交易・デジタル経済・人的交流での連結を強め，グローバル部面でもEUと中国の協力を進める，などと述べる。以下で概要を示しておこう。

① 価値論　　中国の人権・環境問題（空気・水・土壌の汚染など）・民主主義

29）　European Commission (2016). なお，19ページの比較的小さな文書なので，出所のページを示していない。

状況の悪化に関する事例を具体的に取り上げ，厳しく批判するとともに，改善を求める。東シナ海・南シナ海での中国の一方的な攻勢に警告し，公海の自由・国際法の支配をEUは支持する。香港・マカオ・台湾との関係を維持発展させ，FTAへと進みたい。

② 通商政策論　習政権が「市場主導」の約束に反して国家資本主義的行動を強めている事態に警鐘。中国の「開放（open up）」は中国市場の開放ではなく世界市場に中国のナショナル・チャンピオン企業が出ていくという意味だと辛辣に批判し，真の市場開放とCAIの早期締結を求める。また，反ダンピング措置を厳しくすると警告している。

③ EUの「一体」的行動論　通商問題においてEU諸機関，EU加盟国の統一行動の切り崩し・分断を行う中国を遠回しの表現で批判し，対抗措置としてEUが「一体的」行動をとらなければならないと幾度も強調している。

　06年対中国政策文書で欧州委員会が主張した①〜③の論点（1-3参照）は16年文書にほぼそのまま再現され，「一体」論が追加された。この10年間にEUが望んだ改善を中国はほとんど実現してこなかった証拠になろう。

　ただしこの10年間に中国の世界経済・政治・安全保障に占める地位・役割は飛躍的に高まった。それを受けて，一方でグローバル協力の強化を提案しながら，他方で南シナ海や東シナ海における中国の一方的行動に警告している。

5-2　EU中国通商関係に関する2つの評価をめぐって

　1-2（3）で指摘したように，林大輔［2016］はEU中国間の対話の制度化・重層化の発展をもってEU中国関係の「深化と拡大」「めざましい発展」と高く評価する。EU中国間の対話は初歩的な段階から始まったが，政治対話，経済・社会対話，人的対話の「三本柱構造」へと発展し，レベルも政府首脳級，閣僚級，実務者級からなる重層構造へと深化と拡大を遂げた，という点が評価の基準になっている。2015年時点で，たとえば，第2の柱「経済・社会対話」の下には実務級の運営委員会・WG（ワーキンググループ）・対話・覚書など63

もの対話グループが設置されている（2015 年 2 月時点）。他の 2 本の柱の下にも 2 桁の対話グループが形成されている。

林［2016］は EU 中国関係は 3 段階で発展したという。第 1 期は 1975－94 年，EC が中国を発展途上国と認識していた時代，第 2 期は 94－2003 年，東アジアの経済成長に EU が注目し，首脳級の対話が始まり，中国の WTO 加盟を EU が積極的に後押しした。03 年以降が第 3 期で，「戦略的パートナーシップ」の構築と発展の時代としている[30]。

こうした「戦略的パートナーシップのめざましい発展」「深化と拡大」という評価は，本稿の視角から貿易額や FDI 累積額の飛躍的発展という面では納得できるものの，他方で違和感も否めない。

第 1 に，EU が望んだ「パートナーシップ・協力協定」は中国の反対によってたち消え，今日なお通商の法的基盤は 85 年協定である。包括的投資協定（CAI）は 11 回の対話を経ても埒があかず，業を煮やした独仏伊 3 大国は EU 権限を提案するに至った。対話は「拡大」したが，「深化」していないのではないか。06 年と 16 年の欧州委員会の文書を比較しても同じ感想を持つのである。林［2016］の高い評価は中国側の見方を反映しているのかもしれない。中国は EU に譲歩することなく，とるべきものを着々と手に入れている。まさに「めざましい発展」に違いない。

第 2 に，対話枠組みの質を考慮する必要があろう。対話枠組みの中には，対話に持ち込むことで，EU の要求をかわし先延ばし結局うやむやにするというように，EU の要求を巧みにずらす装置として使われているものも少なくないのではないか。それでも対話・協議の制度化は，1980・90 年代に日本 EU 貿易摩擦が爆発形態に陥ったような事態を防止する機能があり，有意義ではあるが，その多数化・重層化を手放しで評価するわけにはいかない。

---

30) 林大輔（2015，2013）の時期区分や大枠は田中俊郎（2015）に引き継がれ，それに中国への「懸念」事項（EU の武器禁輸，通商紛争，人権・環境問題，独占禁止法適用，国際金融秩序への挑戦）が追加されている。林秀毅（2016）は田中俊郎（2015）をほぼそのまま引き継いでいる。

第 3 に,「めざましい発展」と背反する太陽光パネルなどの貿易紛争を林 (2013) は分析しているが,林 (2016) ではその論点は消えて,「めざましい発展」が一面的に強調されている。欧州委員会や EU 産業界の評価ともずれており,方法論に問題があると考える。

他方,Holslag (2015) は 06 年欧州委員会文書を重視して,EU の対中国通商関係が 06 年から貿易摩擦の「冷却期」に移行したと捉えている[31]。「冷却」の原因を国際政治学の観点から多面的に説明し,欧中のパワー・シフトに注目して「緊張のスパイラル的拡大」を大胆に提唱した。林 (2016) の「めざましい発展」という議論を批判する認識になっている点を評価したいが,リーマン危機・ユーロ危機時（第 2 期）の貿易発展や FDI などの側面は取り上げられておらず,物足りなさが残る。

5-3 若干の展望

Holslag (2015) を収めた著書は,中国の台頭に欧米が協調し分業して対抗するという視角で書かれている。同じ著書で,Tunsjø (2015) は,世界は米国中国の 2 極システムに移行したが,中国の台頭に安全保障を含めてバランスを取る能力は米国のみがもち,EU にその能力はない。EU は「中国リスク」をヘッジする方針を貫いて,バランスとヘッジにより米欧が分業するべきだ,と主張した。

田中 (2016) において EU の中国通商政策を検討した 15 年末の時点では,TPP 合意がなり (15 年 10 月),EU 米 FTA (TTIP) へと進むことにより,米欧東アジ

---

[31] Holslag (2015), pp. 137-146. Holslag (2015)(p. 144) によれば,BBC の世論調査で,中国人のヨーロッパに対するネガティブな見方が 04 年の 11% から 10 年には 42% に増えたという。なお同じ期間にヨーロッパ人の中国に対するネガティブな見方も 37% から 60% に増えた。「ネガティブ・スパイラル」という結論に影響したと思われる。なお,ユーロ危機によってヨーロッパは自信を喪失し,中国では自国の体制の方が優れているという見方が広まった。これについては,拙稿 (2016) 31-32 ページ参照。Pew Research の 15 年の世論調査では EU 5 大国すべてで「中国が米国に代わって超大国になる (or すでにそうなっている)」という見方が約 60%,「米国が超大国の地位を維持する」は 30% 台と低い。

アを囲んで高度の自由貿易協定が形成されて，中長期的に中国の国有企業体制に圧力をかける展望をもつことができた（将来の TPP への参加なども展望して）。

しかし，16 年 11 月にトランプ大統領が選出され，TPP も TTIP も事実上実現不可能となった。トランプ大統領はイギリスの EU 離脱を「素晴らしい」「追随する国が続く」と予言し，「EU はドイツの乗り物だ」と敵意を露わにした。

トランプ政権の攻撃的重商主義が具体化していく事態に対応しつつ，自由貿易主義諸国は世界の自由貿易体制をどのように維持することができるのか。2017 年以降の通商政策の課題はそこに移ったように思われる。この課題に EU と中国は深く関わる。

イギリスが離脱してもなお 4 億 4600 万の人口と 13 兆ドルを超える GDP をもつ EU が世界の自由貿易協定の中核を担うことになろう。トランプ政権に NAFTA 見直しを迫られているメキシコは EU との FTA（2000 年発効）の更新を提案し，EU 側も前向きと伝えられる。カナダに続いて日 EU・EPA は 17 年中の大筋合意を目指す。米国を除く TPP 11 カ国と EU との FTA もまったくあり得ない話ではないかもしれない。

トランプ政権は世界貿易ルールを書き換えるつもりであるが，その主要なライバルを中国と見ている（16 年米国の対中国貿易赤字は約 3500 億ドル，米総赤字の 46％）。だが，早期の赤字削減だけでなく，中国市場に進出した米国企業の活動の互恵化・自由化もトランプ政権の対中要求に含まれることになろう。CAI における EU の要求と重なるのである。米国が中国とのバランスを引き受け，EU がヘッジする（このケースでは CAI を中国に認めさせる）という米欧分業論の布陣が期せずして生まれている。

他方で，トランプ政権の重商主義に対して，EU 中国 FTA への進展をジャック・ペルクマンスが，中国側の研究者とともに，説いている[32]。習国家主席は 17 年 1 月のダボス会議で基調講演を行い，「反グローバル化」「保護主義」

---

32) Hu & Pelkmans (2017).

を批判し,「中国は一貫して開放的でウィン－ウィンの地域自由貿易を貫き,排他主義に反対」と強調して世界から注目を浴びた。中国政府に EU 中国 FTA へ進む準備があるとは常識的には思えないが,トランプ政権の対中国の要求によっては,中国が EU と結ぶ方向性もまったくあり得ない話ではない。トランプ政権成立の 2017 年,EU 中国通商関係が新局面を迎えているのは確かである。

参 考 文 献

Aggarwal, Vinod & Sara A. Newland (ed.), *Responding to China's Rise-US and EU Strategies-*, Springer Verlag.
BUSINESSEUROPE (2015), EU-CHINA Relations 2015 and beyond.
European Chamber of Commerce in China (2017), China Manufacturing 2025-Putting Industrial Policy ahead of Market Forces-, March.
European Chamber of Commerce in China (2016), Position Paper, 1st September.
European Commission (2006 a), Global Europe : competing in the World -A Contribution to the EU's Growth and Job Strategy, COM (2006) 567 final & SEC (2006) 1230.
European Commission (2006 b), EU-China : Closer partners, growing responsibilities, COM (2006) 631 final.
European Commission (2006 c), A policy paper on EU-China trade and investment, COM (2006) 632 final
European Commission (2010 a), Trade, Growth and World Affairs-Trade Policy as a core Component of the EU's 2020 Strategy.
European Commission (2010 b), Report on Progress Achieved on the Global European Strategy, 2006–2010.
European Commission (2015), Trade for all-Towards a more responsible trade and investment policy.
European Commission (2016), Commission Regulation (EU), 2016/1977 of 11 November.
Gedement, François & Angela Stanzel (2015), The European Interest in an Investment Treaty with China, European Council on Foreign Relations, Policy Brief.
German Chamber of Commerce in China (2016) & (2015), German Business in China Business Confidence Survey.
Guerin, Selen Sarisoy (2010), Do the European Union's bilateral investment treaties matter?, CEPS Working document No. 333/ July.
Hanemann, Thilo & Mikko Huotari (2015), Chinese FDI in Europe and Germany-Preparing for a New Era of Chinese Capital-, merics/Rhodium Group.
Hanemann, Thilo & Mikko Huotari (2016), Chinese FDI in Europe and Germany.
Hanemann, Thilo & Mikko Huotari (2017), Record Flows and Growing Imbalances-Chinese

FDI in Europe 2016-, merics/Rhodium Group.

Holslag, Jonathan (2015), "Explaining Economic Frictions Between China and the European Union", in : Aggarwal, Vinod & Sara A. Newland (ed.), Chapter 7.

Hu, Weinian & Jacques Pelkmans (2017), EU-China Leadership in Trade Policy : Feasible? Desirable?, CEPS Commentary, March 20.

Schilling, Eva (2012), When the rising dragon sees fading stars : China's view of the European Union, CEPS Special Report No. 73/ November.

Tunsjφ, Oystein (2015), China's Rise : Towards a Division of Labour in Transatlantic Relations, in : Aggarwal, Vinod & Sara A. Newland (ed.), Chapter 8.

Xu, Ting/ Thiess Petersen/ Tianlong Wang (2012), Chinese Foreign Direct Investment in the U.S. and Germany, Bertelsman Stiftung.

胡鞍鋼（2016），「中国『第13次5カ年計画』─中国及び世界への影響」RITI プレゼンテーション資料。

佐野淳也（2014），「三中全会から読み解く中国構造改革の方向性─権限見直しによる『小さな政府』への転換─」，JRI レビュー Vol.3 No.13。

みずほ総研（2006），「EU の新通商戦略〜アジア諸国との FTA を積極的に推進〜」，みずほ政策インサイト，11月。

林大輔（2016），「EU・中国関係の制度的枠組─法的基盤・重層的対話枠組・包括的戦略パートナーシップ─」，日本 EU 学会大会（2016/11/27）向けフルペーパー。

─（2015），「EU・中国関係の制度的枠組─経済・通商関係から包括的なパートナーシップの形成へ，1975-2015年」，EUSI Commentary Vol. 058。

─（2013），「EU と中国─『包括的なパートナーシップの中の通商紛争─』，EUSI Commentary Vol. 22。

林秀毅（2016），「EU・中国関係の40年─重層的関係に向けて─」，岡部直明編著，EU 研究会著『EU は危機を乗り越えられるか』，NTT 出版，第13章。

田中素香（2017），「EU 中国通商摩擦（2016年）とその背景─中国の攻勢と EU の防御─」，ITI（国際貿易投資研究所）フラッシュ［インターネット］，1月12日。

─（2016），「EU の対中国通商戦略」，世界経済評論 3月/4月号，所収。

─（2013），「EU 新通商戦略と EU 韓国 FTA」，経済学論纂（中央大学）第53巻第5・6合併号，所収。

田中素香・長部重康・久保広正・岩田健治（2014），『現代ヨーロッパ経済（第4版）』，有斐閣アルマ。

田中俊郎（2015），「EU・中国関係─EU の対中政策を中心に」，東亜研究 No. 582, 12月号。

第 6 章

真の人民元の国際化とアジア通貨システムの行方

中 條 誠 一

はじめに

　2015年11月に，IMFは翌年の10月から人民元をSDR（特別引出し権）の構成通貨とすることを決定した。これによって，人民元は国際通貨としてIMFのお墨付きを得たということで大きな話題となった。とりわけ，中国はものやサービスの生産や貿易といった実物経済面だけでなく，通貨・金融経済面でも台頭しつつあることを強く印象付けたからである。しかし，皮肉にもその前後から事態は急展開を見せている。長引く中国経済の不振の中で，人民元への信認は低下し，チャイナ・ショックなどと呼ばれる人民元安の加速，資本取引規制の強化など，人民元はおよそ国際通貨らしからぬ事態に陥っている。
　そもそも，急速な人民元の国際化自体が特異で，脆弱なものであったと思われる。にもかかわらず，IMFは人民元の国際化を過大に評価し過ぎたことは否めない。そうした認識に立って，まず初めに改めてこれまでの人民元の国際化はどこに問題があったのかを整理したい。そのうえで，長期的な視点に立って，中国がそれを克服して真の人民元の国際化を推進するためには何が必要なのかを考察してみたい。
　さらに，中国が人民元をアジアの中心的通貨にすることを目指して真の国際化を図った場合に，アジアにおいてどのような条件が整えばそれが可能になる

かを検討したい。そして最後に，人民元のアジア通貨化と呼ばれるその目標が具現した場合には，国際通貨体制，そしてアジア通貨システムにどのような影響が及ぶのかを検討するのが本章の課題である。

1. 人民元の国際化の実態

1-1　IMFの過大評価と人民元の「いびつな国際化」

　IMFの決定によって，2016年10月から人民元は表6-1に示されるように，10.92％のウエートを持って，SDRの構成通貨入りを果たした。それは，いきなり円やポンドを上回る第3位の比重ということで驚きをもって受け止められた。

　1969年に，IMFで創出したSDRの構成通貨には，自由に利用可能な通貨（freely usable currency）であることが求められ，そのための基準として，2つのことが期待されている。一つは，国際的な貿易や金融取引に広く使用されていることであり，もう一つは外国為替市場で広く取引されていることとされている[1]。しかし，実際には上記のSDRの構成通貨の比重は，中條（2017）に詳述したように，貿易取引における使用額ではなく，輸出額そのものに50％ものウエートを置いて計算している。これでは，貿易大国・中国の比重が大きくなるのは当然である。

　本当の国際化の度合いはどうなのであろうか。例えば，主要な国際化を示す

表6-1　SDRの構成通貨の比重

（単位：％）

	2010年見直し	2015年見直し
ドル	41.90	41.73
ユーロ	37.40	30.93
ポンド	11.30	8.09
円	9.40	8.33
人民元	―	10.92

（出所）IMF, *Review of the Method of Valuation of the SDR*.

1）　IMF（2015）を参照。

図6-1 人民元の国際化のイメージ図

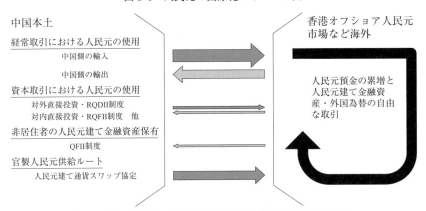

（注）線の太さは，ある程度それぞれの取引金額を反映するように描いてある。
ただし，人民元建て通貨スワップ協定は，協定の締結額で表示してあり，それが実行されたものではない。
（出所）筆者作成。

指標を独自に指数化したInternational Monetary Institute of the RCU（2016）の試算結果では，近年旧上昇しているものの，2013年4Qで1.69であり，ドル（2013年4Qで，52.96），ユーロ（同30.53）はいうまでもなく，円（同4.27）やポンド（同4.30）にも見劣りがするという。さらに，直近までの主要な関連データによって，円と比較してみても，中條（2017）に示したように，円に及ばないと見られる[2]。もし，SDRの構成通貨の比重が，IMFによる人民元の国際化の評価を反映したものであるとするならば，明らかに過大評価であったということに他ならない。

確かに，2009年7月のクロスボーダー人民元決済の開始以来，人民元の国際化は急速に進展したことは間違いない。しかし，その現状を俯瞰すると，図6-1に示すような特異な国際化の姿が浮かび上がってくる[3]。

まず第1に，人民元の国際化といっても，それは財・サービスといった経常

---

[2] International Monetary Institute of the RCU (2016)および中條（2017）参照。
[3] 人民元の国際化の詳しい現状，特徴，課題などについては，中條（2015，2017）を参照。

取引での人民元の使用，すなわちクロスボーダー人民元決済が主体である。その中身を見ると，

(1) 地域的には徐々にシンガポールや台湾などへと多様化しつつあるが，いまだに香港が約50％と，圧倒的シェアを占めること
(2) 近年まで，中国側の輸入が輸出を相当額上回ってきたこと

という点が特筆される。つまり，政治的にはひとつの国である中国本土と香港間の経常取引での人民元の使用が圧倒的に多く，かつ中国側の輸出より輸入が多かったため，香港，さらには台湾，シンガポールなどへとオフショア人民元が供給されてきたということである。

第2に，資本取引面における人民元の国際化は微々たるものにとどまっている。それは，資本取引自体が規制され，かつそこでの人民元の使用が厳しく制限されているためである。資本取引の中で，唯一自由化が進み，かつ人民元の使用，すなわちクロスボーダー人民元決済が認められているのは対内・対外直接投資のみである。

その他の資本取引では，対内証券投資におけるQFII（適格海外機関投資家）制度，上海と香港，深圳と香港の間での相互株式投資制度によって，非居住者が人民元建て証券を保有するという意味での人民元の国際化の道が開けている。さらに，対内証券投資におけるRQFII（人民元適格海外機関投資家）制度と対外証券投資におけるRQDII（人民元適格国内機関投資家）制度によって，人民元を使用した証券投資の道がつけられている。しかし，いずれも特定の機関を通じ，一定の運用額の範囲内でしか取引が認められていない。

資本取引における人民元の国際化は，完全に政府当局の管理下に置かれ，図に示されたように，海外金融市場とは極めて細いパイプでしかつながっていないという遮断状態にあるといってよい。そのため，海外で人民元への需要が高まった場合に備えて，別途各国中央銀行との間での人民元建て通貨スワップ協定によって，官製の人民元の供給ルートが設定されている。

第3に，図6-1の右側に示されているように，2015年夏ころまでは中国本土から香港，さらには台湾，シンガポールなどへ流出した人民元が急速に累増

し，預金，債券（香港では点心債と呼ばれる），株式などの金融商品，外国為替として自由に取引されている。中国の人民元の場合は，上記のように内外の金融市場がほぼ遮断されているため，流出した人民元はほぼ外 - 外取引となるためオフショア人民元と呼んでいるが，ユーロ・ドルやユーロ円と同じくユーロ・カレンシーのひとつであり，ユーロ人民元と呼んでもよい。これが，人民元の国際化の重要な1形態として市場を形成しつつある。

以上のように，人民元の国際化の現状を俯瞰すると，そこには他の国際通貨にはない特異な姿が見て取れる。それは，人民元の国際化が急速に進展してきたといっても，経常取引におけるクロスボーダー人民元決済に偏重したものであり，かつそれを供給源としたオフショア人民元市場の拡大のみといえる。肝心の資本取引における人民元の国際化は微々たるものに過ぎず，しかも政府当局によって，厳しく管理された状態にある。つまり，「その国の金融市場が規模，質ともに十分発展しており，かつ海外に向けて開放されていること」という国際通貨の条件のひとつを充足することなく進められた「いびつな国際化」「管理された国際化」ということに他ならない[4]。

1-2 脆さを露呈し始めた人民元の国際化

「管理された国際化」は，いまだに脆弱な金融市場を抱える中国にとっては，国際資本取引，とりわけ投機的な取引による外的ショックを防止する役割を果たしてきたといえるかもしれない。しかし，目覚ましい発展を遂げてきた中国経済が転換期を迎えるとともに，人民元へのニーズが変調をきたし，「いびつな国際化」の持つ脆弱性が表面化しつつあることを看過してはならない。

関連する規制の緩和とともに，急拡大をしてきた経常取引におけるクロスボーダー人民元決済は，図6-2に見られるように2015年の4Q以降減少に転じ，人民元建て比率も急降下を余儀なくされている。ちなみに，年全体で見ても，上昇著しかった商品貿易における人民元建て比率は2015年の25.9％から

---

[4] 「管理された国際化」という呼び方は，村瀬（2011）による。

図6-2 最近の経常取引におけるクロスボーダー人民元決済の推移

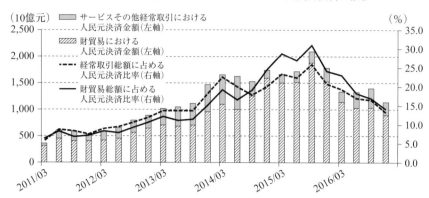

(資料) CEC, 国家外貨管理局のデータ。
(出所) 岡嵜久美子「中国の国際資本移動の変化」中央大学経済研究所国際金融研究会報告資料 (2016年9月) に最新データを更新。

2016年には17.7%にまで後退している。正確には，2016年の詳細なデータが公表されないとわからないが，輸入面での減少に対して，輸出面での伸び悩み，あるいは減少があるのではないかと推察される。すなわち，前述のように人民元の国際化の主役であった中国の輸入面での人民建て化は，先行き人民元安予想が強まるとともに，海外の輸出業者にとってはメリットが消滅し，為替リスクを強く認識せざるを得なくなり，減少傾向に転じている。反面，中国の輸出面では，海外の輸入業者からは人民元建てへの選好が強まると予想される。しかし，苦境にあえぐ中国の輸出業者は為替差益が期待できるドル建て輸出を強く望んでおり，それが人民元建て化のブレーキ，ないしは減少圧力になっているのではないかと類推される。

さらに，中国側の輸入面での減少は，単に経常取引における人民元の国際化の後退を意味するだけにとどまらない。それは，オフショア人民元市場への人民元の主要供給源だからである。実際に，2015年は輸出入が逆転したため，図6-3に見られるように，最大の規模を誇る香港において，オフショア人民元預金残高が縮小に転じているし，他の市場でも縮小し始めているようである。

この人民元の国際化の急激な変貌は，何を意味しているのであろうか。中国経済の躍進と人民元高期待によって人民元への保有ニーズが高まっても，資本

図6-3 香港オフショア人民元貯金残高の推移

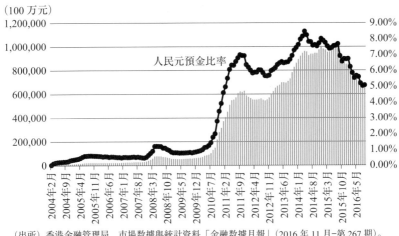

(出所) 香港金融管理局 市場數據與統計資料「金融數據月報」(2016年11月-第267期)。

取引が厳しく制限されている中では，非居住者は自らが経常取引，とりわけ中国への輸出（中国側の輸入）で人民元を入手するか，それによって形成されたオフショア人民元市場で入手する以外は難しい。中国側の輸入を主体とした経常取引とオフショア人民元市場を両輪としたこれまでの人民元の国際化は，まさしくこのメカニズムによって進展してきた。しかし，中国経済が苦境に陥り，人民元安局面に転じるとともに，このメカニズムは作用しなくなり，人民元の国際化は曲がり角に直面している。換言するならば，「いびつな国際化」が脆さを露呈したといってもよい。

1-3 真の人民元の国際化のために，中国は何をすべきか

以上のように，近年人民元の国際化は変調をきたしているが，これに対して中国はどう対応すべきであろうか。資本取引を厳しく規制しているものの，ここ数年は過去になされた借款の繰上げ返済，経常取引や直接投資に名を借りた資本の流出が意外なほど大きく，人民元安の主因となっている。少なくとも，異常な人民元の暴落は阻止すべきであり，人民元の国際化の進展には竿を指すことになったとしても，現時点での資本取引の規制強化，ドル売り・人民元買

いの為替介入は一時的な対処療法策として容認すべきと考えている。

しかし，上記の現状を短期的な事象にとどめ，長期的に見て人民元を真の国際通貨にするために，中国がすべきことを簡単に整理しておきたい。

(1) 経済を安定成長軌道に転換し，アジア各国との相互依存関係の深化とそこでのプレゼンスの向上を図ること

目覚ましい躍進を遂げてきた中国経済は，大きな転換点を迎えている。重厚長大型産業の過剰生産設備問題，過剰債務問題，環境問題，資源問題，生産コスト上昇問題などに直面し，輸出と投資を軸とした従来の高度成長路線が限界をきたしている。

今まさに，中国経済は「新常態」への移行過程にあるといえる。その中で，新たに経済の安定性を確保するためには，成長戦略の中心を「内需主導型」へと転換するだけでなく，産業構造・貿易構造を高度化し，技術集約的で高付加価値型産業を経済の中核に据えていかなければならない。実物経済面でのこうした構造転換なくして，安定的な経済発展の持続はあり得ないからである。すでに，人件費の高騰，これまでの人民元の上昇，人々の消費嗜好の変化，環境汚染規制などに対して，中国企業は新たな高付加価値製品の開発・生産，生産ラインの省力化といった対応を進めている。しかし，国営企業をはじめ中国経済全体として，さらにスムーズな転換ができるか否かが問われているといえる。

中国は産業構造・貿易構造の高度化を伴った安定成長軌道へと移行し，人民元への信頼を確保するだけでなく，後述のように，アジアの中心的通貨（基軸通貨）を目指した人民元の国際化を標榜するのであれば，アジア各国との相互依存関係を強化し，域内でのプレゼンスを高めていかなければならない。そのためには，「一帯一路」戦略やRCEP（東アジア地域包括的経済連携）の推進を図ると同時に，消費市場としての国内市場の開放，内外企業の直接投資によるアジアでの重層な生産ネットワークの構築，双方向的な貿易関係の構築などへの取り組みを強化しなければならない。

(2) 金融改革によって資本取引を自由化し，そこでの人民元の国際化を推進すること

上記のように，中国が安定成長軌道への転換を果たし，再び人民元への信認を取り戻すことができたならば，改めて資本取引の自由化を進め，そこでの人民元の使用や保有を図ることなくして，真の人民元の国際化はあり得ない。

その資本取引の自由化を推進するために不可欠の条件となるのが金融改革であり，それによって中国の金融市場や金融システムをどれだけ強化しうるかが焦点になってくる。資本取引が自由化されれば，中国と海外の間で大量の資本が移動することになり，さらにそこで人民元の国際化がなされるならば，人民元での移動が活発化する。中国の金融市場が海外に向けて開放され，内外の金融市場が一体化し，統合がなされるということである。そうした中でも，金融市場や国内経済の安定性を維持していくためには，強固な金融市場や金融システムの育成を図らなければならないからである。

そのための課題を簡潔に整理してみたい[5]。

① 金融の自由化：金利や為替レートの市場化，業際規制の緩和による競争原理の導入
② 金融の監督・管理体制の整備：金融の自由化に対して，リスクに対応できるようにマクロ的な危機管理制度を整備すること[6]
③ 金融機関のリスクマネジメントの強化：マクロだけでなく，個々の金融機関でも，経営力を強化してリスクマネジメント能力を向上させること
④ 大型商業銀行の改革と民営銀行の育成：依然として，中国の金融市場で大きなウエートを占める大型商業銀行の経営の改革を進めること，同時に外資系銀行も含め民営銀行を育成することによって，市場での資金需給のギャップの解消，競争の活発化によって市場の効率化を図ること

---

5) 大型商業銀行や政策性銀行などの銀行部門の改革と金利の自由化などについては，露口（2016）が参考になる。
6) 雷薇（2014）において，規制緩和は監督・管理の緩和を意味するものではなく，規制を緩和し，市場原理に基づいた効率化が図られるとともに高まる潜在的リスクに対する監督・管理を強化する必要性が増すことが強調されている。

⑤ 証券市場の整備と育成：大型商業銀行を中心に間接金融依存が高いという構造を是正するためには，証券市場の整備・育成も不可欠である。具体的には，株式市場の近代化，未発達な債券市場を育成すること

以上のように，もし中国が現在直面している経済的困難を克服し，経済構造の高度化やアジア域内での存在感を高めると同時に，金融改革の進展をベースに資本取引を自由化することによって，そこでの人民元の使用や保有が進展したならば，本当の意味で人民元が国際化されると期待される。とはいえ，実物経済面での構造転換も金融改革も一朝一夕でなし得るものではない。まさしく，中国は真の人民元の国際化に向けて，漸進的，段階的に条件づくりに努力を傾けなければならないといえる。

2. どうすれば，人民元のアジア通貨化は可能となるか

2-1 ドルに代わる世界的な基軸通貨は現れない

仮に，中国自身が上述のような人民元の国際化に向けた努力を推進したとしても，ドル1極基軸通貨体制ともいうべき今日の国際通貨体制において，世界的規模で人民元がドルに取って代わることはほとんどあり得ない。世界的規模で基軸通貨が交代するためには，かつてドルがポンドに取って代わった時のように，アメリカが世界のGDPの約6割，世界の保有金の約6割を占めるなど，あたかも「小人の国のガリバー」ともいうべき経済力を有することが必要となる。しかし，今日の世界経済は多極化の時代を迎えており，中国だけが圧倒的な経済力を誇る超経済大国になることは不可能であるからである。しかも，一度基軸通貨になったドルには，いわゆる強い「慣性」が作用しており，それを打ち破って他の通貨がドルに取って代わることは皆無に近いといえる[7]。

しかし，局地的には基軸通貨の交代が起こりうることは，ヨーロッパでのユーロの誕生を見れば首肯できる。すなわち，人民元がアジアにおいてドルを

---

7) ドルに対する「慣性」の強さに関しては，ユーロ誕生時でも大きかったことが，小川（2016）に示されている。

駆逐し，アジアの地域的な基軸通貨として中心をなす可能性は否定できない。それ故に，中国の研究者の間でも，人民元をアジアの中心的な通貨とすることを目指して，その国際化を図るべきだという主張が多いようである[8]。

この節では，それを人民元のアジア通貨化と呼ぶことにし，今後どれほど人民元の使用や保有がアジアにおいて増大しうるかを検討してみたい。具体的には，アジア域内の貿易や資本取引の動向およびその構造がどうなるか，アジア各国の為替政策・制度がどのように変化するかが焦点になる。この2つは相互に関連性を持っているが，まずはそれぞれについて別個に見てみたい。

2-2 アジア域内での貿易・資本取引の拡大と貿易構造の変化

アジアでは，域内貿易が着実に拡大をしてきているにも関わらず，その太宗がドル建てとなっている。資本取引に至っては，アジア各国と欧米金融市場との取引が中心であり，域内での取引自体がさほど大きくないうえ，ドル資金の取引がほとんどである。まさしく，アジアはドル圏ということに他ならない。

そのアジアで，人民元のアジア通貨化が進展するか否かは，域内貿易や資本取引が拡大される中で，各国と中国の経済依存関係が深化し，中国がいかに存在感を増していけるかということにかかっている。まず貿易においては，アジアで重層な生産ネットワークが構築されつつあり，図6-4に見られるように，近年域内貿易は顕著な拡大を見せ，中でも中国の比重が上昇していることがうかがわれる。さらに，それとは裏腹に，アメリカとの貿易の比重が相対的に低下しつつあることは注目に値する。もし，アメリカのトランプ政権がTTPから離脱をし，アジアにおいてRCEPが進展するようなことになれば，アジアの貿易におけるアメリカ離れ・アジア域内の相互依存関係の深化，とりわけ中国のプレゼンスの増大は今後さらに進む可能性が高いと見られる。

それだけでなく，アジアの域内貿易については構造的な変化も注目に値する。すなわち，周知のようにアジアの貿易構造は域内各国間では原料・中間財

---

8) 中国の研究者の代表的な見解が，李暁（2011）に取りまとめられているので，参照願いたい。

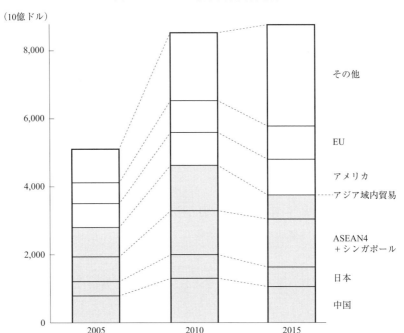

図 6-4　アジアの相手国別貿易動向

(注) ここでいうアジアは，ASEANA 4，シンガポール，日本，中国，韓国，台湾，香港を指す。
(出所) 『ジェトロ世界貿易投資報告』の世界貿易マトリックスより筆者作成。

と最終財の間での垂直分業が中心をなし，世界の工場といわれた中国，さらにはASEAN各国で生産された最終財がアメリカやヨーロッパに輸出されるという「三角貿易構造」が中核をなしてきた。しかし，経済発展による所得の向上でアジアの新興国が市場としての存在感を増し，かつ生産ネットワークが重層化するとともに，図6-5に示されるように，従来からの垂直分業だけでなく，原料・中間財，最終財がそれぞれ企業内・産業内で差別化され，相互に取引されるという水平分業的様相を強めてきている。その結果，アジア域内の貿易構造は重層化しながらますます相互依存関係を高め，逆に域外への依存度は相対的に低下しつつある。域内で完結する度合いが高まってきているという意味で，「自己完結型貿易構造」と呼びうる構造への転換が進行しているといえる。

となると，「三角貿易構造」の下では，最終財の多くがアメリカに輸出され

図 6-5　自己完結型貿易構造

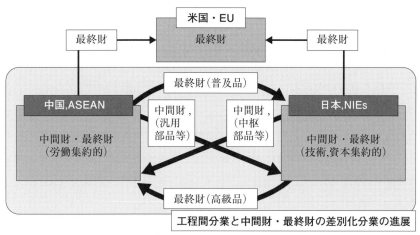

（出所）筆者作成。

ていたため，その生産に必要な域内での原料・中間財の貿易も，為替リスク・ヘッジの観点からドル建てにせざるを得なかったが，その様相は異なってくると思われる。アジア域内では種々の原料・中間財がそれぞれの品目の優位性によって相互に取引されるし，最終財もしかりである。アジア域内で，すべての商品の取引が錯綜し合い，個々のアジアの企業にとっては，他のアジア各国との間で輸出入双方を持つことが多くなるといえる。そうした状況になれば，企業にとって，ナチュラル・ヘッジのためにはドル建てだけでなく，いずれかのアジアの国の通貨が選好される余地が生じると期待される。とりわけ，アジア域内貿易において，中国のプレゼンスが高まるとすれば，人民元建て化を選好する素地が形成されると見られる。

　一方，対外資本取引といっても，アジアの場合は，資金余剰がある経済主体は欧米の金融市場で運用し，資金不足のある経済主体は欧米の金融市場から調達をすることが多かったため，アジア域内でのクロスボーダーな資本取引は極めて少なかった。それは，アジア各国の金融市場が未発達であり，かつ国際化されていなかったからである。ASEAN＋3におけるアジア債券市場育成イニシアティブなどもあり，近年アジア各国の金融市場は急成長を遂げ，かつ各国

間での資金の相互交流も少しづつ増加している。しかし，域内の資本取引が本格化し，さらにドル以外の通貨でなされるためには，多くの時間を要すると思われる。

その中で，人民元がアジア域内の資本取引で活用されるためには，多くの課題が克服されなければならないが，最も重要なのは前節で検討した中国の資本取引の自由化であることはいうまでもない。中国の金融改革が進展し，金融市場が対外的に開放される中で，人民元に対する信認や利便性が確保されて初めて，アジア域内の非居住者による人民元建て金融資産運用，人民元資金の調達が進展しうる。したがって，域内の資本取引の拡大の中での人民元の活用は，中国側の対応のいかんにかかっているといえよう。

2-3　アジア各国の為替政策・制度の転換

仮に，アジアの域内貿易や資本取引が上述のような変容を遂げたとしても，それだけで簡単に域内の経済取引がドルから人民元に転換されるわけではない。そのことは，ヨーロッパ域内で，基軸通貨がドルからマルクに交代した時の経験，アジアではかつて円が国際化に挑戦したにもかかわらず，ドルの牙城を崩せなかった経験に鑑みれば，容易に理解できる。すなわち，ヨーロッパではEMS（欧州通貨制度）が構築され，域内通貨間の為替レートが安定化されたことが大きく寄与した。それによって，域内の貿易や資本取引が飛躍的に増大しただけでなく，ドルに比べて為替リスクが小さくなった域内通貨が選好され，その中でも最も外国為替取引量の多くなったマルクがドルを駆逐し，域内での基軸通貨となった。

一方，アジアにおいては，1980年代後半に日本のプレゼンスが高まったにもかかわらず，ドル圏がゆるがなかった最大の理由は，アジアの通貨システムにあったといえる。当時，アジアにおいてさえ円の国際化が進展しないのは，日本の金融市場が効率化，自由化されていないことにあるとの声が強かった。しかし，それよりももっと大きな原因は，アジア各国の為替政策・制度が実質ドル・ペッグ政策であったことに他ならない。その下では，アジアに経営展開

する日本企業はすでにドルを主体とした為替リスク管理体制を構築することで対応していたし，アジア各国企業は為替リスクが少なく，金融的利便性が高いドルをそうでない円に換えることなど思いもよらなかったからである[9]。

こうした経験を踏まえるならば，今後のアジアの通貨システムの行方は人民元のアジア通貨化の成否を占ううえで重要な要因であるといえる。この点で，まずいえることは，日本がアジアで円の国際化を目指した時代に比べて，人民元の場合は有利な環境下にあるといえる。周知のように，アジア各国は1997年の通貨危機を経験し，その教訓として実質ドル・ペッグ政策が自国にとって必ずしも適切な為替政策・制度でなかったことを認識した。以来，今日までアジア各国は内外経済環境や政策目標に応じて，各国独自に為替政策・制度の改革を進めて来ている。そのため，現時点では主要なアジア各国の為替政策・制度はバラバラであり，地域全体としての統一性を欠いている。

その結果，アジア各国通貨の為替レートは図6-6に見られるように，必ずしも経済的合理性のないボラティリティやオーバーシューティングを繰り返しており，域内の経済関係を歪めかねないという懸念も生じている。しかし，程度の差はあるものの，全体的に見ればドルとの伸縮性，弾力性が増してきていることを看過してはならない。このことは，アジア各国の企業にとっては，もはやドルも為替リスクの少ない安全な通貨といえなくなってきたことを意味する。ということは，資本取引はまだしも，貿易取引においては，かつての円の時のように建値通貨はドル以外に考慮の余地がないというわけではなくなったといえる。特に，人民元自体がドルに対して伸縮性，弾力性を強めるとともに，アジア各国の企業はどちらの通貨建てにする方が為替リスクの軽減になるかを勘案することになると思われる。こうして，域内貿易，とりわけ中国と他のアジア各国との貿易における建値通貨の選択に際しては，少なくとも人民元はドルと同じ土俵に登ることが可能になってくる。

---

9) 中條（2011）の第6章において，具体的に円の国際化の障害になっている要因を整理したが，中でも，実質ドル・ペッグ政策の下では，ドル建てに比べ円建ての為替リスクが大きいことが重要であることを強調した。

図6-6 バラバラな動きをみせるアジア各国通貨の為替レート

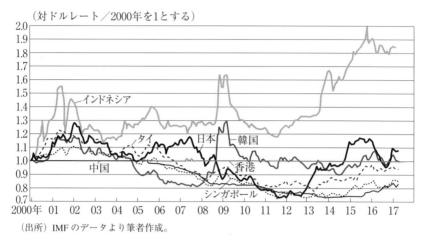

(出所) IMFのデータより筆者作成。

　すでに検討したように，中国の金融改革，およびそれをベースに資本取引の自由化が進展しない限り，金融面での利便性で人民元がドルに打ち勝つことはできないが，アジアの域内貿易において中国が存在感を増すことによって，アジア各国の企業がまずは中国との貿易から人民元建てを選択する可能性は生じうる。中国企業のバーゲニングパワーが高まったり，輸出入双方向の取引増大によってナチュラル・ヘッジが容易になることなどが，具体的な要因として指摘しうる。

　その延長線上で，より決定的な要因として期待されるのが，アジア各国の為替政策・制度の転換に他ならない。ドルと人民元の間の為替レートが伸縮性を増す中では，やがてアジア各国はアンカー通貨をどちらにするかの決断を迫られることになるかもしれない。その時に，中国への経済依存度が増大していたならば，人民元との安定性を指向した為替政策・制度を採用する国が出てくると思われる。例えば，姚枝仲（2008）はそのことを次のように強調している。アジアの域内貿易においては，すでに中国のアジア各国への競争圧力の方がアジア各国の中国への競争圧力より大きい，すなわち裏を返せば，アジア各国は中国がアジア各国に依存する以上に中国に多く依存しているが，その度合いは

今後さらに増大すると予想している。この非対称的競争圧力の拡大によって，中国はアジアにおいて最も影響力の強い国になりうるが故に，将来は自然派生的にアジア各国の方から自身の通貨を人民元に固定化する可能性が高いと主張している[10]。

伸縮性，弾力性を高めているとはいっても，現時点ではアンカー通貨として自国の為替政策の目標をドルに置いているアジア各国も，それを人民元に転換する可能性がないとはいえない。Kawai and Pontines（2015）の実証研究によれば，わずかであるがすでにアジア各国通貨がドルとの連動制を弱めつつある半面，人民元とは連動制を強めているとのことである。また，Yosino（2016）では，マレーシアとシンガポールの側から見て，中国の実質ドル・ペッグ政策から通貨バスケット制への移行に対して，どのように為替制度を転換するのが望ましいかを検証しているが，その結果ドル・ペッグ政策の維持ではなく，長期的に最適なウエートを持った通貨バスケットへの移行が望ましいと結論づけている。そればかりではなく，清水（2015）では，「欧州危機勃発後の 2010 年 7 月以降は（アジアの）12 カ国中 7 カ国が人民元に対して最も連動している。すなわち，人民元をアンカー通貨とした為替政策を採用するようになったことが示された。特に，中国との貿易量が多い韓国，台湾，および ASEAN 原加盟国に注目すると，欧米の金融危機を契機にアンカー通貨がドルから人民元に移行しており，アジアで人民元圏ができつつあることが示唆される。」とされており，まさしくドルと人民元の伸縮性が高まるとともに，すでにアジア通貨の多くがドルよりも人民元への連動性を高めているということである。

さらに，現実的な事例をあげるならば，アジアにおける代表的なユーロ・ドル市場であるが故に，最も厳格な固定相場制であるカレンシー・ボード制を採用している香港においてさえも，それを放棄して人民元ペッグへ移行するという為替政策・制度の見直し議論が，最近再燃したという。金森（2017）は，現

---

10) 姚枝仲（2008）参照。それ故，中国は敢えて共通通貨バスケットへの参加といったようなアジア各国との通貨協力によって，人民元をアジアの中心的通貨にする必要はなく，独自の通貨戦略を取るべきだとしている。

時点では時期尚早としているが，香港経済がアメリカよりも中国との同調性や依存度を強めるとともに，長期的には移行がありうることを示唆している[11]。

以上のように，アジア域内での貿易や資本取引の将来展望や今後のアジア各国の為替政策・制度の行方を見てくると，両者は独立した要因でないことは明白である。まさしく，人民元のアジア通貨化の成否は，両者が相互にうまく作用しあって，アジアにおけるドルの「慣性」を突き崩すことができるかどうかにかかっているということができる。

3. 世界，アジアから見た人民元のアジア通貨化

近年，人民元の国際化が曲がり角を迎えている中で，敢えて長期的な観点から人民元のアジア通貨化の可能性を探ってきた。ここでは，もしそれが成功し，アジアがドル圏から人民元圏になった場合の影響を世界全体，およびアジア地域について，簡単に考察してみたい。

3-1 国際通貨体制への安定につながるか

ドル1極基軸通貨体制ともいえる現在の国際通貨体制は大きな問題を抱えており，その改革が議論されてきた。実物経済面では，もはやアメリカはかつてのような「小人の国のガリバー」でなく，世界のGDPに占めるシェア20数％に低下。さらに，対外的には，経常収支が巨額の赤字を続け，対外純債務は約8兆ドルという膨大な規模になってしまっている。にもかかわらず，金融経済面，とりわけ国際通貨としては，ドルにはいわゆる「慣性」が強く作用しているため，対抗できる通貨が現れず，実質的にドル1極基軸通貨体制が持続している。

この体制の下では，アメリカは通貨発行利益（シニョレッジ）などの「法外

---

11) Kawai and Pontines (2015), Yosino (2016), 金森 (2017) 参照。清水 (2015) の200ページを引用。

な特権」を享受することができる。その特権のうえに安住するアメリカは，基軸通貨国としての節度ある経済運営をすることなく，経常収支赤字によって巨額のドルを世界に垂れ流し続けている。その裏側で，かつての日本，ドイツだけでなく，中国など新興国の経常収支黒字が大幅に拡大し，いわゆるグローバル・インバランス問題が深刻化してきたといえる。その結果，グローバル金融資本主義と呼ばれるような金余りの世界が具現。基軸通貨・ドルへの信認が揺らぐ中で，巨額の投機的資金がアタックを繰り返す，不安定な世界経済となってしまっている。まさしく，ドル1極基軸通貨体制は大きな矛盾を内包しているといえる。

しかし，すでに述べたように，世界経済が多極化の時代を迎える中では，世界的規模でドルに取って代わる基軸通貨が出現することは考えられない。そこで，有力視されてきたのが地域的な基軸通貨の交代によって，ドルだけでなく有力な通貨が，その背後にある経済力に応じて基軸通貨の役割を分担するという複数基軸通貨体制への移行であった。その具体的な案として，アジアにおいては人民元がその役割を担うという見方は，World Bank（2011）や Eichengreen（2011）など多くの文献に見られるし，中国の研究者の間でも，人民元のアジア通貨化として主張されてきたということである[12]。

もし，それによって3極基軸通貨体制が構築されたならば，国際通貨体制，ひいては世界経済が安定化すると期待される理由は次の2点である。その一つは，ドルに対抗できる基軸通貨が2つ誕生することによって，アメリカが「法外な特権」に胡坐をかいた安易な経済運営をできなくなるという点である。ユーロだけではドルの対抗馬になり得なかったが，アジアがドル圏ではなく，人民元圏になるならば，それはもはやドル1極基軸通貨体制とはいい難い。アメリカはグローバル・インバランス問題の軽減・解消に向けた経済の構造的な改革に取り組むことを余儀なくされよう。そうしなければ，いかに「慣性」があるといっても，ドル不安が生じれば，少なからずユーロや人民元への代替が

---

12) World Bank (2011), Eichengreen (2011), および前掲の李暁（2011）を参照。

起こり，ドル暴落の危険性が現実味を帯びるからである。

　もう一つは，それぞれの経済力を背景にした3つの通貨が基軸通貨になることによって，3極間の国際協調が図りやすくなるのではないかという期待である。ドルに圧倒的な「慣性」がある現在より，3極基軸通貨体制の方がその時々の3通貨に対する相場観次第で，資産の持ち替えが頻発し，不安定性が増すという主張もあろう。それは，ドル圏，ユーロ圏，人民元圏ではそれぞれの通貨が基軸通貨の役割を分担し，域内の安定化に資することになるかもしれないが，依然として各地域間の経済取引にはどの通貨を用いるべきかという選択がなされるはずであり，そこでの通貨間のシフトが頻発しかねないからである。こうした危惧に対しては，ドル1極でアメリカが唯我独尊でいられる現状よりは，3極基軸通貨体制の方が3者間の国際協調が図りやすいともいえる。今よりも，力の拮抗してくる3通貨を持つアメリカ，ユーロ加盟国代表，中国による国際協調によって，安定的な国際通貨体制の維持が図られる時代の到来を期待したい。

3-2　アジア通貨システムにおける人民元

　次に，アジアの通貨システムへの影響を考えてみたい。前述のように，現在のアジアの通貨システムはアジア通貨危機の教訓を踏まえて，各国が個別に為替政策・制度の改革に取り組んでいるため，バラバラの状態にある。そのために，アジア各国通貨間の為替レートは，各国の経済力や経済状態を合理的に反映した動きを示しているとはいい難い。その結果，しばしばアジア域内での貿易や直接投資が支障をきたし，効率的な資源配分が損なわれかねないとの危惧が指摘されている。

　こうした問題を解消するためには，アジア地域での通貨協力が推進され，アジア全体として一定の合理的な伸縮性を持った通貨システムの構築が望まれる。しかし，残念ながら今のところそうした通貨協力の機運はまったく見られない。アジア通貨危機の教訓として，実質ドル・ペッグ政策の問題は明らかになっているし，アメリカの経済力の低下，とりわけアメリカ発の世界金融危機

を経験し，アジアでもドルに対する信認が揺らいでいる中では，人民元がアジア通貨化できれば，それはアジアの通貨システムの安定化に資すると期待される。なぜならば，経済の健全性を取り戻し，アジアの中で圧倒的な存在感を持つ中国経済を背景として，人民元がアンカーとなった固定的な通貨システムの下で，域内の多くの経済取引が人民元でなされることになるからである。つまり，アジアは矛盾を抱え不安定なドル1極基軸通貨体制の一翼を担い続けるよりも，もし人民元が真の国際化を果たせるのであれば，それを基軸通貨とした新しい通貨圏に移行する方が望ましいということである。

ただし，人民元のアジア通貨化によって新たに人民元圏が誕生するといっても，その誕生の仕方には，もっと望ましいシナリオがあることを最後に強調しておきたい。アジアでもドルへの「慣性」が作用している中で，人民元がそれに取って代わることができるとすれば，その時点では人民元は強い経済力，価値の安定性，経常収支黒字，豊富な資金と開放的な金融市場という国際通貨としての条件を十分に満たしていることはいうまでもない。そうでなければ，人民元のアジア通貨化はあり得ないからである。

しかし，いったん人民元がアジアの基軸通貨の座についた後も，中国がその責務を果たすべく節度ある経済運営をするという保証はない。それは，国際通貨としての条件を満たして自然派生的にその座を得ただけであり，そうした制約は何ら課されていないからである。極端な言い方をするならば，IMF体制崩壊後の世界におけるドル1極基軸通貨体制のミニ版が人民元を中心にアジアに出現したに過ぎない。中国が基軸通貨の持つ「法外な特権」に胡坐をかき，安易な経済運営をしたり，自国の国益を最優先した独善的な政策を遂行するならば，アジアは安定を維持できないし，不利益を被りかねない。

この点に関しては，同じように人民元がアジア通貨化するとしても，それは地域的な通貨協力によって成し遂げることがより望ましいことを意味する。筆者は，表6-2に取りまとめたように，アジアでの地域的な通貨協力を推進することによって，まずは合理的な伸縮性を持った通貨システムを構築し，その下で経済・金融統合を推進することによって，ヨーロッパのEMS（欧州通貨制度）

表6-2　アジア通貨システム改革のロードマップ

[助走段階]
　「合理的な伸縮性を持った通貨システム」の構築
　　　　↓
　域内貿易取引・資本取引の拡大および現地通貨化
　円の国際化や人民元の国際化の進展
　金融政策を中心とした政策協調の進展

[固定的な通貨システムへの転換]
　AMS（アジア通貨制度）の創出
　　　　↓
　一層の域内貿易取引・資本取引の拡大および現地通貨化
　外国為替市場での為替媒介通貨の交代：特定のアジア通貨が基軸通貨になり，「脱ドル」が実現

[通貨統合]
　最適通貨圏を具現しうる厳格な収斂条件の下で，「真の通貨統合」を実現

（出所）筆者作成。

に倣ってAMS（アジア通貨制度）を創出し，さらには可能であれば最適通貨圏の条件を満たした国のみで，真の通貨統合を果たすというシナリオを提唱してきた[13]。これはあくまでも理想であり，現実にはその一歩さえ踏み出せない状況の中では，通貨統合など夢のまた夢かもしれない。しかし，仮にアジア域内でヨーロッパのような固定的な通貨システムとして，AMSが創出された場合を想定してみたい。

　ヨーロッパのEMSに倣うとするならば，共通通貨単位としてACU（アジア通貨単位）が創出され，それを中心にアジア各国通貨が一定幅で固定化されることになる。しかし，実際にはヨーロッパではマルクが基軸通貨の役割を果たしたように，アジアでもACUに代わって，アジアのどこかの国の通貨がその役割を果たすことになる。それを決めるのは市場メカニズムであるが，最も可能性が高いのは人民元であると予想される。

　したがって，中国が独自路線を取っても，アジアで通貨協力が進捗したとし

---

[13] 中條（2011）の第5章，および中條（2014）において，実現の可能性は薄いかもしれないが，アジア通貨システムの改革のための理想的ともいうべきロードマップを提示した。

ても、すでに検討した条件が満たされるならば、人民元がアジアの基軸通貨になる可能性が最も高いといえる。しかし、アジアにとっては、その意義は大きく異なる。なぜならば、前者は非対称的通貨システム、後者は対称的通貨システムがアジアに構築されることを意味するからである。すなわち、前者では中国のみが金融政策を中心に経済運営の主導権を持ち、他のアジア各国は為替レートの安定のためにはそれに追随しなければならない。したがって、中国が自国の利益のみを優先した独善的、あるいは不健全な政策運営をした場合には、他のアジア各国が多くの不利益を被ったり、アジア全体が不安定化しかねない。極端な言い方をするならば、アジアの命運を中国にゆだねるともいえ、中国と他のアジア各国の関係は対等ではない。これに対して、後者では基軸通貨国の中国もAMSの構成メンバーの一員であり、基本的にはアジア各国はほぼ対等な関係を持つことになる。そのシステムを維持するためには金融政策の協力が不可欠であり、メンバー国の意向がある程度反映されることになる。つまり、アジア全体の動向を勘案した決定がなされる色彩が強まるということであり、アジア全体の利益という点では、より望ましいということができる。

しかし、残念ながらこの2つのケースでは、どちらかといえば前者の実現可能性の方がより高いといわざるを得ないのが現状である。その意味で、アジアにおける通貨協力の機運を高めるために、日本こそリーダーシップを発揮することを期待したい。

おわりに

そもそも、IMFによる人民元の国際化への評価は過大であったといわざるを得ないが、最近の人民元の国際化の後退には理由がないわけではない。人民元の国際化といっても、それは「いびつな国際化」であったといえる。すなわち、資本取引では人民元の内外交流ルートを管理された細いパイプのみに限定したまま、経常取引、とりわけ中国側の輸入を主役として推進してきたこと、およびそれによって流出した人民元が、香港を中心にオフショア人民元市場を

形成してきたというものであり，その脆さが中国経済の不振，人民元の下落の中で露呈したといえる。

こうした現状の中で，敢えて長期的な視点に立って，真の人民元の国際化のためのシナリオを提示してみた。なんといっても，まず中国自身は経済構造の転換によって，経済を安定成長軌道に乗せ，人民元に対する信認を回復するとともに，国際通貨としての人民元にとって最も弱点となっている資本取引面での活用に道を開かなければならない。そのためには，金融改革を進め，それに応じて資本取引の自由化を推進するということであった。

そうした中国の努力が成功裡に進展する中で，アジアにおいて，域内貿易や資本取引が拡大し，かつ貿易構造が「自己完結型貿易構造」へと転換。中国がアジアでのプレゼンスを高めることによって，アジア各国の為替政策・制度がドルから人民元との安定性を目指すものに転換されるならば，ドルに代わって人民元がアジアの基軸通貨になるという人民元のアジア通貨化が，遠い将来には実現するというシナリオを描けないわけではない。

もし，それによって，矛盾を抱える現在のドル1極基軸通貨体制が終焉を迎え，3極基軸通貨体制が構築されるならば，国際通貨体制，ひいては世界経済の安定性につながると期待される。それは，アジアにとっても現在の不安定なドル圏のままよりも，好ましいと思われる。しかし，アジア全体にとっては，結果的には人民元がアジア通貨化するといっても，中国独自の国際通貨戦略によって自然派生的に可能になるのではなく，アジア各国の通貨協力によって，AMSが構築される中で実現する方がより望ましいということを強調した。

アジアでも，依然としてドルへの「慣性」が強く作用しており，このままドル圏が持続すると予想する向きが多いが，本章では世界，およびアジアの安定という観点から敢えて人民元を主体とした挑戦的シナリオを提示してみた。

参 考 文 献

小川英治（2016），「国際通貨体制の検証と地域基軸通貨の可能性」小川英治編著『世界金融危機と金利・為替』，東京大学出版会，第2章．

金森俊樹（2017），「香港ドルの米ドルペッグを再点検する――人民元ペッグへの移

行は時期尚早」『国際金融』，1293 号．

清水順子（2015），「ユーロ圏危機がアジア通貨にもたらした影響」小川英治編著『ユーロ圏危機と世界経済』，東京大学出版会．

露口洋介（2016），「中国の銀行部門改革の現状と展望」『世界経済評論』，復刊第 6 号．

中條誠一（2011），『アジアの通貨・金融協力と通貨統合』，文眞堂．

―― (2014)，「ユーロ危機に学ぶ「真の通貨統合」」『商学論纂』，第 55 巻第 3 号．

―― (2015)，「中国における人民元の国際化戦略」中條誠一・小森谷徳純編著『金融危機後の世界経済の課題』，中央大学出版部，第 12 章．

―― (2017)，「中国の人民元の国際化は本物か」石川幸一・馬田啓一・清水一史編著『検証・アジア経済』，文眞堂，第 10 章．

村瀬哲司（2011），「人民元市場の内外分離政策と「管理された」国際化」――国際金融秩序への挑戦」『国際経済金融論考』，2011 年第 2 号．

姚枝仲（2008），「非対称競争圧力と人民元のアジア戦略」『国際金融』，1191 号．

雷薇（2014），「マクロ・プルーデンスから見た金融改革の推進にかかる政策提言」『季刊中国資本市場研究』，2014 Winter．

李暁（2011），「中国人民元の国際化について――その背景，経緯と課題」『Business & Economic Review』，2011.4．

Eichengreen, Berry (2011), *Exorbitant Privilege――The Rise and the Fall of the Dollar and the Future of the International Monetary System*, Oxford University Press.

IMF (2015), *Review of the Method of Valuation of the SDR*, *IMF Policy Paper*, November.

International Monetary Institute of the Renmin University of China (2016), *The Internationalization of the Renminbi*, China Renmin University Press.

Kawai, Masahiro and Victor Pontines (2015), "The Renminbi and Exchange Rate Regimes in East Asia", Eichengreen, Barry and Masahiro Kawai (eds.), *Renminbi Internationalization――Achievements, Prospects, and Challenges*, Brookings Institution Press.

The Peoples Bank of China (2016), *2016 RMB Internationalization Report*, China Financial Publishing House.

World Bank (2011), *Global Development Horizon 2011――Multipolarity ,The New Global Economy* ,June 2011.

Yosino, Naoyuki (2016), "Exchange rate regime switching in Malaysia and Singapore in response to China's move to basket peg : A DSGE analysis", *Journal of Asian Economics*, Vol. 46.

第 **7** 章

転換期を迎えた韓中経済
———相互補完関係は持続可能か———

金　俊　昊

はじめに

　1990年代以降急速な発展を見せてきた韓中経済関係が，2017年国交樹立25周年に際して急激な転換期を迎えている。近年の世界経済の低迷，中国経済の構造的変化，韓国経済の不調などの経済的要因に合わせて，北東アジア情勢など非経済的要因が重複しているからである。欧米および日中韓の政治・経済気流の乱調の中で，韓中政治経済関係は2017年以降質と量ともに相当の変化が予想される。

　1992年正式に開始された韓中関係は，冷戦の終焉とともに訪れた「平和の配当」であり，とくに韓国にとっては「中国特需」であったことは，この期間飛躍的に増加した貿易統計の数値が物語っている。ところが，ちょうど四半世紀が過ぎたこの時点で韓中両国が関係調整を迫られ，相互補完・依存的関係が，競合的関係へ反転しようとしているのである。

　本章は，韓中国交樹立以降，25年におよぶ両国の経済関係発展の歴史と内容を理解したうえ，現状の分析を行う。具体的に，第1節では経済関係の開始と持続，そしてその特性について，相互補完性を中心として把握し，第2節では関係の依存度深化への過程を分析した後，第3節では転換期的状況を迎えた

両国経済の特徴を考察する[1]。

以上の内容は，非経済的要因によって左右されやすい，隣国間の補完的経済関係の特性分析として要約できる。

1. 韓中経済関係の変遷と特性：相互補完性の生成

1-1　韓国貿易政策の展開

解放後，間もなく朝鮮戦争に見舞われた韓国は世界最貧国の一つであった。「この国が戦争の廃墟から復旧するには少なくとも100年はかかるであろう（マッカーサー）」[2]。

このような経済を蘇生させたのは，「貿易立国」であったことに異論はないであろう。韓国は解放後，援助物資貿易時代を経て，1960～1970年代の輸出ドライブ，1980～1990年代の開放および自由化，2000年代自由貿易協定の拡大で，飛躍的な成長を持続した。具体的に，韓国の貿易政策は次のような段階を経て発展してきた。

1) 建国後，貿易政策混乱期（1945年代後半，50年代）

40年代後半以来の民間貿易主導から，輸出奨励報奨金（1954），貿易法（1957）へ制度整備

2) 経済跳躍のための輸出支援体制整備（1960年代）

1961年経済開発5カ年計画の樹立，1967年GATT加入，輸出ドライブを経て高成長

3) 輸出高度化のための重化学工業の推進（1970年代）

1970年代，労働集約的工業製品輸出が限界に直面し，重化学工業育成へと政策転換[3]

---

1) 本章は紙面の制約を考慮し，韓中経済関係の中で，主に韓国側と貿易部門を中心として述べる。
2) 韓国貿易協会国際貿易研究院（2016），1ページ。
3) 原資材と中間財および生産手段など重化学製品を海外から導入し，これを単純加工し組み立てる形で輸出が行われたが，1960年代後半には国際収支上の障害が現れ始め，また賃金上昇および輸入規制強化など経済与件が悪化し，軽工業製品の輸出

4）産業構造調整のための自律的貿易自由化（1979〜1988年）

1980年代に貿易手続きを簡素化，輸出に対する特恵的金融支援を廃止

5）国際的圧力による多角的貿易自由化（1988年〜1999年）

1980年代半ばの経常収支黒字転換後に国際的圧力増大，1990年代には開放化

6）FTAによる深層的経済統合推進（2000年以降）

2000年代FTA拡大でグローバル化への効果的対応[4]。

この期間を大きく分けて，「輸出優先政策期（1970年代まで）」と「開放政策期（1980年代から）」に区分する場合もある[5]。その場合，前期の1970年代まで，輸出ドライブ政策をサポートした経済開発計画が経済成長を促進し，後期の開放の流れの中で自立できるような基盤を作ったと要約できる。そこで中国との経済関係は，開放化，自由化の圧力がかかっていた1980年代末以降の韓国経済の突破口として作用したといえよう。

1-2 韓中経済関係の開始

現代史における韓中経済関係は，1992年両国国交の回復を以て開始する。19世紀末の東アジア激動以来，20世紀前半の断絶期，20世紀後半の冷戦による対立期を経て，ほぼ100年間，両国には実質的な国交関係がなかった。

一つ特記に値することは，解放直後の1946年の韓国の輸出は，中国（81.4％），日本（18.6％）の2大隣国で占められており，韓国内で，1946年8月から1947年8月まで，貿易業免許証を交付された業者は，韓国人528名，中国人15名であった[6]とのことである。この事実からもわかるように，韓中は隣国として，貿易の面で，歴史的・地理的に親和性をもつ国同士であった。ただし，こ

は行き詰まった。それを打開するために，輸出の中心を軽工業から重化学工業に変えようとする政策転換が行われた（邊衡尹他（1996），509ページ）。

4）以上の内容は，ヤン（2008），韓国貿易協会国際貿易研究院（2016），邊衡尹他（1996），金聖壽（1997）を総合。

5）邊衡尹他（1996），517-520ページ。

6）『Trade Brief』No. 22, 2016.

図 7-1 国交樹立前の韓国の対中貿易

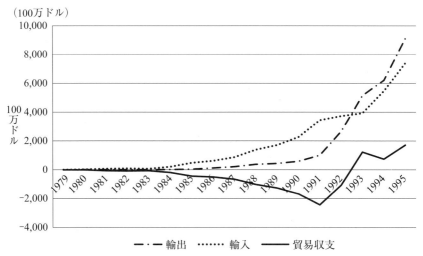

(出所)『韓国統計年鑑』。

の時期中国はまだ内戦状態にあり，現在の中国とは異なるアイデンティティを有していた。1940年代末世界的に冷戦が進む中，中国大陸で政権が変わる。やがて朝鮮戦争を経て韓中両国は対立関係に突入し，それから関係修復まで40年の歳月が流れる。

　1970年代，世界的にデタント路線への転換が起こり，北東アジアでは中国が米国，日本と関係を改善したにも関わらず，韓国との関係回復はなかった。韓国と北朝鮮との対立関係が続く中，北朝鮮の後ろ盾役の中国と韓国の関係正常化は想定外であった。一方，韓国側は中華圏の中では台湾と友好関係を持続し，両方の交易が韓国経済において相当なウェイトを占めていた。この時期中国との貿易は，香港，シンガポールなど中華経済圏を通じて間接的に行われていた[7]。しかし時代の流れを反映して1970年代末以来，正式な国交がない中で，韓中直接交易が開始され，伸びていたことは図7-1で観察される[8]。80年

---

[7]　韓中国交樹立後も，中華経済圏の香港（繊維類，電気・電子など）そして台湾（電気・電子，鉄鋼，金属，繊維類など）への輸出品の相当部分が中国へ再輸出された（金聖壽（1997），294ページ）。

代から90年代初頭までの特徴は，韓国が対中貿易において赤字基調を持続していたことである。

1983年，中国民航機の不時着事件が発生し，その円満な解決を図る中で，韓中両国の間で友好的雰囲気が造成された。その後両国は，1986年，ソウル・アジア競技大会，1988年，ソウル・オリンピック，1990年，北京アジア競技大会を経て，1991年貿易代表部を開設し，直接貿易，資本・技術交流段階に入ることになる。1992年2月，韓中貿易協定，同年7月，投資保障協定に続き8月24日，「韓中国交樹立に関する共同声明」が発表され[9]，正式に国交が樹立する。

1992年当時，人口は韓国の30倍，面積は40倍を超える大国であった中国の輸出は850億ドル，輸入は806億ドルで，韓国はそれぞれ788億ドル，818億ドルであった。したがって両国はほぼ同じ貿易水準で，経済協力をスタートさせたといえる。ただし，中国の名目GNPが4,425億ドル，一人当たりGNPは380ドルであったのに対して，韓国はGNP 2,808億ドル，一人当たりGNPは6,500ドル[10]という格差はあった。

国交樹立と同じ年である92年10月，中国では第14回党大会で「社会主義市場経済」路線が採択された。これによって改革開放路線がさらに加速化することになる。90年代前半は，70，80年代に経済力を増大してきた韓国が中国経済に比べて質的優位に立っていて，改革開放スタートから十数年経った中国に対して，互恵的な隣国として位置づけられていた。国交樹立以降の経済関係の意義を要約すれば，中国としては自国の経済成長にフィットする，当時としては比較的先進経済に接するという供給サイドのメリット，韓国としては広大な市場を確保するという需要サイドのメリットが相乗した補完性の高いものであった。

---

8) 図7-2，図7-3の長期統計におけるスケールの問題で1980年代の両国交易規模が視認できないので，ここでその期間を拡大表示する。
9) 玉圭城他（1998），214-215ページ。なお，韓中国交正常化過程に関しては金淑賢（2010）が詳しい。
10) 兪正鎬（1995），2ページ。

表 7-1　韓中国家関係の発展

年	韓国側	中国側	両国関係
1992	魯泰愚	江沢民	韓中友好協力
1994	金泳三	江沢民	韓中善隣友好協力関係
1998	金大中	江沢民	韓中協力同伴者関係
2003	盧武鉉	胡錦涛	全面的協力同伴者関係
2008	李明博	胡錦涛	戦略的協力同伴者関係
2016 現在	朴槿恵	習近平	戦略的協力同伴者関係の充実化

(出所)『VIP レポート』Vol. 16, No. 27 を補足。

　韓国としては中国大陸は政治的意味において善隣関係，経済的意味において巨大な市場という魅力的な友邦として生まれ変わり，地理的な半島でありながら南北の分断による地政学的な島としての，大陸との断絶感が解消されることになる。一方，中韓の経済的接近は北朝鮮の孤立化を招き，その後の北東アジアの政治安保情勢に大きな影響を与えた。さらに韓国と正式外交関係を断絶された台湾が，一時北朝鮮と経済交流の強化を図ったことは，中韓関係修復の余話として記憶に残る。

　経済関係の発展を支えた両国の友好関係も，1992 年以来，格上げを続けてきた（表 7-1）。このような国家関係の発展が経済関係の成長と表裏の関係にあったことはいうまでもない。

　2000 年代に入って WTO に加盟した中国は成長を加速化し，雪だるま式に規模を拡大し，やがて，アジアを超えて世界 2 位の経済大国へと躍り出る。2010 年代に入り，国際舞台でのプレゼンスを強化した中国は，アメリカと併せて G2 と称されるようになり，経済は規模の成長だけでなく，技術等においても急速な発展が伴われ，量的拡大から質的飛躍の時代に突入する。こうした過程で，中国経済にマーケットを求め，依存度が高まった韓国貿易は中国経済に大きく偏る傾向が強まってきた。韓国は 1960 年代以来，日本から米国へ，そして中国へと貿易中心がシフトしてきている（表 7-2）。

　国交樹立以来，両国の間には，一方では分業と依存性，他方では保護貿易という 2 つの流れが交錯している。経済関係はやがて韓中 FTA に発展したが，中国の関税および非関税措置実行件数が急増したことも事実である。韓中経済

表7-2 韓国の主要輸出対象国の変化

(単位：100万ドル（輸出額），%（割合))

	1961			1980			2000			2015		
	国名	輸出額	割合	国名	輸出額	割合	国名	輸出額	割合	国名	輸出額	割合
1	日本	194	47.4	米国	4,607	26.3	米国	37,611	21.8	中国	137,124	26.0
2	香港	74	18.1	日本	3,039	17.4	日本	20,466	11.9	米国	69,832	13.3
3	米国	68	16.6	サウジ	946	5.4	中国	18,455	10.7	香港	30,418	5.8
4	英国	14	3.4	ドイツ	876	5.0	香港	10,708	6.2	ベトナム	27,771	5.3
5	ドイツ	10	2.4	香港	823	4.7	台湾	8,027	4.7	日本	25,577	4.9
	合計	360	88		10,291	59		95,267	55		290,722	55

(出所）韓国貿易協会。

25年を鳥瞰すると，1990年代以来持続的交流が行われ，2000年代以来協力と摩擦が反復的に出現する，対立的補完という2面性が共存したといえよう[11]。

1-3 韓中経済関係の特性と意義

国交開始以来，韓中経済関係が急速に発展した背景には，全般的な好条件があった。これは他の隣国経済では現れない韓中固有の特性であり，隣国経済関係の特殊例として注目に値すると思われる。

1）地理的近接性

隣接した国家でありながら，下関条約以来100年あまり国家としての交流がなかった両国は，戦後の断絶状態から90年代に入って関係が修復し，急速に引力効果が発揮された。隣国という地理的条件が長期間度外視された背景には，戦後安全保障[12]体制上の対立があり，韓国は日米台と同じグループの一員として，中国への接近が容易ではなかった。

韓中の地理的近接性の意義は，ただの空間的問題ではなく，地政学的に制限された地理的近隣性が，時代的条件の変化によって突如復活したという時間的特性が加味された点にある。

---

11) 韓中国交樹立24周年の意味と課題については，『VIPレポート』No. 27, 2016を参照されたい。
12) 以下，安保と略する。

2) 経済的補完性

　韓中両国が政経関係を再開した時期は，韓国が重化学工業育成政策の実施後に急成長した生産能力をベースに供給を拡大し，製品を吸収できるマーケットを求めていたときであり，88年のオリンピック以来海外への進出性向が高まっていた時代でもあった。中国は成長のための資本誘致を必要としており，韓国はそれに適した，中上級レベルの技術をベースとした供給条件を備えていた。韓国の資本・技術レベルが，中国の生産構造にフィットし，両国の経済発展段階上の整合性が高かったといえる。したがって，改革開放後の中国が海外からの投資と中間財を必要としていた交流初期に韓国の投資が中国の経済発展に寄与し，それ以来産業間貿易が行われ，相互補完的な資本，技術の交流が持続したのである。

　韓国は比較優位が低い財の生産は中国に移転し，高い資本集約度および技術水準が要求される財を国内生産し中国に供給できる。まさに隣国の間で国際分業の利益を分かち合える[13]，理想的な関係であった。

3) 安保との関連

　韓中国交が成立したのは，冷戦の終焉直後である。イデオロギー的対立が弱まっていたこの時期に，韓国では北方政策が策定され，対共産圏への接近が活発化していた。中国はその有力な対象であった。さらに，90年代以降，冷戦の負担が緩和されつつあったが，北東アジアは冷戦体制が完全には消滅していない例外的地域という状況の中，朝鮮半島をめぐる六カ国協議などにおいて，中国は，南と北の間でバランサー機能を果たせると思われる唯一の国家であった。これが中国に対する韓国の心理的依存度を高め，結果として経済関係強化にもつながった。

4) 文化的類似性

　古代以来，両国は類似した文化的特性を共有している。漢字，宗教，社会的風習の面で多くの共通性がみられる。国交再開によって文化的親密性は人的交

---

13)　兪正鎬（1995），17ページ。

流を促進し，経済関係強化につながった．

5）歴史的親和力

　朝鮮戦争時の中国の介入は韓国人に否定的イメージとして作用していたが，他には両国が近代にいたるまで激しく対立したことがなく，それほど強い敵対感はない．

　近代史において日本に対して韓中両国は同じスタンスをとり，類似した歴史的メンタリティを共有してきた．日中韓の間には安保と歴史のそれぞれの側面において異なる断層線が走り，それが経済面においても影響した．

6）韓国と中国の国際的地位上昇

　1990年代前半は，韓国が，アジア競技大会およびオリンピックの後，高まった国際的位相を活用し，グローバルに活躍基盤を広げた時期であった．それは当時の中国人にとって先進的イメージとして映っていたかもしれない．

　2000年代以降，とくに2010年代に入って，中国の世界的地位上昇は中国に対するイメージを一変させ，それが韓中経済パートナーシップを強化する要因として作用した．

7）貿易多角化への要求

　1990年代は韓国としては深化していた対米日依存度を下げ，新しいマーケットを求めていた時期であった．中国市場は，日米に代わり，輸出先を多角化できる良い機会であった．

8）日中韓三角貿易構造

　図7-3で見るように，60年間，韓国は対日収支に関する限り黒字の経験がない．対中収支は1992年正式に国交が樹立して以来，初年度以外は黒字を続けてきた．そして中国のWTO加盟以来の収支の動きをみると，対中黒字と対日赤字がほぼ比例する形で横軸の上下で拡大している．これは長期的に対日赤字を対中黒字で補てんしていたことを意味する[14]．

14）　対日赤字の原因として，1962年以来推進してきた経済開発計画のために，資本財，中間財そして技術の導入を必要としていた韓国の国内的要因があげられる．低価格，輸送時間の短縮，品質・規格を充足させる最適の条件をもつ供給地が日本であり，

一方，この事実は日中韓三国の一体化した貿易構造を実証している。すなわち，

$$日本 \xrightarrow{資本財} 韓国 \xrightarrow{中間財} 中国 \xrightarrow{消費財} 世界$$

といった生産の役割分担が行われ，総じて北東アジア3国は対世界貿易で協働していたとみることができる。概ね，韓国は日本から資本財を輸入し中間財への加工を行ったあと中国にそれを販売し，中国はそれを用いて消費財を生産し世界に供給した。すなわち韓中経済関係には自動的に日本が含まれる構造が潜んでいる。韓国は日中の間の中継貿易的位置を占めており，韓国の日本からの資本財の輸入と中国の韓国からの中間財の輸入が相殺される形で，韓国貿易は2000年代以降黒字基調を維持してきたのである。

9) 中国経済の肥大化と依存度上昇

中国経済は改革開放以後，絶え間なく拡大を続け，規模を膨張させてきた。中国の経済成長は，30年間の長期高度成長，開放型成長，全方位的産業発展，大国型成長などの特徴をもつ[15]。

韓中関係の特性は，韓国が爆発的成長の中国の隣国として位置しているという経済地理的条件に基づく。隣国経済の急成長は，引力の法則によって，その市場への依存度上昇を必然化した。

1990年代前半という黄金のタイミングに両国関係は開始し，韓国は「中国特需」と呼ばれるべき貿易・経済成長の機会を迎えた。特需とはすなわち特別需要の意であり，経済の連続性を超越し，飛躍的に出現した巨大需要である。日本では1950年代の朝鮮特需，韓国の場合，70年代のオイルダラーの蓄積による投資ブームに乗じた中東特需などが典型的な例となる。

韓国にとって，中国特需は，断絶されていた韓中関係が開始されることによって巨大市場が急激に展開したことである。この需要の特殊性は，空間的，

化学製品，機械類，金属製品など重化学製品の輸入を増大させた結果，対日依存が定着し，対日貿易構造の不均衡が拡大した（金聖壽（1997），291-292ページ）。

15) ジ（2008），3ページ。

時間的，文化的，政治安保的，経済構造的な，すべての要素が1990年代の一時期において一挙に好循環の方向に動き出したという状況論理に基づく。この複合的要因を一斉に動かしたきっかけは冷戦の終焉である。よくも悪くもこの非経済的特性は韓中経済関係において本質的条件として暗黙的に作用していた。したがって，新冷戦的変化が生じ，補完的な相互関係の意義が弱化する場合，中韓経済関係が逆行する可能性が高まるのは安保論理の必然的な経済的帰結であろう。

2. 韓中経済関係の発展：相互補完性の依存性への変容

韓中経済関係4半世紀の歴史は相互利益増大の歴史であった。全般的に言えば，90年代以降中国高度成長期においては韓国の投資，中間財の輸出が，中国の輸出主導成長に寄与していたが，2000年代中国のWTO加盟以降，その流れはさらに激しくなり韓国経済は中国市場への依存度が高まる傾向にある。以下，主に韓国経済を中心として，60年間（1956-2016）の長期統計をベースに両国経済関係の深化を考察する。

2-1　韓中4半世紀間の経済関係の概略

図7-2はおよそ60年にわたる韓国輸出の軌跡を可視化したグラフである。また図7-3は，全体貿易収支の中で主要貿易相手国，とくに対中収支および依存度が描かれたものである。図7-2，7-3の中で，全期間の韓国輸出を以下のA，B，C 3つの視点から考察し，それぞれの視点に3つの特徴的時点を設定した。

A：韓国貿易の長期トレンド

　A1：1971年。50年代以来輸出は伸びたが，現在に比べて微々たるものであった。この年象徴的な意味も含めて規模が10億ドルの大台に乗った。そしてこれ以降70年代の重化学工業化による輸出高度化の基盤が定着し，80年代以降の貿易自由化の制度的整備と合わせ輸出立国の枠を造成した。

図 7-2　韓国貿易の推移（1956-2016）

（出所）『韓国統計年鑑』，韓国貿易協会。

図 7-3　韓国の貿易収支と対中依存度（1956-2016）

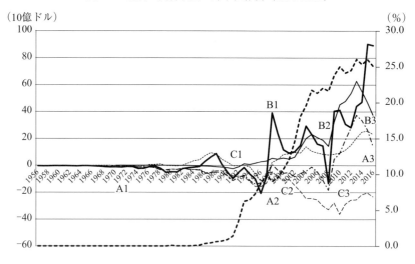

（出所）『韓国統計年鑑』，韓国貿易協会。

A2：1998年頃。1970年代以来，輸出はさらに成長しているが，貿易収支は赤字基調であった。80年代半ば3低好況[16]という時期は例外的期間であって，一般的な貿易黒字基調がみられるのは1998年以降であり，この趨勢は2008年の世界経済危機を除いて持続する。したがってこの時点は韓国貿易史において一つの画期をなす。

A3：2013年頃。以降，輸出入規模が長期間下落し続ける前例のない現象が始まる。

B：景気動向

B1：1998年。アジア経済危機。韓国貿易は1年で危機から逃れている。

B2：2008年。世界経済危機。やはり1年で危機を脱している。

B3：2013年。グローバル・ニューノーマルが持続し，韓国の貿易は減少し続けているが，輸入下落のスピードがもっと速く，収支は高いレベルの黒字を維持している[17]。

C：中国ファクター

C1：1992年。韓中国交樹立，経済交流の本格的な開始。以降貿易依存度が深化する。公式的国交樹立以前の対中収支は赤字を続けるが，公式貿易が本格化した直後から黒字に転じる。対中依存度の上昇と対中黒字の拡大が同時進行していることがわかる。

C2：2001年頃。中国のWTO加盟。対中貿易依存度が急上昇するとともに，対中黒字も急拡大する。2008年頃を除いて，韓国の貿易収支は黒字で，その成長率も高い。

C3：2010年頃。対中貿易収支から対日貿易収支の差額がプラスに転じた。これに対米黒字を加算し，韓国貿易収支は好調を続けていた。

---

16) 1980年代半ば，ドル安（円高），低金利，石油価格の下落による好景気。図7-2の貿易収支で見るように，ちょうどソウル・オリンピックを挟んだ3年ほどの期間であった。

17) 『Trade Focus』No.43, 2016 は，この時期の輸出不振の原因を，韓国輸出産業が持つ景気敏感度，海外生産拡大という構造的要因と，中国など新興国との競争深化と解釈する。

以上の3つの視点から，60年間の長期トレンドを，中国と関連して要約すると，まずアジアあるいは世界的な不況の節目に，中国への依存度を高めることによって韓国は貿易収支の悪化を乗り越えてきたといえよう。また，1992年から2016年まで韓国の対外収支合計は5,387億ドルでその中の対中収支合計は5,284億ドルを占める。すなわち対外黒字の98％を対中黒字が占めているのである。その前年度の2015年までを見るとさらにドラマチックな計算結果となる。1992年から2015年までの韓国の対外収支合計は4,494億ドルであったが，対中収支は4,909億ドルを超える。言いかえれば全体的に415億ドル赤字のはずの対外収支が，対中収支によって黒字を記録したことになる。そんな中で慢性的な対日赤字を対中収支の拡大によって補填し，2000年代以降，韓国は中長期的な収支の安定化を達成している。この観察からわかるように，中国の韓国貿易への量的，質的寄与あるいは影響は，甚大なものであった。

2-2 韓中貿易の特徴と依存度の上昇

韓国が中国で享受してきた経済的利益は，単なる両国間経済関係の結果でなく，中国の登場をきっかけに東アジアで形成された新しい国際分業構造の産物である。中国の高成長は「開放型全方位的成長」で，多様な領域で機会が発生しており，中国をハブとした世界的分業構造形成[18]に着目する必要がある。前述した東アジアにおける日中韓三角貿易構造もこのような分業構造の一環として把握できる。

一方，産業構造的側面から，韓国が比較劣位にある低技術製造業の場合，中国からの輸入は新しい企業の進入を制限すると同時に，既存企業の退出を増加させて，構造調整を活発化させる要因として作用しうる。低技術産業および一部中技術産業で行われるこのような構造調整は，経済全体の資源再分配を通じて動学的比較優位を創出させる重要なメカニズムとして作用[19]する。中国からの輸入浸透率が高い産業では，生産性の低い企業が退出し，進入企業の生産

---

18) ジ（2008），9ページ。
19) 『KDI経済展望』2005.10.13.

性が相対的に高い[20]。ミクロ的レベルにおいてこのような変化は韓国産業の高度化というメリットとして評価されうる。

貿易の内容の面からみると，概して，中国の高速成長期（2005-2010）に韓国の輸出は需要要因主導で増加し，中速成長期（2010-2015）には競争力要因と需要要因がともに輸出増加に寄与した。韓国の対中輸出は，両国経済の発展段階を背景に，中国の輸入構造に整合的に進行してきた。加工輸出中心の貿易構造が続いたあと，有償輸出加工貿易の割合が増加し，単純賃加工貿易形態から脱皮を図る。中間財輸出に偏重してきたが，中間財では，部品・部分品輸出の割合が増加し，半製品は減少の傾向にある[21]。

韓国貿易の中国への依存度の上昇は，図7-3で見るように，1992年の国交回復の後，まず1997-8年のアジア経済危機で観察される。その後，アメリカに同調化していた韓国経済は，2008年の金融危機を際して，「中韓同調化[22]」へと移行する。2度の経済危機を転機として韓国経済の中国シフトが進行し，2000年以降対中依存度は飛躍的に上昇する。韓国の総輸出の中で中国が占める割合は2000年10％台から2015年26.0％に，2.5倍以上上昇した（図7-3）。

対中国依存度が深化する中，中国経済の変化が中長期的に韓国経済にリスク要因として作用することは十分予想されるが，これには景気，産業構造の改編，貿易政策の転換に加えて，「経済的」制裁（表7-6）という「非経済的」要因も含まれる。したがって，とくに2010年代以降，韓国は中国を意識した貿易あるいは経済政策を考慮せざるを得ない状況におかれるようになったといえる。

依存度深化のリスク転換への懸念が，図7-4で要約されている。この表で見

---

20) 金ミンホ（2016），8ページ。
21) 2015年韓国の加工輸出割合は50％，対中輸出における中間財比率は77.6％であった。『Trade Focus』No.15, 2016.
22) 同調化が克明に表れるのが株価である。KOSPIと上海総合指数の相関係数は0.78に達し，韓米の相関係数0.57を大いに上回っている。「中国経済がくしゃみをすると，韓国経済はインフルエンザになる。」ミン（2015），2ページ。

図 7-4 対中依存度深化が韓国経済に及ぼす影響

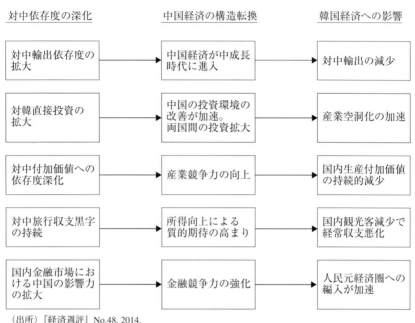

(出所)『経済週評』No.48, 2014.

るように,韓国の中国への依存性は,中国に両国関係におけるイニシアチブを付与し,中国側の政策あるいは状況変化によって韓国経済が影響される構造を生み出す。

相互依存度の制度的な表現としては韓中 FTA をあげることができよう。2015年 12 月,正式に発効した後,2016 年 1 四半期まではっきりしたメリットは表れていなかったが,関税引下げの大きい品目の中で対中輸出増加が観察されている[23]。

---

[23] 関税引下げ 0-1%:176 品目,3-6%:344 品目 (『Trade Focus』No.8, 2016)。ただし韓中 FTA は韓国政府には政治的負担の大きい事案であった。相対的競争力に基づく被害産業の把握とそれに対する適切な対応が強く要求されたからである (李・イム (2013),86-87 ページ)。

2-3　非貿易部門における依存度の深化

　貿易以外の金融，観光，文化などの各部門でも，近年両国の相互依存度は飛躍的に上昇している。

　まず人民元の使用について，韓国で対中貿易決済を人民元で行う割合は，中国の人民元決済比率の増加にも関わらず依然として低いほうである。中小企業の場合，人民元決済の情報不足で状況を見極める姿勢で，大企業は加工貿易比率が相対的に高く，為替リスク管理のためにドル決済を選好しているが，中国内に法人がある一部企業は貿易，投資において人民元を使用する事例が多くなっている[24]。

　次にM&A部門でも両国の相互投資は近年急上昇したことが観察される。中国の海外直接投資は，2015年，史上最大値1180億ドルに達し，2009年の478億ドルの2倍以上になった。それに比例して中国企業のM&Aは2013年を起点に大幅に増加している。民間企業の海外企業に対する積極的な引受け合併の背景には，国有企業と同じく中国政府の「走出去」，「一帯一路」政策がある。こうした流れの中で，2015年中国の対韓国企業M&A件数は前年比3倍の33件，取引額は128％増の19.3億ドルに上った。そして過去10年間発生した中国の対韓国企業M&A 64件の中で70％が最近2年間発生した。業種は製造業から文化コンテンツを主軸としたサービス業にシフトしている。このような急増の背景には韓国企業自らが国内規制から逃れ中国市場への進出を目的にM&Aを選択していることもある。中国企業としては，韓国が中国と文化的情緒が似ており，技術力では中国より進んでいる半面，企業価値は相対的に低く評価されているので格好の引受け対象と判断[25]しているようである。

　社会文化的分野での交流も拡大一路を辿ってきた。中国国内での文化コンテンツの規制が懸念されているにも関わらず，サード[26]問題以前，中国での韓

---

24)　『Trade Focus』No. 3, 2016.
25)　『Trade Brief』No. 5, 2016.
26)　ミサイル防衛システムの一種で，2016年7月の韓国配備決定に対して，中国が反発している。

流は絶大な人気を享受していた。これと関連してまた中国人の所得成長による海外観光増加の傾向が強化される中,韓国観光客が2016年800万人(韓国観光公社統計)を超えた。一方,中国においても外国人観光客のトップは韓国人であり,2015年その数は444万人(全入国者の中で17%で1位,中国国家統計局発表)を超えていた。

このような相互依存度の深化は貿易と非貿易の部門間の相乗効果をもたらし,全般的な互恵的構造を定着させてきたと要約できよう[27]。

3. 韓中経済関係の転換:相互補完性の競合性への反転

国交開始後25年が経過した韓中経済関係は,交易3,000億ドルで象徴される3.0時代に入った。2015年を基準にして,相互投資は1,000億ドルに達し,人的交流も1,000万を超えた。協力方向は,製造,商品,投資,地域統合の様々な分野に及んでおり[28],数値を見る限り,肯定的で希望に満ちた韓中経済新時代が展望される。

ところが,このような展望とは裏腹に国交開始25年の節目になる2017年に入って,両国経済関係に退行的傾向が著しくなってきた。停滞した世界経済状況の下で経済外的変化が急速に進む中,両国経済から不協和音が出ている。概して転換期的状況が到来したといえよう。

3-1 世界経済の低迷と中国経済の変化

世界経済は,低成長,石油価格の下落,デフレの,新常態(New Normal)時代に入っている。世界経済は,金融危機以前,年平均4.4%成長したが,金融危機以降3%台成長から抜け出せない。これを描写するグローバルな「新常

---

[27] 『懸案と課題』No. 8, 2016 は,両国の経済関係の依存度深化が,製造業付加価値依存度,貿易連系性および相互補完性(貿易結合度指数および貿易補完度指数),直接投資,金融協力,技術貿易の急成長,観光など,ほぼ経済の全分野で発生していると述べる。

[28] ヤン(2014),16-17ページ。

態」は，低成長を美化した経済レトリックにしか聞こえない。ちなみに1990年代半ば以降世界貿易増加率は，世界GDP成長率に対して2：1の比率を維持してきたが，最近その比率が1：1に低下している[29]。このような世界経済のニューノーマルに中国経済も影響され，中国版新常態経済への方針転換が行われている[30]。

過去の高速成長が異常であったという前提でそれを正常な状態へ取り戻すという認識の転換が新常態の概念的意義と思われるが，いずれにせよ，この減速経済は韓国の対中輸出には負の効果をもたらすことに間違いない。成長率鈍化は，中国経済を通じた世界経済の韓国経済への負の影響という観点[31]からも注視されるべき問題である。

3-2 中国経済戦略の転換

経済大国地位の持続的上昇は，中国の経済政策の世界戦略化を必然化する。

貿易総額が米国を追い越して世界第1位になり，世界的な直接投資国，世界金融大国に飛躍し，グローバル経済大国の位相をもつようになった中国の持続的な経済成長は，世界経済の構造的変化，技術進歩，効率上昇を促進した。また全世界インフレ統制と経済衝撃緩和に重要な役割を果たし，全世界の商品およびサービス市場として成長し，世界経済成長の重要な推進力として機能している。中国の全世界のGDPで占める割合は，韓中国交が樹立した頃の1991年の1.7％から，対中収支が頂点に達する頃の2012年には11.4％に，ほぼ10％の幅で上昇し，同期間，米国と日本はそれぞれ5.1％と2.3％の下落幅を見せ

---

[29] 韓国貿易協会国際貿易研究院（2016），6-8ページ。
[30] 中国においてこの概念については，経済成長減速という否定的認識とは違う，以下のような積極的意義も強調されている（楊春学・郭冠清（2015））。
- 一種のGDP成長を超えた新理念，
- 新しい政策思想と基調を確立，
- 悲観的態度でなく，各種挑戦に直面しながらも，信念に満ちた姿勢。
[31] 中国経済成長率が1％下落する場合，韓国の輸出成長率は1.7％下落し，その結果，韓国の経済成長率は0.4％低下するとの試算がある（『懸案と課題』No.7, 2012）。

た。2010-2012年,世界経済成長に対する中,米,日の寄与度は,中国が最も高く,中,米,日の経済的地位の変化[32]が確認できる。

　このような急激な変化を通して,世界第2位の経済大国の座を確保し,G2時代に突入した中国は,経済領域を超え,パックス・シニカ (Pax Sinica) を夢見ている。これに伴って,中国の経済戦略もグローバル化し,新シルクロード,一帯一路など,大規模の長期的なプロジェクトが登場している。韓国の経済規模が2000年代以降長期的に見て世界10位圏程度であったとしても,現在グローバル・トップに成長した中国と韓国の間には,当然較差が存在する。中国のグローバルな構想における東アジアの意義,そして韓国の位置は年々代わっていると思われる。結果的に韓中のパートナーシップが変容する可能性は否定できないであろう。

　世界戦略とともに,経済政策的方針にも大きな変化が生じている。一例として,習近平政権が登場し三統政策が打ち出された。その内容は,「生産の国内統合,生産と市場の統合,製造と金融の統合」[33]に要約される。これは主に供給サイドにおける自給体制を目指すものとして,中国の生産システムが量的,質的に一定のレベルに達したという宣言ともいえる。結果として,韓国を含む中間財,資本財供給国の輸出規模が委縮する可能性が高まった。2013年以降,韓国の対中輸出の低下は,この政策的転換と関連性があるのではないか吟味してみる必要がある。

3-3　韓中技術競争力の接近

　多数の輸出品目において,近年中国が世界輸出市場シェア1位を占めている。
　韓中の輸出構造の類似性が高まり,世界市場での13大主要品目を巡り,韓中間の競合度が上昇し続ける傾向にある (表7-3)[34]。

---

32)　KIEP北京事務所 (2014)。
33)　「毎日経済 (매일경제)」, 2012.9.10.
34)　中国はとくに2011年以降,世界輸入需要鈍化にも関わらず,競争力要因と商品構成要因が改善し,13大品目の輸出額が大幅に増加している (『Trade Focus』No. 1, 2016)。

表 7-3　品目別韓中輸出競合度

	品目名	2011	2014	2015	差(2015−2011)
ポイント競合度50以上	平板ディスプレイ	94.8	94.4	93.6	−1.2
	石油製品	87.6	93.3	88.8	1.2
	半導体	62.9	64.0	64.3	1.4
	無線通信機器	72.1	68.3	62.4	−9.7
	船舶類	62.1	53.9	57.0	−5.1
	一般機械	48.1	52.3	53.9	5.8
	自動車部品	40.0	51.4	51.0	11.0
	鉄鋼製品	50.0	47.5	50.3	0.3
ポイント競合度49以下	家電	48.0	45.1	43.4	−4.6
	コンピュータ	43.8	39.0	37.5	−6.3
	石油化学	39.0	34.6	36.3	−2.7
	自動車	26.3	31.4	31.1	4.8
	繊維類	28.9	29.9	30.8	1.9
13大品目全体		51.4	53.6	55.7	4.3

(出所) 韓国貿易協会。

　一方，韓中科学技術競争力は年々格差が縮小している。中国の科学競争力は過去15年間中国が20段階，韓国が15段階上昇し，韓国を3段階差で威嚇しており，技術競争力は，15年間，中国が19段階上昇，韓国が14段階上昇し，韓国との差を12段階差に大きく縮小[35]している。科学技術競争力の相対的指標においては韓国が中国に優位に立つが，絶対的指標においては中国が優位[36] (表7-4) を保つ。

　中国技術水準の向上は貿易構造にも変化をもたらしており，13次5ヵ年計画で言及した「優進優出」[37]はこれを政策的に反映したキャッチフレーズといえる。過去中国の源泉技術不足で韓国から輸入した品目の相当数が中国国内生産可能になり[38]，その分相互補完の必要性が低下しつつある。

---

35)　『経済週評』No. 7, 2013.
36)　『政策研究』No. 1, 2016.
37)　『Trade Focus』Vol. 6, 2016.
38)　『Trade Brief』No. 29, 2016.

表 7-4　韓国と中国の科学技術競争力指数

	年	絶対指標				相対指標			
		投入指数	中間活動指数	成果指数	総合絶対指数	投入指数	中間活動指数	成果指数	総合相対指数
中国	1995	154	29	22	68	15	10	124	50
	2000	216	71	57	115	22	18	124	55
	2005	374	177	156	236	33	28	123	61
	2010	558	380	290	409	42	56	66	55
韓国	1995	54	35	37	42	73	63	71	69
	2000	56	56	65	59	73	93	125	97
	2005	100	100	100	100	100	100	100	100
	2010	154	124	175	151	137	85	109	110

韓国基準（2005＝100）
（出所）『経済週評』Vol. 13, 2013.

さらに，中国は供給過剰[39]の解消，企業のコストダウン，不動産在庫の縮小，債務縮小，脆弱部門の改善を目標とした「供給サイド改革」を推進しており，供給過剰産業での構造調整効果が現れ，長期的には中国企業の競争力強化により韓中の間でさらなる競争深化が予想される[40]。

3-4　中国経済構造の変容とリスク要因

(1) 中国経済構造の変容

前述の技術競争力の向上とも関連するが，最近中国政府の強い生産・貿易構造革新政策で，韓中間の交易において大きな変化が生じている。一言で「輸入代替および輸出高度化[41]」と表現できよう。

これを裏付けるのが中国生産構造の変化である。2013年から，中国の排他的自国完結型バリューチェーンを意味する「レッドサプライチェーン」が拡散し，対中国中間財輸出比率の高い韓国，台湾，日本などに対して脅威となっている[42]。これは前記の習近平政権開始後の三統政策と関連性の高い傾向であ

---

39) 超過供給は，鉄鋼，セメント，アルミニウムなど様々な部門に伝染しており，その合理化が難しいのが実情である（OECD (2015), pp. 13-14）。
40) 『Trade Focus』No. 43, 2016.
41) ジ（2008），10ページ。
42) 『経済週評』No. 33, 2016.

る。

　生産と消費の両面における変化[43]はともに中国貿易構造に影響しているが，とくに韓国にとって気になるのは，中国の輸入構造が大きく変化していく点である。輸入構造の特徴として，加工輸入が減少する中，現地調達率が増加している。中間財輸入割合は2000年63.9％から2015年53.4％に，10.5％減少し，同期間，消費財の割合は4.2％から9.2％に，5.0％増加した。中国の中間財輸入の中で部品，部分品の割合は増加しているが，半製品は減少している。中国の内需中心成長政策への変化，中間財自給率の上昇などで，中間財輸入が減少し，この分野を得意とする韓国の対中輸出に否定的に作用[44]している。

　近年消費市場が急拡大している背景には，経済成長の恩恵として，労働者の最低賃金が毎年10％以上増加するなど，所得が大幅に向上してきたという事実がある。これに伴って，2008年5位であった中国の消費市場が，2009年にはイギリスを，2010年にはドイツを，2013年には日本を追い越してしまう[45]。

　このような変化は，日米欧の高レベル消費財との競争力の面で劣位におかれている韓国の対中輸出構造にも相当影響するであろう。中国消費者の所得増加によって消費財輸入額は大きく増加し，上位輸入品も生活用（非耐久性）消費財が主である[46]。米国，EU等の対中輸出比率は上昇しているが，韓国，アセアン諸国は2013年を頂点に，輸出比率が下落している。これは中国の内需市場成長とともに，輸入の高級化，生活消費財需要が増大し，先進国からの輸入が拡大[47]しているためである。

43) 2012年以降，中国経済はGDPに占める第3次産業の比率が第2次産業の比率を初めて上回ったほか，投資の比率が低下する一方，消費の比率が上昇し始めている（瀬口（2014），191ページ）。
44) 『Trade Focus』No. 29, 2016.
45) 『KDI Focus』No. 65, 2016. これに対応する政策的プロセスとして，中国は2020年まで中産層拡大による，小康社会から大同社会への転換を試みる。所得向上とともに，民間消費規模が急速に拡大する中，世界第1の消費大国への変貌を図る（『経済週評』No. 14, 2011）。
46) 『Trade Focus』No. 15, 2016.
47) 『Trade Focus』No. 29, 2016.

(2) 中国経済のリスク

中国経済は,「大而不強」[48]と呼ばれるように,その規模とは裏腹に経済実態は改善すべき要素を多く含めている。

長期的には,経済発展経路における「ルイスの転換点[49]」問題が存在する。現在,中国は,世界の工場としての競争力の低下(賃金上昇,労働人口の減少),急速成長の負の遺産(貧富の格差,汚職・腐敗,環境汚染),4兆元対策の後遺症(過剰生産,地方財政の悪化,シャドーバンキングなど)の現実問題とともに,中長期的に経済発展モデルを転換する必要があるが短期的には経済成長を維持せざるを得ない,異期間間のディレンマを抱えている[50]。

表7-5 2017年中国経済の5大リスク

区分	現況	展望
マクロ政策調整の困難	● 拡大金融政策の下で流動性増加の遅延 ● 拡大財政(対GDP 3.0%超過)	● 流動性増加の際,緊縮金融が予想される ● 公共インフラ投資拡大の展望
不動産政策の実効性が低下	● 北京,上海などの大都市バブル ● 1,2線都市の規制強化 ● 3,4線都市は規制緩和を持続	● 不動産市場が委縮し,3,4線都市の在庫の消化も遅延 ● 内需低迷の憂慮
企業債務リスクの拡大	● 赤字企業の拡大が持続 ● 企業税制負担の緩和を推進	● 民間企業では不振企業が退出 ● 国営企業の相互合併の推進
資本流出の持続	● 人民元13%切下げ(2015.8-2016.12) ● 銀行の外貨売りが持続 ● 2016年第3四半期まで,7千億ドルが流出	● 人民元平価切下げが続く場合,資本流出の拡大 ● 外貨保有高が3兆ドルを下回る見込み
米中通商摩擦の激化	● 対中保護貿易が強化	● トランプ政権で保護貿易主義強化が予想される ● 米中通商戦争の激化が憂慮される

(出所)『VIPレポート』No. 1, 2017.

---

48) KIEP北京事務所(2014)。
49) Dorrucci et al. (2013), pp. 39-40. 類似した概念として「中進国の罠」がある。中国の関連問題に関しての詳細は,李ジャンギュ他(2015),36-38ページを参照されたい。
50) 外務省中国モンゴル第2課(2016)。

2017年の短期的展望において，中国経済のリスク要因は韓国の対中経済関係に負の影響を及ぼす可能性がある。トランプ政権発足後，米中間貿易摩擦，為替戦争などによって，韓国の対中中間財輸出が減少する可能性があり，中国経済のマクロ政策調整が失敗する場合の景気の急冷も，韓国の対中輸出にはマイナス要因となろう。また中国の資本流出による通貨価値下落が持続する場合，ウォン同調化による韓国国内為替市場の変動[51]も予想される（表7-5を参照）。

3-5　北東アジア情勢の変化

　2016年8月，韓国にサード配備が決まり韓中両国の間で対立が持続している。中国は国益に背馳する外国の行為に対しては断固とした対応をとってきた。当然，配備が決定された後，中国の報復措置が懸念され，同年後半から韓中間の経済関係において続々と異常な変化が表れてきた（表7-6）。

　その一つは，サード配備のための敷地を提供したロッテに対する執拗な報復性制裁である。もう一つは，サービス，文化産業における人的交流の阻害現象が色濃く表れた。韓国側としては経済と直接関連のない安保の面で，政経分離の立場を取りたかっただろうが，中国側は従来通り厳しい経済報復措置を以て対応してきた。

　2017年，韓国で新政権が登場した後も，サード配備が撤回される展望は希薄である。したがって，中国による経済制裁が長期化すれば，北東アジアでは実益のない域内の反目が続き，新冷戦的状況が固着する可能性も否定はできないであろう。

　以上の観点から，中韓経済は明らかに転換期的状況にあると思われる。

　第1に，中韓経済をめぐる世界経済の長期的ニューノーマルの，間接的，派生的な影響とその調整の必要性，

　第2に，中国経済戦略の変化および政策転換によるパートナシップの変容，

51）『VIPレポート』No. 1, 2017.

表7-6　中国の近隣諸国との紛争と経済報復

当事国	時期	紛争事例	区分	中国の報復措置	報復の特性
日本	2001.4	日本のセーフガード発動（中国産のネギ，松茸，畳に対して）	経済紛争	日本製の自動車と携帯電話，エアコンに対して100%特別関税賦課	経済的
	2010.9	尖閣問題	領土紛争	対日希土類輸出中断 日本製品の不買運動	経済的
	2012.9	尖閣問題	領土紛争	日本観光自制を促す	経済的
フィリピン	2009.2	南シナ海領土紛争	領土紛争	中国人観光客の撤収	経済的
ベトナム	2014.6	南シナ海領土紛争	領土紛争	中国におけるベトナム企業の入札中止	経済的
モンゴル	2006.8 2016.11	ダライラマのモンゴル訪問	宗教・政治紛争	鉄道運行中断，航空路線閉鎖 経済支援会談の取消	経済的
韓国	2000.6	韓国のセーフガード発動（中国産ニンニクに対して）	経済紛争	韓国産ポリエチレン，携帯電話輸入の制限	経済的
	2016.7	韓国のサード配備	安全保障	韓国企業の中国内での営業，観光，文化産業など，様々な面で報復措置	経済的

（出所）『懸案と課題』No. 28, 2016，聯合ニュース（연합뉴스）2016.11.26付を修正補足。

　第3に，中国の技術競争力の向上による，韓国技術に対する需要の低減および競合性の増大，

　第4に，中国の経済構造の変化による，韓国製品の中国市場への整合性の低下，

　第5に，北東アジアの情勢変化による，協力から対立化への雰囲気の反転。

　これらの変化は，長期的かつ構造的性格のものである。韓中経済関係の変曲点が2013年度をピークとした対中収支の低下として現れ，他の不況期とは異なる持続的傾向を見せている（図7-2, 7-3）。仮に世界経済の好転によって一時的に収支改善がみられても[52]，この構造的，政策的変化は，長期的要因とし

52）　2017年4月25日，韓国銀行の発表によると，3月の輸出物量指数は統計開始以来最も高い151.26（2010年＝100）を記録した。

て持続する可能性が高い。韓中経済は概ね補完性から競合性および対立性への転換の時代に入っているのではなかろうか。

おわりに

2017年で25年になる韓中関係はほぼ全分野において飛躍的な発展を遂げてきた。両国の政治経済関係は深化し、社会的側面からも人的交流が年間1000万を超えるレベルにまで成長した。同期間、両国経済は、垂直から水平化、そして個別経済から依存度深化を経て同調化の段階に入った。韓国は中国の4番目の輸出先になり、中国は韓国の1番目の輸出先となった。そしてヒト、モノ、カネ、サービスの交流が活発化し、経済と政治は表裏一体で発展の一途を辿ってきた。

しかし今、この四半世紀の間の政治的相互信頼、経済的相互依存の両国関係が、新しい転換点を迎えようとしている。グローバルな政治経済の急変、中国経済の構造的変化、韓国経済の変調などが、2015〜2016年に集中し、増幅効果をもたらしているのである。貿易依存度の高い韓国としては生産を貿易に直結するルートを確保することが経済の生命線である。

問題をさらに深刻にさせているのは、この時期にとくに北東アジアを中心に強まっている対立構造である。サード問題をめぐる両国の対峙は韓中経済交流をゆがめる最大の要因になる可能性がある。2017年4月までの時点で、韓国の対中貿易にそれほど大きな変化はないという報道はあるが、文化産業、観光部門では半年以上の深刻な打撃とともに将来への不安が漂う。

現代安保概念は、基本的に人間の安全保障という概念で再解釈され、その中で「民生」で表される経済安保は至極重要な位置を占める。とくに本章で検証した韓国経済における中国のプレゼンスを考慮するとき、この点が度外視されたことは疑問である。

冷戦の終焉とともに開始した韓中関係が、新冷戦の開始とともに転換期を迎えたことは、北東アジア安全保障問題が政治経済全般にいかに大きな影響力を

持っているかを物語っている．

$$
\text{（政治安保的）新冷戦 ＋（経済的）新常態 ＋ 経済構造の変化}
$$
$$
= \text{経済関係の冷却} \rightarrow \text{交易規模の縮小}
$$

という因果関係が，韓国としては25年続いた中国特需の終焉をもたらすかもしれない．

　韓国の輸出が中国経済への依存度が高いことは否定できないが，韓国の技術，資本，中間財が1990年代以来，中国経済成長に対して大きな寄与をしたことも否定できない事実である．一方的な利益でない互恵的な関係，相互補完性が四半世紀間の両国経済関係の基調であり，この相互補完関係の持続可能性に両国経済の発展的未来がある．

　相互理解と協力関係を増強する努力の一環として停滞状態にある東アジア地域経済統合が考えられる．日中韓FTAの推進により，東アジア地域の政治経済的安定化を図り，長期的に，東南アジアを含む東アジア経済圏を確立することで，日中韓を含むアジア地域の安定と発展が期待される．本文で指摘したように韓中経済関係は両国関係を超え，必然的に日本を内包する相互補完的特性をもつ．日中韓経済の三角補完関係は3国FTAの実体的根拠として作用する．

　日中韓3国が各自の分散的国益を追求するよりは，地域アイデンティティに基づいた共同発展を模索するのが，北米，西欧と並んで世界3大経済圏に成長した北東アジアが取るべき成熟した態度ではなかろうか．

参考文献

Dorrucci, Ettore, Gabor Pula and Daniel Santabarbara (2013), "China's economic growth and rebalancing", *Occasional Paper Series*, No. 142, European Central Bank.

OECD (2015) *OECD Economic Surveys : China*, March 2015.

李シヨン，イム・ウンジョン（2013）「韓中FTA：改革の機会かそれとも泥沼か（한중FTA：개혁의 기회인가 혹은 수렁인가？）」『国家戦略』第19巻，2号．

李ジャンギュ他（2015）「中速成長中国経済と韓中経済協力（중속성장 중국경제와 한중경제협력）」『経済人文社会研究会中国総合研究共同研究叢書』15-40-08，対外経済政策研究院．

外務省中国モンゴル第2課（2016）「日中経済関係と中国の経済情勢」，2016年8月，外務省HP．

韓国貿易協会国際貿易研究院（2016）「先進化した構造で世界経済と調和する韓国貿易（선진화된 구조로 세계경제와 조화되는 한국무역）」Institute for International Trade, 韓国貿易協会。
金淑賢（2010）『中韓国交正常化と東アジア国際政治の変容』明石書店。
金世源（1987）『韓国の国際経済政策』貿易経営社。
金聖壽（1997）『世界化時代のための韓国経済の発展』學文社。
金ミンホ（2016）「韓中交易拡大が韓国製造業に及ぼした影響：総要素生産性を中心として（한중교역확대가 한국제조업에 미친 영향：총요소 생산성을 중심으로）」KDI, 2016マイクロデータ基盤韓国経済研究カンファランス，2016.5.20。
玉圭城，李相学，金南斗，車重坤（1998）『韓国貿易論』ドゥナム。
邊衡尹他（1996）『韓国経済論』裕豊出版社。
司空壱（1994）『韓国経済新時代の構図』東洋経済新報社，（宇山博訳，Il Sakong (1993) *Korea in the world economy*, Institute for International Economics)。
ジ・マンス（지만수）（2008）「中国の経済成長と韓国（중국의 경제성장과 한국）」，KDI　産業企業戦略セミナー。
瀬口清之（2014）「中国経済の構造変化と日中経済関係」『フィナンシャル・レビュー』第119号，財務省財務総合政策研究所。
ミン・クィシク（2015）「韓中経済関係の光と影：大転換期の韓国の対応（한중경제관계의 빛과 그림자：대전환시기의 한국의 대응）」『懸案診断』第283号，コリア研究院。
ヤン・スギル（양수길）（2008）「貿易政策の変遷と向後の課題（무역정책의 변천과 향후 과제）」建国大学60周年記念学術セミナー，2008.8.20。
ヤン・ピョンソプ（양평섭）（2014）「対外経済政策（韓中経済関係）（대외경제정책（한중경제관계））」国立外交院中国研究センター専門家ワークショップ，2014.12.28-29。
兪正鎬（1995）「東北亜社会主義国家の経済開放と韓国貿易構造の展望」KDI研究資料，95-09。
楊春学・郭冠清（2015）「習近平経済思想的価値循遁」『人民論壇』2015年5月。
KIEP北京事務所（2014）「新シルクロード建設と韓中経済協力（신실크로드 건설과 한중 경제협력）」，『KIEP Korea-China Economic Forum』No. 3。

韓国開発研究院『KDI経済展望』各号。
韓国開発研究院『KDI政策フォーラム』各号。
韓国開発研究院『KDI Focus』各号。
韓国経済研究院『KERI Facts』各号。
韓国経済研究院『政策研究』各号。
現代経済研究院『VIPレポート』各号。
現代経済研究院『経済週評』各号。
現代経済研究院『懸案と課題』各号。
韓国貿易協会『Trade Brief』各号。
韓国貿易協会『Trade Focus』各号。

第 8 章

地方創生の観光産業
——日本と中国——

岸　真　清

はじめに

　地方創生の担い手として期待されるのが観光産業である。文化，気候，食に恵まれた日本と中国の観光産業は，地域の雇用と所得の向上を担う可能性を秘めている。訪日，訪中海外旅行（インバウンド）が増加したことは確かであるが，さらにインバウンドを高めるためにも，地域発の企画が重視されるものと思われる。旅行のスタイルも団体旅行から個人旅行に移りつつあり多様化が進んでいる。この流れに応じて観光の対象を広げる必要性が生じる。情報技術（IT）を活用して地域から海外に発信する環境が整いつつあるだけに，人々の生活の場すなわちコミュニティを基盤とした観光産業が育ち，国内の旅行者だけでなく，外国人旅行者を引き寄せる地域発のグローバル化が進展する可能性が高まるはずである。

　本章は，観光産業の中でもコミュニティビジネスとしての観光業を主な対象とする。しかし，コミュニティを基盤とする小規模な観光産業の資金調達は容易とは言えない。この状況を克服して地域と世界の双方を視野に入れたグローカルな観光産業を躍進させる鍵を握るのが，生活の場の魅力に気付いた地元の人々を核とした中央政府，地方自治体（地方政府），民間金融機関特に地域金融

機関,地場企業,大学などの教育機関,NPO（非営利組織）などの市民グループの連携,協業と思われる。

この視点の下で,日本と中国の共通点と差異点を比較しながら,コミュニティビジネスとしての観光業伸長の条件を考察するのが,本章の目的である。

1. 日本と中国の観光政策

日中両国へのインバウンドを概観してみよう。訪日外国人観光客数は,表8-1のように,2010年から2015年にかけて急増している。そのうち,最も観光客が多かったのが中国,次いで韓国の観光客が多かった。一方,2014年時点の訪中外国人観光客数は韓国が最も多く,日本がそれに次いだ。しかし,訪中外国人観光客数は日本より多いものの,2010年と比べ伸び悩んでいる。

さらに,国際旅行収支に関しても,共通点と差異点が存在する。両国へのインバウンドは増加しているが,2014年時点の国際旅行収支が赤字を計上していることで共通している。黒字を計上している欧米諸国と異なって,中国の赤字は1,080億ドルと,日本の赤字よりもはるかに大きい。中国の場合,収入面では米国,スペインに及ばないもののフランスを上回る規模であった。日本は中国に比べ,収入も支出も少なく,4億ドルの赤字に留まっている[1]。

表8-1　外国人観光客数

訪日外国人観光客（人）				訪中外国人観光客（人）			
2010年		2015年		2010年		2014年	
韓国	2,439,816	中国	4,993,689	韓国	4,076,400	韓国	4,181,800
中国	1,412,875	韓国	4,002,095	日本	3,731,100	日本	2,717,700
台湾	1,268,278	台湾	3,677,075	ロシア	2,370,200	米国	2,093,100
米国	727,234	香港	1,524,292	米国	2,009,500	ロシア	2,045,900
香港	508,691	米国	1,033,258	マレーシア	1,245,200	ベトナム	1,709,500
総数	8,611,175	総数	19,737,409	総数	26,126,900	総数	26,360,900

（出所）国土交通省観光庁（2016）および中国国家観光局ウェブ・ページより抜粋,作成。

1）　最も黒字が多い米国の場合,664億ドルの黒字であった。国土交通省観光庁（2016）。

外国人観光客数と国際旅行収支の動向は，観光政策に影響を及ぼしてきた[2]。日本の国際観光化は，国際収支の改善および外国人旅行者の来訪促進を目的とした1963年の観光基本法制定をきっかけにしている。しかし，1964年に海外渡航が自由化され，日本人の海外旅行者数が外国人訪日旅行者数を上回るようになると，日本の国際観光収支は赤字になった。

バブル経済醸成およびその崩壊期に入っても，訪日外国人旅行者数の増加が日本人の海外旅行者数の増加に追いつかず，赤字が拡大した。そのため，1996年に訪日外国人旅行者数を700万人に倍増させる「ウエルカムプラン21」が，また2000年には800万人を目標とする「新ウエルカムプラン21」が取りまとめられた。

2000年代の観光政策は，観光客の増加を通じて地域活性化を目指すことになった。2003年には訪日外国人旅行者数を1,000万人とする目標が示されたが，2006年に「観光立国推進基本法」が成立，「観光立国推進基本計画」をマスタープランとした施策が推進され始めた。また，2008年には観光行政の効率化をねらいとして観光庁が発足した。その後，インバウンドを促進するため，ビジット・ジャパン・キャンペーン（2010年より，ビジット・ジャパン（VJ）と呼称）が，国，地方団体，民間事業者の協業で始まった。

当時より，地域ごとに市場規模，ニーズの特徴を把握した企画が重視されることになった。滞在型農村漁村観光の確立・形成もその1つの例である。農村漁村において日本の自然や生活を体感し満喫してもらうためにとられた滞在政策は，「ディスカバー農村漁村の宝」として毎年20地域を設定することによって農村漁村の地域住民の意欲・気運を高めようとしている。このねらいに沿って，日本ならではの伝統的な生活体験と非農家を含む農村地域の人々との交流を楽しむ「農泊」を推進している[3]。

他方，韓（2008）によれば[4]，中国の国際観光は1954年の中国国際旅行社が

---

2) 国土交通省観光庁（2013），26-31ページ。
3) 国土交通省観光庁（2016）ウェブ・ページ，10-11ページ。
4) 韓 魯安（2008）ウェブ・ページ，165-188ページ。

スタート点であった。1950年代後半に自費で訪中する社会主義国および華僑の観光客数が増え始めたが，当時の観光は政治外交手段としてのものであった。産業としての発展を始めたのは，1978年の経済開放以降のことであった。

開放後，市場メカニズムが導入され，経済成長が重要な経済政策目標に置かれるようになると，観光は外貨獲得・近代化を推進する重要な手段になった。しかし，実際には，国際観光は，国営企業である中国国際旅行社と中国旅行社に独占され，政治的コントロールが強かったと言える。しかし，1984年に各省・市・自治区による旅行管理機関が設立されるなど，中央集権的管理システムから地方分権的管理システムへの移行も始まった。ただし，この時期の観光開発と観光市場の経営・管理は，中央政府による強いコントロールの下で，部分的に多様化されたとみなすことができる。

1980年代後半は経済優先，市場経済を志向する経済政策が採用され，外貨収入による中国の近代化促進政策が中国の観光政策の指針になった。また，地方分権と多様な非公有経済の発展が奨励されることになった。その流れの中で，1990年代に入ると，国際観光も国内観光も急成長を遂げた。

ところが，1990年代後半に入ると，マス・ツーリズムの拡大を軸とする経済成長至上主義が，公害問題を引き起こし始めた。それに対応するため，国家旅行局は持続可能な観光の推進を目的として，エコツーリズムに取り組み始めた。また，中央政府に限らず，地方政府も環境の汚染・破壊を抑止できなかっただけに，観光地において地域のステークホルダーの連携によって観光政策を遂行するしくみが要されることになる。

この課題に関して，日本の白川村の「環境保全計画」への地域住民の参加・自治を参考に，韓は次のように主張する。観光地は地域住民の生活の場でもあり，観光客を引き付ける観光資源であるが，白川村の場合，住民自身が共通の意識，価値観を有しながら，学習や活動を重ね，コミュニティを形成している。中国においても，1990年後半以降，都市部で，市民社会の初期形態とでも言うべき「社区」組織が急拡大している。ところが，民主的な選挙制度も採用されるようになっているが，政府組織が浸透しているため，半官制のコミュ

ニティに留まっている。そこで，白川村のごとく，真の意味で住民参加を保証する「社区」コミュニティ構築が急務になると説く。

2. コミュニティビジネスとしての地域密着・発信型観光産業

　日本と中国の観光政策が示唆するように，観光の形態はマスツーリズムよりもむしろ個人の意思が強く反映する個人観光が重視されつつある。また，トップダウン的な発地型観光に代わって，ボトムアップ型とでもいうべき着地型観光がクローズアップされつつある。

　観光産業は，大規模・全国型の観光業者とコミュニティビジネスとしての中小規模・地域密着型の観光業者に分けられるが，主に大規模観光業者が発地型観光を担当するのに比べて，着地型観光を小規模業者が企画するものと考えられがちであった。両者とも地域経済を活性化していることでは共通しているが，本章の主な対象は，住民が主役となるコミュニティを土台とした地域密着・発信型観光産業であって，大規模・全国型観光ではない。

　ここで，地域密着型というのは，住民を主役とする自律的・内発的発展過程をたどることを意味する。また，発信型と呼ぶ理由は，地域内だけでなく全国さらに世界に向けたメッセージを発信する観光を念頭に置いているからである。ITを活用する広告が普及する今日，地域発信型の観光が現実味を帯びるはずである。加えて，グリーンツーリズム，メディカル・ヘルスツーリズム，産業ツーリズム，宿泊関連ビジネス，運送関連ビジネス，レジャー関連ビジネスなど多様なビジネスが組み合わされることから，単に観光業というよりも観光産業と呼ぶのがふさわしいと考える。

　ところで，コミュニティビジネスとしての観光産業には，図8-1のように，中小企業・小規模事業（マイクロビジネス），ベンチャービジネス，農業などの営利型のビジネスと，医療・介護，教育・子育て，環境保全業務のように非営利型のソーシャルビジネスがかかわっている。

　ただし，ソーシャルビジネスそのものも，営利事業発展型と組織存続型の2

図 8-1　コミュニティビジネスとしての観光産業

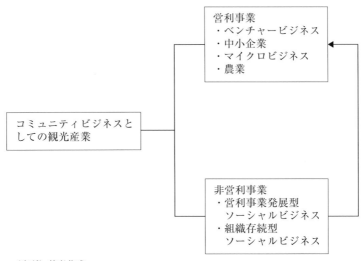

（出所）筆者作成。

つのタイプを有している[5]。営利事業発展型のソーシャルビジネスとは，地域資源を活用して高付加価値の開発を行って販売し，地域コミュニティの形成や雇用創出につながるようなビジネスのことである。たとえば，地域の文化を学習する企画が観光産業の一翼を担うものに育つようなケースは，立ち上げ期こそ補助金や助成金を得るとしても，収益を獲得するビジネスに発展することになる。

　これに対して，組織存続型のソーシャルビジネスは社会的に不利な立場にある人々にサービスを提供するケースや，受益者を特定できない環境問題等に対応するケースを対象とするものである。要するに，受益者から直接対価を得ることが難しいので，補助金，助成金，寄付金を獲得するとともに，有償労働だけでなく，ボランティア等の非営利資源も活用しながら，ビジネスを継続していくことになる。

　しかし，補助金，助成金に頼るよりも自ら収益を獲得しようとの考え方が強

5）　ソーシャルビジネスの型は，経済産業省（2011），4-7ページによる。

まる中で，地域の安全防犯活動，環境保全などの業務に携わる非営利資源獲得型のソーシャル・ビジネスが，少なくとも組織を維持するだけの収入の獲得を目指すようになっている。医療・介護が，高齢者など地域の人々の積極的な協力を得て運営されるような場合には，その可能性は高まる。さらに，医療を兼ねた観光ビジネスであれば，組織の維持費を超えた利益を獲得する可能性も生じる。

　コミュニティを基盤とする観光産業は，共感を有する有志によって運営されるので情報の非対称性が生じる機会が少なく，固定費などの諸経費を低く抑えることになる。さらに，コミュニケーションをとりやすい日々の生活の中では，技術革新の機会も生じやすい。それゆえ，収穫逓増の可能性さえ想定され，収益の拡大が実現すると考えられる[6]。

　収穫逓増の可能性を，Romar（1986）の内生成長モデルが示している[7]。伝統的な経済成長理論は資本（物的資本）だけを想定する一方，技術・知識（無形資本）の効果を軽視していたため，生産の拡大につれて収穫逓減現象が始まることになった。しかし，内生成長モデルは，新しい技術知識が投資効率を高め生産を拡大するだけでなく，他の企業の技術知識を増やしていくスピルオーバー効果に着目する。すなわち，ある企業が開発した知識資本が社会全般に移転し社会全体の知識水準を底上げする結果，企業は自ら開発した知識資本だけでなく，社会全体の知識資本を活用することができる。この知識・技術が，労働力と物的資本の効率的な活用を通じて収穫逓増を可能にする。

　収穫逓増の期間を拡大することで，Romar の考え方を進めたのが，塩澤（1998），Vázquez-Barquero（2010）である。塩澤は費用・収益関数を分析することによって，収穫逓増現象が常に生じる可能性を指摘する。すなわち，短期的には言うまでもなく長期的に見ても，安定した需要が存在する限り，生産規模の拡大につれて生産費用が高騰するようなことは生じない。要するに，収穫逓減

---

6) 収穫逓増の可能性については，岸真清（2014），24-30ページを参照。
7) Romar, P. (1986), pp. 1002-1037.

現象は起こらないと主張する[8]。さらに，Vázquez-Barquero の内生発展アプローチは，地域の制度・社会組織に焦点を当てることによって，内生成長理論を発展させている[9]。

本章がコミュニティビジネスを重視するのは，内生発展アプローチに近い立場にあるからであるが，地域のプレーヤーが政策遂行過程で重要な役割を果たす内生発展は，ボトムアップ型発展と言える。すなわち，事業経営者が自主的に収益と投資意欲を高め，また技術革新を行うことによって，市場での競争力を高めていく。その過程でイノベーションが普及するので，規模に関する収穫逓増的な効果を得ることになる。

内生発展アプローチが強調するように，本稿は地域，コミュニティを基盤として自立的なプレーヤーの協業を重視している。コミュニティビジネスとしての観光産業を重視するのも，市民，住民の積極的な参加を促し，生き甲斐のあるコミュニティ，「場」の形成に貢献することができると考えているからである。コミュニティとは，権利と義務を認識した住民，市民の1人1人を主役とする社会のことであるが，日本政策金融公庫総合研究所のレポートによれば，新たなコミュニティの特徴は，①地域産業の先行きに危機感を持った地元の起業家，地域の有力企業をリタイアした人など多様な人々，さらに域外から新たな発想を持ち込む人など多様な人々が共通した危機感の下で，自主的に参加するオープンな社会，②公共的かつ自立的な精神を持つ参加者が，相互の個性を最大限発揮させながら進化を続ける社会のことである[10]。

収穫逓増の可能性さえ潜在させるコミュニティビジネスとしての観光産業は，労働世代に魅力的な職場を提供するだけでなく，高齢者の働き場所を創出することになる。また，高金融資産保有者である高齢世帯にとって，魅力的な投資対象になり得る。

---

8) 塩澤由典（1998），319–349 ページ。
9) Vázquez-Barquero, A. (2010), pp. 53–79. また若林剛志（2016），40–57 ページを参照。
10) 日本政策金融公庫総合研究所（2011）ウェブ・ページ，113–136 ページ。

3. 都市近郊における農業関連観光産業の役割

　地方創生にとって都市近郊の農業関連観光産業が重要な役割を果たすものと思われる。

　ちなみに，日本の農業所得（全国農家平均）/製造業賃金（常用労働者5人以上平均）は，2005年の32.2％，2010年の34.0％，2014年の30.3％と30％程度の水準に留まっている。同様に，中国の農家家計の1人当たり所得/都市家計の所得も，2005年の34.6％，2010年の28.1％，2014年の36.4％と30％を若干上回る水準にある[11]。

　実際，農家の所得の向上にとって，農業関連観光産業の構築が一助になるものと思われる。農業にも，北海道の米作に代表されるように大規模・産業型の農業と都市近郊の野菜作に代表される小規模・コミュニティ型の農業が存在する。しかし，コミュニティ型の農業であっても，6次産業と呼ばれるように，製造業やサービス産業と連携することによって，地域に密着した発展だけではなく，地域発のグローバル化をも実現するビジネスになりえると考えることができる。たとえば，農業協同組合（農協，JA）が中心になって，一次産品を直接販売するだけでなく，漬物の製造，ハム，ジュース，ジャムなどの加工物を製造することで，付加価値を付けるケースが見られる。さらに，観光農園や滞在型農村観光を行うこともできるであろうし，観光関連の他のビジネスとの相乗効果も期待しえる。

　その事例になると思われるのが，棚田の景観と地元の食材を活用して，温泉を組み込んだ「大山プロジェクト」である[12]。神奈川県の丹沢・日向・糞毛地域は貴重な歴史的資源を有し，また首都圏近郊に位置しながら宿泊客が減少しつつあるが，現状への危機感がプロジェクトの発端となって，大山を対象と

---

11) 日本と中国のデータは，それぞれ，農林水産省（2016）および中国人民共和国統計局（2016）による。
12) 伊勢原市観光協会（2016）ウェブ・ページ，1-3ページ。

した住民主役，地域主導の厚木市，伊勢原市，秦野市間の連携が行われている。

このプロジェクトには，大山観光振興会，小田急電鉄，神奈川中央交通，大山観光電鉄，伊勢原市観光協会，秦野市観光協会，厚木市観光協会，伊勢原市商工会，秦野商工会議所，JA いせはら，JA はだの，産業能率大学，東海大学，神奈川県，伊勢原市，秦野市，厚木市が参加している。神奈川県の実施計画に応じて，厚木市，伊勢原市，秦野市は，それぞれ，地域資源の再発見・再評価，情報発信の強化，観光客受入体制の強化を実施している。

たとえば，秦野市は，首都圏や近隣市町村からの日帰り観光客のニーズに対応した観光魅力の向上，観光資源ネットワークによる周遊・滞在型の促進，産業連携による経済循環の促進，市民参加による観光まちづくりの推進，観光行動を促す効果的な情報提供の推進を重視している。この方針の下，観光資源の魅力向上，プロモーション活動の充実，観光基盤の整備，受け入れ体制の強化策を敷いている[13]。

このうち，①観光資源の魅力を高めるため，表丹沢の保全と利用促進や里山観光を推進する「既存観光資源魅力向上プロジェクト」のほか，秦野盆地湧水群の水質を活用する「湧水プロジェクト」や鶴巻温泉街再活性化構想の推進などの「はだの玄関口プロジェクト」が企画されている。

②プロモーション活動は様々な媒体を通じて観光に関する情報を紹介するものであるが，ウェブ・サイトによる観光情報の充実，フィルムコミッションの拡充，広域共同プロモーションの実施が計画されている。

③観光基盤は小田急線や自家用車を利用する観光客のアクセスを容易にするものであるが，観光ルートの整備，観光案内機能の充実，サイン類の整備，観光パンフレットが企画されている。

④受け入れ体制の強化は観光関係者の意識の向上にかかっているが，市民意識の啓発，市民ガイドの充実，定期的な調査の実施と施策へのフィードバッ

---

13) 秦野市（2012）ウェブ・ページ，31-56 ページ。

ク，防災体制の安全情報の発信が企画されている。

　地方創生に繋がるプロジェクトが，首都圏において，住民を主役として，地方政府，民間企業の協業によって進展しているように思われる。

　他方，中国のケースについて，劉（2013）は遼寧省大連近郊と中山間地域を対象にアンケート調査を実施した結果，都市近郊の農村の方が中山地域農村よりも観光産業成功の可能性が高いことを検証している[14]。アンケート調査の質問項目は，農村生活に関する理解，地域活性化政策，観光開発の可能性などであったが，これらの質問のうち，農業の収入に関しては，近郊地域，中山間地域とも，「農村収入が低く，都市と農村のバランスが必要」というものであった。

　しかし，地域活性化政策のうち「企業家精神の育成」に関する質問への回答において，都市近郊が19％であったのに対して農村部は2％に過ぎなかった。また，「観光開発の方法」に関しては，中山間地域で政府主導型開発が99％，都市近郊では都市と農村住民参加型開発が96％を占めていた。さらに，「観光による収入の増加」に関しては，都市近郊で19％，中山間地域で46％を占め，中山間地域の住民が観光開発による収入の増加をより期待していると言える。

　上述のように，中山間地域は農村資源に恵まれ，観光開発への期待が高いものの，都市住民に比べて，住民の参加意欲が消極的なことがわかる。したがって，中山間地域の観光開発にとって，農業生産力の増強を土台とした住民の意識の向上が先決になる。

14）　アンケート実施地区として，総人口8,561人，2,994戸の大連近郊の柳樹村・劉家村・岔鞍村・堂梨村，中山間地域の人口3,000人，800戸の建昌県湯土村8地区が選ばれた。前者は，近代化の進展にしたがって農村資源が減少しつつある。これに対して，後者は，経済発展は遅れているが農業が主要な産業で豊かな農村資源や固有の伝統文化が現存している。劉欄芳（2013），69-74ページ。

4. 農村地域の資金循環

都市近郊における観光産業に期待をかけるとしても，資金調達が不可避である。資金チャンネルの整備が課題となるが，その実現可能性を考察するため，コミュニティビジネスとしての観光産業（地域密着・発信型観光産業）とのかかわりが最も深いと思われる日本の農業協同組合の残高試算表と中国の農村信用社のバランスシートを参考にして，農村地域の資金の流れを考察してみよう。

4-1 農業協同組合

2005年度，2010年度，2015年度の農業協同組合（農協）の残高試算表を単純化したのが，表8-2および表8-3である。各地域を基盤とする農協は，信用事業，購買・販売事業，共済事業などを行っているが，信用事業が主になっている。同表によれば，2015年度（2016年3月末）時点の農協の資金調達残高は97兆2,680兆円であったが，その99％が貯金の95兆9,587億円であった。この調達額のうち，70兆2,060億円が系統預け金として信農連に預けられ，22兆2,529億円が貸出金に当てられている。

同表と農林中央金庫の『農林漁業金融統計』および『農林金融』のデータから，10年間の趨勢を，以下のように捉えることができる。

1）2016年3月末の農協の貸出金残高22兆2,529億円は，農林中金の16兆9,329億円，信農連の6兆7,719億円よりはるかに多い。また，貸出残高に占める農業関連向け貸出比率も信農連と同様5.6％であり，農林中金の2.9％より高いだけでなく，農林業に対する国内銀行勘定0.1％，信用金庫の0.2％など，他業態に比べても高い。

しかし，2015年12月末時点の農協の貯貸率は21.4％に過ぎなかった。同時点の信用金庫の預貸率の49.5％また地方銀行の74.8％と比べても低いが，自らの2005年の25.8％，2010年の25.9％に比べても低下している。すなわち，2005年から2015年にかけて，定期預金・積金を中心にした貯蓄が年平均で

表 8-2　農業協同組合・残高試算表（借方）

(単位　百万円)

	2005 年度	2010 年度	2015 年度
現金	371,186	379,322	423,921
預け金	54,106,916	58,203,482	70,446,532
系統預け金	53,888,639	57,938,261	70,206,052
系統外預け金	218,277	265,221	240,480
有価証券・金銭の信託	4,759,327	5,059,922	4,163,045
国債	1,995,060	1,806,704	1,698,844
地方債	648,329	995,672	1,102,666
金融債	773,209	1,127,892	194,367
株式	27,915	18,774	18,053
金銭の信託	13,200	7,810	10,743
社債・その他	1,301,614	1,103070	1,138,372
貸出金	21,318,550	28,781,524	22,252,885
貸倒引当金等	△262,373	△5,095,280	△18,352
小計	80,293,606	87,328,970	97,268,031
経済受取勘定	573,644	550,619	525,741
経済受託債権	346,207	278,060	372,931
固定資産	3,713,652	3,437,956	3,213,007
外部出資	1,968,885	2,777,201	3,669,509
本支所勘定	3,982,411	3,840,528	4,635,375
その他	1,049,124	791,874	938,081
小計	11,633,923	11,676,238	13,354,644
費用	5,153,500	4,678,482	4,373,499
借方（資産）	97,081,029	103,683,640	114,996,174

(出所)『農林漁業金融統計』各年次版より抜粋，作成。

2.0% 増加したのに対して，貸出の増加率が 0.4% に留まったことによる。

2）収益資産の主な金融商品は，預け金，貸出金，有価証券・金銭の信託である。そのうち，2005 年度から 2015 年度にかけて，預け金はかなり増加（10年間で，2.7% の平均増加率）したが，貸出は伸び悩んでいる。また，例外的に地方債の伸びが目立つものの，有価証券・金銭信託保有も減少している。外部出資は増加しているが，貸出と証券投資をカバーする規模ではない。

また，同期間の信用事業の伸び悩みに加えて，経済事業も伸び悩んでいる。ちなみに，経済受取勘定が減少しただけでなく，純受取額（経済支払勘定との差額）も減少している。同様に，純経済受託債権（経済受託債務との差額）も減少するなど，購買・販売事業の停滞を示唆している。

表 8-3　農業協同組合・残高試算表（貸方）

(単位　百万円)

	2005 年度	2010 年度	2015 年度
貯金	78,865,304	85,685,037	95,761,205
当座貯金	96,595	92,824	116,479
普通預金	23,399,297	25,396,611	30,351,540
定期預金	51,367,965	56,972,429	62,373,743
定期積金	2,928,670	2,469,275	2,258,228
その他預金	1,072,777	753,898	661,215
譲渡性預金	43,257	133,153	157,528
信用・共済借入金	486,006	428,918	394,843
信用・共済雑負債	242,830	204,785	264,637
共済資金	261,430	309,540	419,490
その他	135,243	221,093	141,749
小計	80,034,070	86,982,526	97,139,452
経済支払勘定	365,360	349,132,	333,765
経済受託債務	281,102	229,343	326,896
諸引当金	1,176,816	1,019,412	838,255
払込済出資金	1,537,693	1,549,197	1,566,641
剰余金	3,692,442	3,956,457	4,673,136
本支所勘定	3,987,210	3,831,315	4,627,903
雑負債等	726,402	890,094	957,954
小計	11,767,025	11,824,950	13,324,550
収益	5,279,934	4,876,164	4,532,172
貸方（負債・純資産）	97,081,029	103,683,640	114,996,174

（出所）表 8-2 に同じ。

3）費用が減少したのにもかかわらず，貸出と証券投資が伸び悩んだため，収益は減少している。その背景になったのが，農業部門の需要の弱さと農協→農信連→農林中金という一方通行的な系統金融であると考えられる。この状況の改善にとって，農業生産力の強化とともに系統金融システムの改革が不可避になるが，その一案が観光産業との連携を通じた農村地域のコミュニティの活性化と思われる。

4-2　農村信用社

　農村信用社は中国の金融機関の中で，中国農業銀行と並んで重要な農業金融を担っている。中国農業銀行が都市的な体質を有しているのに比べ，1990 年代半ばに中国農業銀行から分離した農村信用社は協同組合的，地域密着型の体

質を有し，市場ベースでの経営が難しい零細な資金需要に応える目的を持っている。それだけに，農村信用社は厳しい経営を続けている。この状況を打開するため，2003年に「農村信用社改革を深化させる実施案」が策定された。

　骨子は，中央政府の直接的なコントロールから省レベルのものに変更することにあった。すなわち，農村信用社の協同組合としての役割を弱め，商業ベースでの経営の強化を目的として，農村商業銀行，県連合会（農村信用社を含む），農村合作銀行によって構成される農村信用社組織に編成されることになった。しかし，それにもかかわらず，小口融資が十分に改善されることはなかった。そこで，2006年に，銀監会が地域密着型の中小金融機関の設立を促進する方針を示すことになった。この新設金融機関の農村金融進出を促す措置を通じて，村鎮銀行，貸出会社（ノンバンク），農村資金互助会が設立されることになった。

　しかし，現存の商業銀行の参加を条件としていたので，これら新型農村金融機関の参入は依然として厳しい状況下に置かれた。その打開策として，2008年に「少額貸出会社の施行に関するガイドライン」が銀監会と中国人民銀行によって発表され，省政府が監督責任を持つことを条件として，少額貸出会社の設立が認可されることになった。[15]。

　当時から今日に至るまでの農業信用社の行動を，表8-4によって確かめることができる。

　資産欄は，準備資産である中央銀行預け金と収益資産である非金融機関債権（対企業貸出）を中心に構成されている。他方，負債欄は，家計貯蓄と企業の要求払い預金を中心に構成されているが，バランスシートから次の特徴がわかる。

　1) 2005年末から2015年末までの10年間の資産（負債および純資産）の平均増加率は10.5% であった。農協のそれが1.7% にすぎなかったのと異なって，高い増加率を示している。

---

15) 農村信用社を中心にした農村金融改革については，阮蔚（2008），21-26ページ，韓俊（2008），10-13ページ，王雷軒（2014），40-42ページを参照。

表 8-4　農村信用社のバランスシート

(単位　億元)

	2005	2010	2015
対外資産	15（　0.0）	2（　0.0）	3（　0.0）
準備資産	4,780（ 15.1）	10,191（ 16.8）	14,570（ 17.0）
中央銀行預け金	4,314（ 13.6）	9,475（ 15.7）	13,846（ 16.1）
現金	466（　1.5）	717（　1.2）	723（　0.8）
政府預金	1,020（　3.2）	743（　1.2）	1,217（　1.4）
中央銀行預金	32（　0.1）	129（　0.2）	5（　0.0）
対預金性金融機関債権	3,373（ 10.6）	8,353（ 13.9）	19,771（ 23.0）
対非預金性金融機関債権	116（　0.4）	1,164（　1.9）	2,710（　3.2）
対非金融機関債権	18,552（ 58.4）	17,512（ 29.1）	22,692（ 26.4）
対居住者債権	457（　1.4）	18,505（ 30.7）	20,729（ 24.1）
その他資産	3,411（ 10.7）	3,608（　6.0）	4,249（　4.9）
資産	31,754（100.0）	60,206（100.0）	85,946（100.0）
対非金融機関および家計	27,698（ 87.2）	50,564（ 84.0）	63,807（ 74.2）
企業要求払預金	4,436（ 14.0）	10,083（ 16.7）	9,916（ 11.5）
企業定期預金	1,462（　4.6）	2,030（　3.4）	2,559（　3.0）
家計貯蓄	21,747（ 68.5）	38,388（ 63.8）	51,155（ 59.5）
非ブロードマネー等	531（　0.2）	63（　01）	177（　0.3）
対中央銀行負債	640（　2.0）	781（　1.3）	1,072（　1.2）
対預金性金融機関負債	846（　2.7）	2,403（　4.0）	7,909（　9.2）
その他金融機関負債	66（　0.2）	205（　0.3）	508（　0.6）
債券発行	0（　0.0）	0（　0.0）	18（　0.0）
払込資本	1,718（　5.4）	2,152（　3.6）	2,566（　3.0）
その他負債	787（　2.5）	4,101（　6.8）	10,066（11.7）
負債および純資産	31,754（100.0）	60,206（100.0）	85,946（100.0）

(注) 括弧内の数字は，資産，負債および純資産に占めるシェア（％）。
(出所)『中国人民銀行統計季報』各年次版より抜粋，作成。

2）家計の貯蓄と企業要求払預金を中心にした預金が，主に企業，居住者，預金性金融機関に貸出されている。仮に家計の貯蓄と居住者貸出を基準にした預貸率を見てみても，2005年には2.1％に過ぎなかったのが，2010年の48.2％，2015年の40.5％と急拡大している。居住者債権には，家計への貸出だけでなく，マイロクロビジネスやコミュニティビジネスへの貸出が増加したものと推測できる。貸出が活発なことも，農協と異なっている。

3）債券が発行されるようになったことから，農村信用社の自主性が改善されたものと推測できる。さらに，預金性金融機関負債が増加したことから，金融機関間の取引の強化や農村信用社の成長を類推できる。

4）準備資産も年平均増加率12.4％という急増を示しているが，農協の平均

増加率も11.8％なので，高水準の増加という点で共通している。資産に占める準備金のシェアは，農協が72.4％（2015年度）であったのに対して農村信用社のそれは17.0％（2015年）と小さい。また，農協の場合，その99.7％が農信連への預け金（系統預け金）であったのと異なって，農村信用社は95.0％（2015年末）が中央銀行預け金であった。農村信用社は政府預金を行っていることから，農協に比べて積極的な経営を行う反面，中央政府および関連機関のコントロールを受けやすい体質と思われる。

5. 住民参加型金融システムの構築

農協にしても農業信用社にしても制約を受けてはいるが，市場メカニズムと地域経済を重視しつつあることでは共通している。しかし，両国とも，コミュニティビジネスとしての観光産業の資金調達が満たされているわけではない。ただし，日本の場合，「官」の中では地方政府の役割，「民」の中では市民の参加意識が高まりつつあるのに比べて，中国においては地方政府の財政の悪化とコミュニティ形成の遅れが影を落としている。

5-1 中央・地方政府と地域金融機関および住民との連携

日本の観光業の資金調達にとって，政府の出資を中心にした官民ファンドが呼び水的な役割を果たすものと思われる。官民ファンドのうち，地域活性化，観光産業に大きな影響を与えると思われるのが，地域経済活性化支援機構（REVIC）のファンドである。2012年に設立された52億円の活性化ファンド業務には[16]，全国型のファンドと地域別のファンドがある。

全国型ファンドの1つである観光産業支援ファンドは，日本政策投資銀行がREVICおよびリサ・パートナーズと共同して2014年4月に組成された総額13億円の観光特化型のファンドである。その目的は，観光産業への投融資を通

---

16) 内閣府地域経済活性化支援機構担当室（2013）ウェブ・ページ，2-16ページ。

じ，地域活性化の新たなモデルを創出することにある。また，地域限定の子ファンドへの出資および観光拠点運営・交通・情報発信・飲食・宿泊を含む観光関連事業者などへの幅広い直接的投融資を通じて，地域経済の活性化に資する観光事業の発展を支援している。

　同様に官民ファンドではあるが，地域金融機関を軸として民間資金を誘引するのが，地域別活性化ファンドである。たとえば，八十二銀行が，REVICとの合意の下，長野県内に本店を置く多くの金融機関の賛同，出資を受けて2015年3月に設立したのが，ALL信州観光活性化投資事業有限責任組合のファンドである。きっかけは，訪日外国人に"SNOW MONKEY"として著名な湯田中・渋温泉郷や志賀高原を有しながら，空き店舗などの発生，さびれた街並み，地域の担い手の不足，地域連携に悩んでいた山ノ内町において，町出身の若手によって運営・推進されている観光まちづくり会社「(株)WAKUEAKUやまのうち」の支援にあった。

　さらに，住民参加型公募地方債（住民公募債（ミニ公募債））のように，地方自治体への直接的な参加も実現している[17]。住民公募債は個人消化と地方自治体の資金調達手段の多様化，そして住民の行政への参加意識の高揚を目的として，全国型市場公募債（個別発行債），共同発行債（共同債）とともに，市場公募債の一翼を担っている。たとえば，2016年9月に石川県が「ほっと石川観光プラン推進ファンド」の資金調達（能登・加賀・金沢の各地域での魅力づくり，国内誘客に向けたプロモーション活動，海外誘客の促進などの取り組みに活用）を目的にした「石川県平成28年度第14回公募公債」（ほっと石川観光応援債）を発行している。

　中央政府と地域金融機関との連携，地方公募債への住民の参加が行われている日本と比べて，中国の観光産業は依然として中央政府主導型の産業であると言えよう。1980年代以降，市場メカニズムを導入し，経済成長を主要目標とする経済政策の下で，観光産業によって外貨獲得を目指す観光開発が中央政府

---

[17] 地方債協会ウェブ・ページ（2016）。

によって遂行されてきた。2013年に中華人民共和国旅行法が公布され，旅行者と旅行業者の権利と利益が保証されることになったが，実際には，政府によるコントロールが続いた。

　日本と異なって，中央政府と民間金融機関さらに住民との連携も，また地方政府と住民との連携も目立っていない。その一因になっているのが地方財政事情である。2015年に地方債発行が承認されたように，日本以上に地方財政は厳しい。中国人民共和国統計局の『統計年鑑』によれば，2015年12月末の地方政府の歳入は8兆3,002億元と，中央政府の国家地方政府6兆9,267億元を上回っている。しかし，同年の歳出は，中央政府の2兆5542億元に対してはるかに多い15兆336億元であった。つまり，地方政府は国家歳入の54.5％を占めているが，歳出の85.5％を負担していることになる。総務省編『地方財政白書』によれば，日本の場合，2015年3月末の地方政府の歳入が49.4％，歳出の49.9％であったのと比べて，地方政府の負担が重いことがわかる。

5-2　住民，市民主役の金融システム

　観光産業振興に対する地域金融機関や地方自治体の役割が高まっているように，住民公募債に限らず，民間，市民主役の資金調達の方法が重みを増すものと考えられる。

　日本においては，市民・住民の資金をコミュニティビジネスとしての観光産業に仲介する役割は，NPO，NGO，金融機関，特に地方銀行と信用金庫，農業協同組合など地域密着型の金融機関と地元企業が務めている。仲介は間接金融型と直接金融型の2つのタイプが存在している。

　間接金融型の場合，NPOの役割が高まるものと思われるが，NPO自身は資金を集めることが認められていないため，NPOバンクが仲介することになる。地域の市民事業に資金を供給するしくみとして，20～30代の若者によって運営されるコミュニティ・ユース・バンクmomoが2005年に設立されたのが，その一例である。momoは2007年に，グリーンツーリズム事業を行う「NPO法人こうじびら山の家」（事業拠点は岐阜県郡上市）に，つなぎ融資を行ってい

る[18]。

　次に，直接金融タイプのコミュニティ・ファンドも，特に小規模な観光産業によって活用されるものと思われる。コミュニティ・ファンドとは株式を取得することなく，地域社会に金融サービスを供給するコミュニティ投資のことである[19]。たとえば，非営利会社の秋葉原タウンマネジメント（株）は，観光促進・産業創出事業のほか，美観推進事業，交通治安維持事業，施設・地区整備事業を行っている。すなわち，秋葉原地域の清掃とパトロールを実施するほか，世界への情報発信を行うタウンメディア・観光事業として，広告サービスなどを行っている。広告事業が主な収入源であるが，NPO法人と異なって，株主として，会社との連携や監視が可能になる。

　中国のコミュニティビジネスはフォーマル金融からの資金調達が限られるだけに，インフォーマル金融が重要な役割を果たすことになる[20]。というのも，日本以上に間接金融が圧倒的な中国において，NPO・NPOバンクが仲介する間接金融システムが機能していないこと，加えて，インフォーマル金融を代替する資本市場からの資金調達も厳しいことによる。

　もともと国有企業の資金調達の場であった債券市場は，大企業の企業債，会社債，コマーシャルペーパーの発行を認めてきたのに対して，コミュニティビジネスの社債発行には厳しかった。例外的に，2007年に中小企業集合債，2009年に中小企業集合手形の発行が認められただけであった。

18）馬場英明・木村真樹・萩江大輔・中山学・三村聡（2010）ウェブ・ページ，94-106ページ。
19）直接金融タイプのコミュニティ・ファンドには，匿名組合契約，疑似私募債，非営利株式会社の3つのタイプが見られる。三菱リサーチ＆コンサルティング株式会社（2009）ウェブ・ページ，67-72ページ。
20）たとえば，寧波市，台州市，紹興市など浙江省7都市で実施されたアンケート調査によれば，中小企業の資金調達は，銀行借入15％，小規模金融7％，農村信用社6％と金融機関全体で3割弱に過ぎないのに対して，高利貸などの民間金融29％，資金調達の実績なし22％，親戚・友人といわゆるインフォーマル金融が7割に上っている。川村雄介監修・著（2013），102-103ページ。また，インフォーマル金融が発展した温州の「福元運通」のモデルについては，范立君（2013），164-166ページおよび How, H. (2013), pp. 102-107 を参照。

コミュニティビジネスにとって，株式市場の活用はより厳しかった。株式市場はインフォーマル金融の一形態である民間集資の証明書としてスタートしたが，株式市場の整備を目的として，1990年に上海証券取引所，翌年に深圳証券取引所が開設されるとともに，非上場株も広東，福健，海南3省に限定して公開発行されることになった[21]。その後，1993年頃から地方経済の発展および証券取引関連の税収の増加を目的とした店頭市場が乱立して，混乱を招いた。店頭市場の改革に迫られた中国証券監督管理委員会が，2001年に株式譲渡代行システム（老三板市場）を認可，さらに2006年に高度な新技術産業の育成を目指すなど新三板市場を設立した。

しかし，新三板市場などの証券市場が都市近郊農村部の観光産業に活用されるようになるためには，時間を要するものと思われる。したがって，中国の間接金融型システムから見て，インフォーマル金融のフォーマル化の実現性が高いと考えられる[22]。農業信用社などのフォーマル金融機関と少額貸出業者のようなインフォーマル金融機関の協業はすでに進行しているが，少額貸出業者のフォーマル金融機関化が農村金融，地域密着・発信型観光産業の資金調達を円滑にするはずである。

おわりに

地域密着・発信型，コミュニティビジネスとしての観光産業の伸長は，コミュニテイの自立的な行動が鍵を握るものと思われる。本章は，その可能性を日本の地域社会と中国の都市および近郊のコミュニティに求めた。日本の場合，住民，市民主役のコミュニティを基盤とする観光産業の立ち上げと運営さらに資金調達に対する市民参加の実例が多くなっている。

---

21) 陳玉雄（2010），184-189ページを参照。また，中小企業向けの株式市場については，Fung, Hung-gay and Liu, Qingfeng 'Wilson' (2007), pp. 96-114を参照。
22) インフォーマル金融の型と機能については，岸真清（2015），175-181ページを参照。

他方,中国においても,温州の民間金融や「社区」のように都市でのコミュニティが形成また形成されつつあるものの,日本と異なって,農村部でのコミュニテイの形成が遅れている。そこで,まず,都市近郊,次いで,農村部でのコミュニテイの形成が期待されることになる。そのためには,土地所有制度の改善を通じて農業などコミュニティビジネスの生産意欲とコミュニティ形成意欲を高める必要性が生じる。また,地方政府の財政負担の軽減が必要になろうし,NPO など市民団体の育成も考慮されることになろう。

しかし,両国のさらなる観光産業の伸長にとって,住民・市民と中央・地方政府の連携がポイントになるだけに,仲介者としての農業協同組合や農村信用社など地域金融機関の経営効率を高める市場メカニズムの重視と地方分権化が不可欠と思われる。

参 考 文 献

Fung, Hung-gay and Liu, Qingfeng 'Wilson' (2007), "The small -and medium-enterprise stock market," in Chan, K. C., Fung, Hung-Gay and Liu, Qingfeng 'Wilson' (eds.), *China's Capital Markets : Challenges from WTO Membership,* Massachusetts, Edward Elgar Publishing.

How, H. (2013) *Community Capitalism in China : The State, the Market and Collectivism,* Cambridge, Cambridge University Press.

Romar, P. (1986), "Increasing Returns and Long-Run Growth," *Journal of Political Economy,* Vol. 94.No. 5.

Vázquez-Barquero, A. (2010) *The New Forces of Development : Territorial Policy for Endogenous Development,* Singapore, World Scientific Publishing.

王雷軒(2014)「中国の農村信用社連合組織の構造と機能」農林中央金庫『農林金融』第 67 巻第 2 号(2 月)。

川村雄介監修・著(2013)『最新 中国金融・資本市場』金融財政事情研究会。

岸真清(2014)『共助社会の金融システム―生活者と投資家の視点―』文真堂。

― (2015)「中国の中小企業と金融システム」『中央大学経済研究所年報』第 46 号。

国土交通省観光庁(2013)『観光白書』平成 25 年版。

国土交通省観光庁(2016)『観光白書』平成 28 年版。

塩澤由典(1998)『複雑系経済学入門』社会経済生産性本部。

総務省編『地方財政白書』各年次版。

中国人民共和国統計局『中国統計年鑑』各年次版。

中国人民銀行『中国人民銀行統計季報』各年次版。

陳玉雄(2010)『中国のインフォーマル金融と市場化』麗澤大学出版会。

農林水産省（2016）『食料・農業・農村白書委　参考統計表』。
農林中央金庫『農林漁業金融統計』各年次版。
農林中金総合研究所編『農林金融』各年次版。
韓俊（2008）「中国農村信用社改革の評価と農村金融改革の課題」農林中央金庫『農林金融』第61巻第4号（4月）。
范立君（2013）『現代中国の中小企業金融―中国型リレーションシップ・レンディングの展開の実情と課題―』時潮社。
阮蔚（2008）「中国農村金融自由化の背景と可能性」農林中央金庫『農林金融』第61巻第4号（4月）。
若林剛志（2016）「内発的発展論からみる農村の広域地域組織」農林中金総合研究所『農林金融』第69巻第12号（12月）。
伊勢原市観光協会（2016）ウェブ・ページ「平成大山講プロジェクト」
　（http://www.isehara-kanko.com/publics/index/151/&anchor_link=page 151_723）。
経済産業省（2011）ウェブ・ページ「ソーシャル・ビジネス推進研究会報告書　平成22年度地域新成長産業創出促進事業」（http://www.meti.go.jp/policy/local_economy/sbcb/sb%20 suishin%20 kenkyukai/sb%suishin%20 kenkyukai%20 hokokusho.pdf）。
国土交通省観光庁（2016）ウェブ・ページ「明日の日本を支える観光ビジョン　施策集」（http://www.mlit.go.jp/common/001126598.pdf）。
地方債協会（2016）ウェブ・ページ「住民参加型市場公募地方債」（http://www.chihousai.or.jp/03/03_03_16.html）。
中国国家観光局ウェブ・ページ（http://www.cnta-osaka.jp/data/visitors/?year=2014）。
内閣府地域経済活性化支援機構担当室（2013）ウェブ・ページ「地域経済活性化支援機構について」（http://www.cas.jp/jp/seisaku/fund/dai 1/siryou 4.pdf）。
日本政策金融公庫総合研究所（2011）ウェブ・ページ「地域産業再生のための「新たなコミュニティ」の生成」（http://www.jfc.go.jp/n/findings/pdf/soukenrepo_11_10_24.pdf）。
秦野市（2012）ウェブ・ページ「秦野市振興基本計画」（https://www.city.hadano.kanagawa.jp/kanko/documents/keikaku.pdf）。
馬場英明・木村真樹・萩江大輔・中山学・三村聡（2010）ウェブ・ページ「コミュニティ・ユース・バンクmomoの挑戦―市民活動を支えるNPOバンク―」
　（http://www.baba-hi 72.up.seesaa.net/image/Hieiri_Vol 12_baba_kimra_etc.pdf）。
韓　魯安（2008）ウェブ・ページ「中国観光産業の課題と持続可能な観光への若干の展望」（http://www.depace.lib.kanazawa-u.ac.jp/dspace/bitstream/2297/9840/1/AA 12162559-15-han_luaa.pdf）。
三菱リサーチ＆コンサルティング株式会社（2009）ウェブ・ページ「平成20年度コミュニティ・ファンド等を活用した環境保全運動の促進に係る調査検討業務報告書」（http://www.env.go.jp/policy/community_fund/pdf/houkokusyo3.pdf）。
劉欄芳（2013）ウェブ・ページ「中国都市近郊及び中山間地域住民の農村観光振興に対する意識の比較分析―遼寧省における大連市及び建昌県を事例として―」『日本国際観光学会論文集』第20号（http://www.jafit.jp/thesis/pdf/13_10.pdf）。

第 9 章

インドにおける家計消費支出の地域格差：その実態と要因[*]

林　光　洋

はじめに

　中国は，1970年代末から改革・開放政策の導入を開始し，市場経済化を通じて急速な経済発展を遂げてきた。その一方で，高成長にともなうさまざまな歪みも経験してきた。秋田・川村（2001年）によれば，中国では，1980年代以降，東部沿海地域と西部・中部の内陸地域の間の所得格差が拡大すると同時に，成長スピードの速かった広東省や江蘇省の省内格差も目立つようになった。このような地域所得格差は，中国の持続的な経済成長にとっての大きな障害であり，解決すべき最重要課題の1つといえよう。

　中国に遅れること10数年，1990年代に入ってから経済改革に手をつけ始めたインドは，以降，経済成長の足を速めるようになった。実際に，インドは，2000年から2012年までの12年間，年平均7.2％のGNI（国民総所得）成長率，年平均5.5％の1人当たりGNI成長率を記録し，目覚ましい経済成長を遂げている。経済成長の速度がアップすれば，中国と同様，空間的な経済格差の問題が顕在化してくる[1]。Sen and Himanshu（2005年）は，経済改革実施以降の1990

---

[*]　本研究は，日本学術振興会の科学研究費補助金（26380317および17K03714）により実施した。ここに記して謝意を表したい。

[1]　Mukhopadhaya et al.（2011年）やPal and Ghosh（2007年）は，既存の研究結果にもと

年代、インドの上位20%の所得者層は、追い風を受けて消費支出を大きく増加させた一方、下位80%の所得者層は、自由化の波に乗れず、消費支出を十分に伸ばせなかったと指摘している。彼らは、家計消費支出の、特に、都市・農村間で生じた格差が拡大したことを強調している。

Cain *et al.*（2008年）は、1983年、1993年、2004年の3時点で、インドの格差と貧困を観察した。彼らの研究結果によれば、1983年から1993年にかけての間は、消費支出面からみた格差は変化が小さく安定していたが、1993年から2004年にかけての間は、格差が拡大している。都市部の格差拡大が顕著であり、その背景には、専門性の高い職業、技術力の必要な職業、マネジメント力の求められる職業の需要が都市部で大きくなり、高学歴かつそのようなニーズに応えられる人たちが高所得/高消費支出を謳歌し、そうでない人たちとの差が開いたという事情があると分析している。

本稿の目的は、人口規模の大きい大国であり、高成長を遂げつつあるインドを研究対象国に据え、同国の家計消費支出の地域格差の実態を描き出し、その地域格差が生じる要因を明らかにすることである[2]。具体的には、1999/2000年と2011/12年の2時点における全国規模の家計調査データを使用し、時間と場所の価格調整を行なったうえで、消費支出の地域格差をタイル尺度により測定する。インドにおける世帯1人当たり消費支出の地域格差が、地域内（都市・農村内）格差によるものなのか、地域間（都市・農村間）格差によるものなのかを、タイル尺度の要因分解の手法を用いて分析する。さらに、地域内格差と地域間格差に対して、教育や社会階層（指定カースト、指定部族等）などの世帯の属性が影響しているのかどうかについて、タイル尺度およびBlinder-Oaxacaの手法を使用して、それらの属性で要因分解を行なって検証していく。

インドは、中国と同様、人口規模が大きいことに加えて、国土面積も広く、30を超える州や連邦直轄地が存在している（図9-1参照）。本研究は、空間的な格

づいて、インドの格差の状況を簡潔に要約している。
2) 著者は、Hayashi *et al.*（2014年）の中で、共通する目的を持ち、類似する枠組みや手法を用いて、インドネシアを対象に研究を実施している。

第9章 インドにおける家計消費支出の地域格差:その実態と要因　203

図9-1　インド概略地図

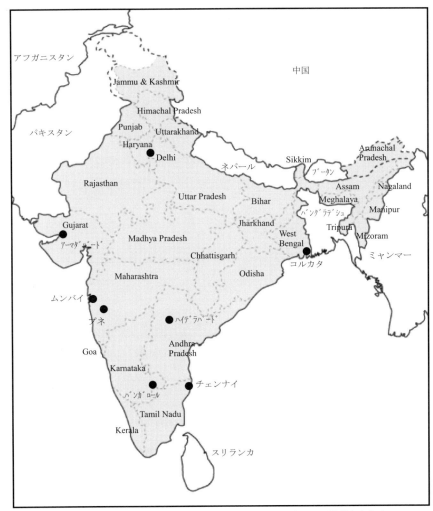

(注) インドには国境が確定していない地域もあり，ここでは便宜的に国境線を書き入れている。デリー首都圏を除く連邦直轄地の名称は記載していない。また，アンダマン・ニコバル諸島，ラクシャドウィープ諸島等島嶼部は地図に載せていない。

差に注目しているため，インド国内を経済的，社会的，地理的に意味のある適当なまとまりで地域分類して，家計消費支出の格差の実態を観察し，分析していく必要がある。インドの場合，中国のように共通した地域区分が必ずしも存

在していないようだったので,インド政府が地域開発のための調整組織として設立した 6 か所の地域協議会の区割りを本研究の地域区分として使用している(表 9-1 参照)[3]。

この章は,以下のように構成されている。「はじめに」に続く第 1 節では本研究で使用する家計調査データと分析手法を紹介し,第 2 節では家計消費支出の地域格差の実態や特徴をタイル尺度を用いて描出する。第 3 節ではタイル尺度を使って都市部と農村部それぞれの中の家計消費支出格差を,第 4 節では Blinder-Oaxaca 手法を使って都市・農村間の家計消費支出格差を,教育水準や社会階層をはじめとする世帯の属性で要因分解して,地域格差を生んでいる要因の解明に迫る。「おわりに」では,本稿の分析結果を要約し,そこから得られたインプリケーションを述べる。

1. データと分析方法

本研究は,インドにおける人々の経済的厚生の空間的な格差を分析するために,同国統計・計画実施省(Ministry of Statistics and Programme Implementation)のもとにある全国標本調査局(National Sample Survey Office : NSSO)によって収集・編集された全国標本調査(National Sample Survey : NSS,以下 NSS)の家計消費支出データを使用している[4]。具体的には,1999/2000 年に実施された第 55 回 NSS と 2011/12 年に実施された第 68 回 NSS のデータを用いている。前者は約 120,000 世帯を,後者は約 102,000 世帯を調査対象とし,ともに,そのうちの約 40% が都市部の,60% が農村部のサンプルである。サンプリング・ウェイトを使って都市部の世帯割合を計算すると,1999/2000 年は 27% に,2011/12

---

[3] 6 つの地域協議会とは,1) Northern Zonal Council, 2) Central Zonal Council, 3) Eastern Zonal Council, 4) Western Zonal Council, 5) Southern Zonal Council, 6) North Eastern Council である。それら地域協議会の目的,役割,活動等については,インド内務省のホームページ(http : //mha.nic.in/zonal_council)を参照のこと。なお,Lakshmana(2013 年)もまったく同じ地域区分を使用している。

[4] NSS の歴史,実施方法,問題点等については,Mukhopadhaya *et al.*(2011 年)や辻田(2006 年)が詳しい。

表 9-1　インドの州名と地域分類

地域名および州・連邦直轄地名
北部地域
1　Haryana
2　Himachal Pradesh
3　Jammu & Kashmir
4　Punjab
5　Rajasthan
6　Delhi
7　Chandigarh
中央部地域
8　Madhya Pradesh（Chhattisgarhを含む）
9　Uttar Pradesh（Uttarakhandを含む）
東部地域
10　Bihar（Jharkhandを含む）
11　Odisha (Orissa)
12　West Bengal
西部地域
13　Goa
14　Gujarat
15　Maharashtra
16　Daman & Diu
17　Dadra & Nagar Haveli
南部地域
18　Andhra Pradesh
19　Karnataka
20　Kerala
21　Tamil Nadu
22　Puducherry (Pondicherry)
23　A & N Island
24　Lakshadweep
北東部地域
25　Assam
26　Arunachal Pradesh
27　Manipur
28　Tripura
29　Mizoram
30　Meghalaya
31　Nagaland
32　Sikkim

（注）　6つの地域協議会（zonal councils/council）の地域割りにならって地域区分を行なった。
（出所）　Planning Commision, 2014.

表 9-2 インドにおける地域・グループ別の1人当たり平均消費支出および世帯数と消費支出の割合

	1999/2000 年			2011/12 年		
	1人当たり消費支出[1]	世帯数割合%[2]	消費支出割合%[3]	1人当たり消費支出[1]	世帯数割合%[2]	消費支出割合%[3]
地域						
北部	1,989	11.6	14.0	2,606	12.1	13.8
中央部	1,511	23.0	21.0	1,970	22.3	19.2
東部	1,344	21.3	17.3	1,870	21.6	17.6
西部	1,806	15.1	16.6	2,507	15.3	16.8
南部	1,818	25.8	28.5	2,719	25.3	30.0
北東部	1,326	3.2	2.6	1,738	3.4	2.6
全国	1,649	100.0	100.0	2,290	100.0	100.0
地域/都市・農村						
北部						
都市	2,524	33.6	42.6	3,364	36.3	46.8
農村	1,718	66.4	57.4	2,175	63.7	53.2
北部	1,989	100.0	100.0	2,606	100.0	100.0
中央部						
都市	1,995	22.4	29.6	2,844	24.1	34.8
農村	1,371	77.6	70.4	1,693	75.9	65.2
中央部	1,511	100.0	100.0	1,970	100.0	100.0
東部						
都市	1,946	18.7	27.0	2,934	19.9	31.2
農村	1,206	81.3	73.0	1,607	80.1	68.8
東部	1,344	100.0	100.0	1,870	100.0	100.0
西部						
都市	2,364	37.9	49.6	3,231	46.2	59.6
農村	1,466	62.1	50.4	1,884	53.8	40.4
西部	1,806	100.0	100.0	2,507	100.0	100.0
南部						
都市	2,323	30.9	39.4	3,478	37.8	48.4
農村	1,592	69.1	60.6	2,257	62.2	51.6
南部	1,818	100.0	100.0	2,719	100.0	100.0
北東部						
都市	1,920	15.2	22.0	2,514	16.4	23.7
農村	1,219	84.8	78.0	1,586	83.6	76.3
北東部	1,326	100.0	100.0	1,738	100.0	100.0
都市・農村（全国）						
都市	2,236	27.2	36.9	3,205	31.3	43.8
農村	1,430	72.8	63.1	1,873	68.7	56.2
全国	1,649	100.0	100.0	2,290	100.0	100.0
都市・農村/教育水準						
都市						
初等教育なし	1,524	31.6	21.6	1,890	23.7	14.0
初等教育	1,764	11.6	9.1	2,261	10.8	7.6
前期中等教育	1,897	14.2	12.0	2,469	14.5	11.1
後期中等教育	2,534	26.0	29.5	3,414	30.4	32.4
高等教育	3,740	16.6	27.8	5,421	20.6	34.9
都市	2,236	100.0	100.0	3,205	100.0	100.0
農村						
初等教育なし	1,271	65.1	57.9	1,610	52.7	45.2
初等教育	1,486	11.4	11.8	1,802	13.2	12.7
前期中等教育	1,605	11.1	12.5	1,982	15.1	16.0
後期中等教育	1,946	9.9	13.5	2,390	15.4	19.7
高等教育	2,456	2.5	4.3	3,292	3.6	6.4
農村	1,430	100.0	100.0	1,873	100.0	100.0

	1999/2000年			2011/12年		
	1人当たり消費支出[1]	世帯数割合%[2]	消費支出割合%[3]	1人当たり消費支出[1]	世帯数割合%[2]	消費支出割合%[3]
都市・農村/社会階層						
都市						
指定カースト	1,567	13.8	9.7	2,338	14.2	10.4
指定部族	1,721	3.5	2.7	2,474	3.6	2.7
その他後進諸階層	1,974	30.1	26.5	2,789	40.6	35.3
非差別階層	2,597	52.6	61.1	3,970	41.6	51.6
都市	2,236	100.0	100.0	3,205	100.0	100.0
農村						
指定カースト	1,240	21.2	18.4	1,649	21.2	18.7
指定部族	1,117	10.9	8.5	1,429	11.4	8.7
その他後進諸階層	1,417	37.1	36.7	1,892	44.2	44.6
非差別階層	1,686	30.8	36.4	2,259	23.2	28.0
都市	1,430	100.0	100.0	1,873	100.0	100.0

(注) 1) 各地域・グループの1人当たり平均消費支出（1か月間の数値，2011/12年価格，ルピー）。2011/12年のデリー都市部を基準にして実質化。2) 各地域・グループの世帯数割合。3) 各地域・グループの消費支出割合。

(出所) 第55回（1999/2000年）および第68回（2011/12年）のNSS（National Sample Survey）にもとづき著者が計算。

年は31%になる[5]。

　本章では，インド政府の計画委員会（Planning Commission, 2014年）が発表している1999/2000年と2011/12年の州別，都市・農村別の貧困ラインを用い，時間の経過による物価変動の影響に加えて，地域間の物価水準の差も調整して，名目の消費支出を実質化した。2011/12年のデリー（連邦直轄地）都市部の貧困ラインを基準にして，地域差を考慮した2011/12年価格の世帯1人当たり消費支出を算出し，使用している[6]。

　表9-2は，1999/2000年と2011/12年の2時点における，地域，都市・農村，学歴，社会階層といったカテゴリー別にみた，世帯1人当たりの平均月額消費支出，世帯数の割合，消費支出の割合を示している。6地域の中では，北部地域，南部地域，西部地域の3地域は，中央部地域，東部地域，北東部地域の3地域に比べて，1人当たり平均消費支出が大きい。北部地域には首都のデリーが，南部地域にはチェンナイ，バンガロール，ハイデラバードが，西部地域に

---

5) 本章では，抽出確率の違いを調整するために，サンプリング・ウェイトを使用してすべての格差計算を行なっている。

6) 2011/12年はTendulkar方式で，1999/2000年はLakdawala方式で算出された貧困ラインしか存在しないが，2004/05年は両方の方式で算出されたものがあるため，2011/12年を基準にし，2004/05年で接続して，1999/2000年の貧困ラインを調整している。

はムンバイ，プネーがあり，それら大都市は政治・行政，工業，サービス産業の中枢として機能しているのに対して，残りの 3 地域は農村部に人口が多く，農業に依存する経済構造であることを反映しているといえよう。

インド全体でも，6 つの地域でも，例外なく，1 人当たり平均消費支出は都市部のほうが農村部よりも高い一方，世帯数の比率は農村部のほうが都市部よりも大きい。もちろん，人口の数や割合でみれば，まだまだ農村部に重心がある。しかし，1999/2000 年から 2011/12 年にかけて，全国的にも，あるいは 6 つの地域ごとにも，特に経済活動の活発な大都市を有する西部地域や南部地域では，農村部から都市部へ人口や消費支出がシフトしている。インドで進展しているダイナミックな都市化を読みとることができる。

都市部でも農村部でも，世帯主の学歴が上がるにしたがって，世帯 1 人当たりの平均消費支出も上昇している。ただし，都市部のほうが農村部よりも，同じ学歴でも平均消費支出が高く，その傾向は高学歴者グループで，よりはっきりと表われ，また，都市部は農村部に比べて，高学歴者の割合も大きい。都市部でも農村部でも，共通して，差別を受けた社会階層のほうが，そうでない階層よりも消費支出の水準が低い。都市部に比べて農村部は，指定カースト，差別部族，その他後進諸階層という差別されたグループの世帯数の割合が高く，それらグループの支出水準が非常に低い傾向にある。

本稿は，以下で説明するように，「加法に分解可能」な特性を有するタイル尺度 T （Theil T）を主要な分析手法として使用する[7]。ジニ係数は，タイル尺度とは異なり，グループ内（within-group）とグループ間（between-group）に格差を分解することはできないが，タイル尺度を載せた表には，ジニ係数も参考として示している。

世帯のサンプル数が n 個あり，それらを場所（都市・農村，地域，州），性別，

---

[7] 本章では，もう 1 つのタイル尺度であり，別名 MLD（平均対数偏差）としても知られているタイル尺度 L （Theil L）によって測定された数値を記載していない。これは，Theil T と Theil L のどちらで計算しても，結果はほぼ同様の傾向を示すからである。

年齢，教育，就業部門，社会階層というようなある1つのカテゴリー変数に沿って重複なく m 個のグループに分類する。μ，n_i，μ_i および y_{ij} は，それぞれ，全世帯平均の1人当たり消費支出，グループ i の世帯数，グループ i の世帯1人当たり平均消費支出，およびグループ i の世帯 j の1人当たり消費支出である。次に続く第2節と第3節では，世帯1人当たり消費支出の総格差を，以下のようにタイル尺度 T として測定する（Anand, 1983年；Fields, 2001年）。

$$T = \frac{1}{n} \sum_{i=1}^{m} \sum_{j=1}^{n_i} \left(\frac{y_{ij}}{\mu}\right) \log\left(\frac{y_{ij}}{\mu}\right) \qquad (1)$$

タイル尺度 T は，一般化エントロピー（Generalized Entropy）尺度の1つであり，格差測定に望まれるいくつかの条件を満たしている[8]。すでに述べたが，タイル尺度 T の「加法に分解可能」という性格も利用して，Shorrocks（1980年）の以下の手法を用い，全体の格差をグループ内の格差部分（T_W）とグループ間の格差部分（T_B）とに分解し，格差の要因を明らかにする。

$$T = \sum_{i=1}^{m} \left(\frac{n_i}{n}\frac{\mu_i}{\mu}\right) T_i + \sum_{i=1}^{m} \left(\frac{n_i}{n}\frac{\mu_i}{\mu}\right) \log\left(\frac{\mu_i}{\mu}\right) = T_W + T_B \qquad (2)$$

なお，上記の T_i は，グループ i の中の格差を表わすタイル尺度 T である。

第4節では，世帯1人当たり平均消費支出の都市・農村間格差の決定要因を明らかにするために，Blinder（1973年）と Oaxaca（1973年）によって広められた Blinder-Oaxaca 分解手法を使用する[9]。

Y_U と Y_R を，それぞれ，都市部と農村部の世帯1人当たり消費支出（自然対数値）であるとし，線形回帰モデル

$$Y_k = \mathbf{X}_k' \boldsymbol{\beta}_k + e_k \quad E(e_k) = 0 \quad k = U, R$$

---

8) ここでいう格差測定に望まれる条件とは，1) 無名性の原理，2) 所得規模からの独立性の原理，3) 人口規模からの独立性の原理，4) Pigou-Dalton の移転性原理である。詳しくは，格差関連の文献，たとえば，Haughton and Khandker（2009年）の第6章等を参照のこと。

9) Blinder-Oaxaca 分解手法の包括的な検討と使用方法については，Jann（2008年）を参照のこと。

を仮定する。X_k は説明変数ベクトル，β_k は X_k の係数，e_k は誤差項であり，都市部および農村部のサンプルから別々に得られた β_k ($k=U,R$) の最小2乗推定値のベクトルを $\hat{\beta}_k$ とし，$E(X_k)$ の推定値を $\overline{X}_k$ とする。都市部と農村部の推計された1人当たり平均消費支出の差は，

$$\hat{D} = \overline{Y}_U - \overline{Y}_R = (\overline{X}_U - \overline{X}_R)'\hat{\beta}^* + (\overline{X}_U'(\hat{\beta}_U - \hat{\beta}^*) + \overline{X}_R'(\hat{\beta}^* - \hat{\beta}_R)) \quad (3)$$

のように表現できる。$\hat{\beta}^*$ は，傾きと切片の最小2乗推定値のベクトルであり，それは都市部の家計と農村部の家計のプールされたサンプルから求めることができる (Neumark, 1988年)。上記 (3) 式の第1項は，説明変数の都市・農村間の違いによって説明される，1人当たり平均消費支出の都市・農村間の格差（「属性格差」あるいは「要素量の違いによる格差」）を，第2項は説明されない格差（「非属性格差」）を表わしている。本研究は，(3) 式に基づき，世帯1人当たり平均消費支出の都市・農村間格差を，教育水準や社会階層を含む，家計の属性に関係するいくつかの要因に分解し，インパクトの大きい要因の検証を試みる。

2. 家計消費支出の地域格差

表9-3は，1999/2000年と2011/12年のインドにおける1人当たり消費支出の格差を6つの地域で要因分解した結果を示している。インド全体をみた場合，1人当たり消費支出の格差は，タイル指標で計測すると，1999/2000年の0.205から2011/12年の0.246へ拡大する傾向にある。これは，同じく1人当たり消費支出データに基づいて計算した全国のジニ係数が，同じ2時点間で0.317から0.351へ上昇していることと一致している。

タイル尺度を用いて6つの地域で要因分解すると，1人当たり消費支出の格差の大部分は，6地域の中で生じていることが読みとれる。6地域のすべてで，1999/2000年から2011/12年にかけて，格差が拡大している。2時点とも，地域内格差が総格差の95％前後を説明している。特に，ハイデラバード，チェ

表 9-3 インドにおける 1 人当たり消費支出の格差と地域による要因分解[1]

	1999/2000 年			2011/12 年		
	タイル尺度 T (Theil T)[2]		ジニ係数	タイル尺度 T (Theil T)[2]		ジニ係数
	タイル値	寄与度%[3]		タイル値	寄与度%[3]	
地域						
北部	0.164	11.2	0.297	0.213	12.0	0.332
中央部	0.175	17.9	0.301	0.248	19.3	0.344
東部	0.170	14.3	0.284	0.195	14.0	0.308
西部	0.212	17.1	0.333	0.253	17.3	0.357
南部	0.239	33.3	0.325	0.250	30.6	0.356
北東部	0.119	1.5	0.254	0.139	1.4	0.270
地域内格差(A)	0.195	95.3		0.233	94.6	
地域間格差(B)	0.010	4.7		0.013	5.4	
総格差(C) = (A) + (B)	0.205	100.0	0.317	0.246	100.0	0.351

(注) 1) 消費支出の計算には 1 人当たり消費支出（1 か月間の数値，2011/12 年価格，ルピー）を使用。2011/12 年のデリー都市部を基準にして実質化。2) ここでは Theil L（MLD：平均対数偏差）ではなく，Theil T を使用。3) 総格差に対する寄与度。
(出所) 第 55 回（1999/2000 年）および第 68 回（2011/12 年）の NSS（National Sample Survey）にもとづき著者が計算。

ンナイ，バンガロール等インドを代表する大都市を有する南部地域の格差水準は，0.239，0.250 と 2 時点とも高く，同地域のこの格差がインド全体の格差の 30% 以上を説明している。反対に，6 地域の地域間格差は，0.010 から 0.013 へと若干上昇したものの，全体の格差に対する寄与割合は 5% 程度と小さい。このように，6 地域の間の格差よりも，6 地域それぞれの中の格差が顕著であり，後者がインドの地域格差の多くを説明しているといえよう。

表 9-4 は，1999/2000 年と 2011/12 年の 6 つの地域それぞれにおける 1 人当たり消費支出の格差を都市と農村で要因分解した結果である。6 つの地域すべてにおいて，格差の水準を表わしているタイル値も，各地域全体の消費支出格差に対する寄与度も，都市・農村内のほうが都市・農村間よりも大きい。その都市・農村内の格差については，多くの場合，都市部のほうが，農村部よりも目立っている。すべての地域において，タイル値に表われているように，都市部は農村部に比べて，格差の水準が高い。若干の例外はあるものの，都市部は農村部より，各地域全体の支出格差に対する寄与度も大きい。ただし，北東部

表 9-4 インドの6地域における1人当たり消費支出の格差と都市・農村による要因分解[1]

	1999/2000 年			2011/12 年		
	タイル尺度 T (Theil T)[2]		ジニ係数	タイル尺度 T (Theil T)[2]		ジニ係数
	タイル値	寄与度%[3]		タイル値	寄与度%[3]	
地域						
北部						
都市	0.193	50.3	0.331	0.252	55.2	0.372
農村	0.111	38.9	0.248	0.136	33.9	0.270
都市・農村内格差(A)	0.146	89.2		0.190	89.1	
都市・農村間格差(B)	0.018	10.8		0.023	10.9	
総格差(C) = (A) + (B)	0.164	100.0	0.297	0.213	100.0	0.332
中央部						
都市	0.231	39.1	0.353	0.346	48.6	0.429
農村	0.131	52.9	0.266	0.151	39.8	0.278
都市・農村内格差(A)	0.161	92.0		0.219	88.4	
都市・農村間格差(B)	0.014	8.0		0.029	11.6	
総格差(C) = (A) + (B)	0.175	100.0	0.301	0.248	100.0	0.344
東部						
都市	0.247	39.3	0.347	0.282	45.2	0.388
農村	0.113	48.4	0.240	0.103	36.5	0.239
都市・農村内格差(A)	0.149	87.7		0.159	81.7	
都市・農村間格差(B)	0.021	12.3		0.036	18.3	
総格差(C) = (A) + (B)	0.170	100.0	0.284	0.195	100.0	0.308
西部						
都市	0.230	53.8	0.351	0.249	58.8	0.361
農村	0.138	32.9	0.274	0.169	27.0	0.285
都市・農村内格差(A)	0.184	86.7		0.217	85.8	
都市・農村間格差(B)	0.028	13.3		0.036	14.2	
総格差(C) = (A) + (B)	0.212	100.0	0.333	0.253	100.0	0.357
南部						
都市	0.324	53.4	0.361	0.261	50.5	0.376
農村	0.157	39.7	0.282	0.195	40.3	0.305
都市・農村内格差(A)	0.222	93.1		0.227	90.8	
都市・農村間格差(B)	0.017	6.9		0.023	9.2	
総格差(C) = (A) + (B)	0.239	100.0	0.325	0.250	100.0	0.356
北東部						
都市	0.150	27.7	0.298	0.193	32.8	0.334
農村	0.089	58.6	0.222	0.100	54.5	0.231
都市・農村内格差(A)	0.103	86.3		0.122	87.3	
都市・農村間格差(B)	0.016	13.7		0.017	12.7	
総格差(C) = (A) + (B)	0.119	100.0	0.254	0.139	100.0	0.270

(注) 1) 消費支出の計算には1人当たり消費支出(1か月間の数値,2011/12年価格,ルピー)を使用。2011/12年のデリー都市部を基準にして実質化。2) ここでは Theil L (MLD：平均対数偏差) ではなく, Theil T を使用。3) 総格差に対する寄与度。

(出所) 第55回(1999/2000年)および第68回(2011/12年)のNSS (National Sample Survey) にもとづき著者が計算。

表9-5 インドにおける1人当たり消費支出の格差と都市・農村による要因分解[1]

	1999/2000年			2011/12年		
	タイル尺度 T (Theil T)[2]		ジニ係数	タイル尺度 T (Theil T)[2]		ジニ係数
	タイル値	寄与度%[3]		タイル値	寄与度%[3]	
都市・農村						
都市	0.258	46.4	0.354	0.275	49.0	0.385
農村	0.139	42.7	0.270	0.162	37.0	0.285
都市・農村内格差(A)	0.183	89.1		0.211	86.0	
都市・農村間格差(B)	0.022	10.9		0.035	14.0	
総格差(C) = (A) + (B)	0.205	100.0	0.317	0.246	100.0	0.351

(注) 1) 消費支出の計算には1人当たり消費支出（1か月間の数値，2011/12年価格，ルピー）を使用。2011/12年のデリー都市部を基準にして実質化。2) ここではTheil L（MLD：平均対数偏差）ではなく，Theil T を使用。3) 総格差に対する寄与度。
(出所) 第55回（1999/2000年）および第68回（2011/12年）のNSS（National Sample Survey）にもとづき著者が計算。

を除く5つの地域では，1999/2000年から2011/12年にかけての12年間で，都市・農村間の1人当たり消費支出格差の水準が上昇し，それぞれの地域における格差全体に対する都市・農村間格差の影響度も大きくなってきているのが目立つ。

　そこで，2時点のインドにおける1人当たり消費支出の格差を都市と農村で要因分解し，その結果を表9-5に示した。この結果によれば，インド全体を対象にした場合，都市・農村内格差は，タイル値からみても，総格差に対する寄与度からみても，都市・農村間格差よりも目立っている。1999/2000年は総格差の89％が，2011/12年は86％が，都市・農村内格差によって生じているという結果である。都市部は農村部に比べて，タイル値で計測した格差の水準も著しく，総格差に対する寄与度も大きい。1999/2000年から2011/12年の12年間で，都市部も農村部もともに格差水準は上昇したが，総格差に対する寄与度では，都市部は50％近くまで増加する一方，農村部は37％へ減少している。前述の通り，都市・農村間格差は，都市・農村内格差に比べて確かに目立たない。しかし，1999/2000年から2011/12年にかけて，タイル値で計測した都市・農村間格差は0.035まで増加し，全体の格差に対するその寄与度も14％へと拡大した。

続く2つの節では、インド全体の地域格差に対する寄与度の大きい都市・農村内格差を構成する都市部の格差と農村部の格差それぞれを説明する要因について、また都市・農村内格差に比べれば目立たないものの、分析対象の12年間で拡大している都市・農村間格差を説明する要因について分析を行なう。

3. 都市・農村内の家計消費支出格差：教育水準と社会階層による要因分解

前節のタイル尺度による要因分解の分析結果によれば、インドの地域格差の大きな部分は地域内格差、特に都市部の格差に由来している。アジア途上諸国の格差に関連した先行研究は、教育水準や社会階層の違いが世帯間の所得や消費支出の格差を生んでいると指摘している[10]。そこで本研究は、地域内格差の要因として教育水準と社会階層に焦点を当て、本節では都市部、農村部それぞれにおける消費支出格差に対する世帯主の学歴と世帯の社会階層の違いの影響をタイル尺度の要因分解手法を用いて分析する。

NSS（全国標本調査）では、世帯のメンバーの教育水準を、年次によって若干異なるものの、12-13程度に分類している。ここでは、世帯主の教育水準（学歴）をそれら12-13の分類から、1) 初等教育なし（非識字者、ノンフォーマル教育受講者、初等教育未修了者）、2) 初等教育、3) 前期中等教育、4) 後期中等教育（後期中等教育、専門学校）、5) 高等教育（学部教育、大学院教育）の5つに再分類して分析に使用した。表9-2に示されている通り、都市部も農村部も、世帯主の学歴があがるにしたがって、1人当たり消費支出もあがっている。ただし、都市部では、1999/2000年には5分の2以上、2011/12年には2分の1以上の世帯主が後期高等教育以上の学歴を持っていたが、農村部では対照的に、1999/2000年には3分の2弱、2011/12年でも2分の1を超える世帯主が初等教育すら受けていないという状況であり、都市・農村間に大きな教育

---

10) 教育をはじめとする世帯の属性と格差を関係づけている研究として、ADB（2012年）、Hayashi et al. (2014年) OECD（2011年）等がある。

表 9-6 インドにおける1人当たり消費支出の格差と教育水準による要因分解(都市・農村別)[1]

	1999/2000 年			2011/12 年		
	タイル尺度 T (Theil T)[2]		ジニ係数	タイル尺度 T (Theil T)[2]		ジニ係数
	タイル値	寄与度%[3]		タイル値	寄与度%[3]	
都市						
初等教育なし	0.296	24.7	0.305	0.154	7.8	0.288
初等教育	0.227	8.0	0.286	0.129	3.6	0.271
前期中等教育	0.138	6.5	0.279	0.170	6.9	0.302
後期中等教育	0.166	19.0	0.299	0.214	25.2	0.341
高等教育	0.186	20.1	0.322	0.234	29.6	0.362
学歴内格差(A)	0.202	78.3		0.201	73.1	
学歴間格差(B)	0.056	21.7		0.074	26.9	
総格差(C)=(A)+(B)	0.258	100.0	0.354	0.275	100.0	0.385
農村						
初等教育なし	0.110	45.8	0.240	0.109	30.5	0.243
初等教育	0.117	9.9	0.253	0.144	11.3	0.264
前期中等教育	0.134	12.1	0.266	0.151	14.9	0.277
後期中等教育	0.159	15.4	0.298	0.181	22.0	0.303
高等教育	0.162	5.1	0.308	0.228	9.1	0.340
学歴内格差(A)	0.123	88.3		0.142	87.8	
学歴間格差(B)	0.016	11.7		0.020	12.2	
総格差(C)=(A)+(B)	0.139	100.0	0.270	0.162	100.0	0.285

(注) 1) 消費支出の計算には1人当たり消費支出(1か月間の数値,2011/12年価格,ルピー)を使用。2011/12年のデリー都市部を基準にして実質化。教育水準は世帯主の教育水準(学歴)を使用。2) ここでは Theil L (MLD:平均対数偏差)ではなく,Theil T を使用。3) 総格差に対する寄与度。

(出所) 第55回(1999/2000年)および第68回(2011/12年)のNSS(National Sample Survey)にもとづき著者が計算。

格差があることもみてとれる。

表9-6は,都市部と農村部それぞれにおける1999/2000年および2011/12年の1人当たり消費支出の格差を世帯主の教育水準で要因分解した結果を表わしている。都市部においても,農村部においても,学歴内格差は,タイル尺度で計測したタイル値および総格差に対する寄与度の両方で,学歴間格差よりも大きい。

しかし,都市部における学歴間格差は,タイル値が1999/2000年の0.056から2011/12年の0.074へ上昇し,総格差に対するその寄与度も1999/2000年の

22%から2011/12年の27%へ増加し，目立つようになってきている。これは，教育水準の違いが都市部における1人当たり消費支出の格差の発生に影響を与えていることを示唆している。農村部における消費支出格差への学歴の違いの影響は，都市部におけるそれに比べると小さい。

都市部におけるそれぞれの学歴グループの中で発生している消費支出格差のパターンは，1999/2000年から2011/12年の12年間で相当変化してきている。1999/2000年時点では，5グループの中でもっとも学歴の低い初等教育なしのグループで生じている1人当たり消費支出格差の水準が5グループの中でもっとも高く（タイル値が0.296），そのグループの総格差に対する寄与度が25%と同じく5グループの中でもっとも大きかった。一方，2011/12年になると，1999/2000年のパターンとは異なり，5グループの中でもっとも学歴の高い高等教育修了者グループで生じている消費支出格差の水準がもっとも高く（タイル値が0.234），そのグループの全体格差に対する寄与度が30%ともっとも大きくなった。また，5グループの中で2番目に学歴の高い後期中等教育修了者グループで生じた消費支出格差の水準は5グループの中で2番目に高く，その総格差に対する寄与度も5グループの中で2番目に大きかった。農村部では，1999/2000年と2011/12年のいずれの時点においても，教育水準が高いグループほどタイル値でみた消費支出格差の水準も高い傾向にあるものの，5グループの中でもっとも学歴の低い初等教育なしのグループが総格差の最大部分を説明している。2011/12年は，農村部では，初等教育および初等教育なしのグループ（低学歴グループ）が総格差の40%以上を説明している一方，都市部では，後期中等教育および高等教育のグループ（高学歴グループ）がその約55%を説明している。

すでに表9-2でもみたように，分析対象期間の12年間で，インド全体において高学歴化が進行しているものの，その傾向は都市部において著しく，都市と農村の間で学歴の格差が目立つようになってきている。そのような変化にともなって，都市部は，農村部に比べて，学歴の違いによって生じる消費支出の学歴間格差が，また，高学歴者グループの内部で生じる学歴内格差が顕在化し

表9-7 インドにおける1人当たり消費支出の格差と社会階層による要因分解（都市・農村別）[1]

	1999/2000年			2011/12年		
	タイル尺度 T (Theil T)[2]		ジニ係数	タイル尺度 T (Theil T)[2]		ジニ係数
	タイル値	寄与度%[3]		タイル値	寄与度%[3]	
都市						
指定カースト	0.160	6.0	0.299	0.198	7.4	0.331
指定部族	0.209	2.2	0.333	0.241	2.4	0.362
その他後進諸階層	0.321	33.0	0.340	0.238	30.6	0.354
非差別階層	0.221	52.4	0.346	0.277	51.8	0.392
社会階層内格差(A)	0.241	93.6		0.254	92.2	
社会階層間格差(B)	0.017	6.4		0.021	7.8	
総格差(C)=(A)+(B)	0.258	100.0	0.354	0.275	100.0	0.385
農村						
指定カースト	0.119	15.8	0.242	0.118	13.7	0.251
指定部族	0.102	6.2	0.242	0.112	6.0	0.248
その他後進諸階層	0.129	34.1	0.258	0.151	41.8	0.274
非差別階層	0.141	37.1	0.278	0.188	32.5	0.306
社会階層内格差(A)	0.129	93.2		0.152	94.0	
社会階層間格差(B)	0.010	6.8		0.010	6.0	
総格差(C)=(A)+(B)	0.139	100.0	0.270	0.162	100.0	0.285

(注) 1）消費支出の計算には1人当たり消費支出（1か月間の数値，2011/12年価格，ルピー）を使用。2011/12年のデリー都市部を基準にして実質化。2）ここでは Theil L（MLD：平均対数偏差）ではなく，Theil T を使用。3）総格差に対する寄与度。
(出所) 第55回（1999/2000年）および第68回（2011/12年）の NSS（National Sample Survey）にもとづき著者が計算。

ている。この結果は，都市部で高学歴者が増えたものの，彼らが後期中等教育や高等教育で受けた教育の質に大きな差があり，その差が，支出，すなわち所得の格差を拡大していることを予想させる。

　表9-7 は，1999/2000年と2011/12年の2時点の都市部と農村部それぞれにおける1人当たり消費支出の格差を社会階層で要因分解した結果を示している。NSS で使用されている 1) 指定カースト（scheduled caste），2) 指定部族（scheduled tribe），3) その他後進諸階層（other backward class），そしてそれら3つの分類に属さない，したがって差別を受けないグループといえる 4) 非差別階層（others）の4階層で要因分解を行なっている。都市部も，農村部もそれぞれにおいて，数字をみてわかる通り，社会階層内の格差のほうが，社会階層間の格

差よりも，格差の水準でも全体の格差に対する寄与度でも，格差が大きい傾向にあることが読みとれる。

　都市部では，1999/2000年と2011/12年の2時点でともに，指定部族，その他後進諸階層，非差別階層のそれぞれの中に相当な水準の消費支出格差が存在し，総格差への寄与度も，その他後進諸階層は30-33％，非差別階層は約52％と大きく，社会階層内の格差が目立つ。しかし，社会階層間の格差も，タイル値は0.017から0.021へと上昇し，総格差に対する寄与度は6.4％から7.8％へと拡大し，この格差水準の高さと全体に対する影響度が高まってきている。

　一方，農村部では，都市部と比べて，社会階層の内部における格差の水準が低い。差別を著しく受けていると考えられる指定カーストと指定部族の階層内における消費支出格差の水準は，それぞれ，1999/2000年の0.102と0.119，2011/12年の0.112と0.118であり，相対的に低い。総格差に対するこれら2グループの階層内格差の寄与度も20％前後と大きくない。農村部の残りの2グループ，その他後進諸階層および非差別階層の格差は，タイル値でも総格差に対する寄与度でも，差別のために総じて貧しい指定カーストおよび指定部族のそれらと比べれば大きいものの，都市部のその他後進諸階層と非差別階層の格差よりは目立たない。このように，農村部は都市部よりも，社会階層内でも，社会階層間でも消費支出の格差は小さいが，同時に，すべての社会階層で，また，特に低所得者層の多い指定カーストと指定部族で，消費支出の水準が非常に低い傾向にある。

　この節では，都市部と農村部のそれぞれで観察された消費支出の格差について，世帯主の学歴と世帯の社会階層を用いて要因分解を行なった。次の節では，都市・農村間の格差を説明しうる要因について検討する。

4. 都市・農村間の家計消費支出格差：Blinder-Oaxaca手法による要因分解

　表9-2によれば，1人当たり消費支出の都市・農村比率は，1999/2000年の

1.56 から 2011/12 年の 1.71 へ上昇していて，都市・農村間のギャップ拡大がうかがえる。同様に，表 9-5 によれば，1 人当たり消費支出をタイル尺度で計測した都市・農村間の格差も，インド全体の格差に対する寄与度からみてみると，1999/2000 年の 10.9% から 2011/12 年の 14% へ上昇していて，都市・農村間の格差拡大が読みとれる。この節では，すでに説明した Blinder-Oaxaca 分解手法を使用して，インドにおける都市・農村間格差の決定要因を検証していく。

具体的には，以下の変数を格差要因として用い，都市・農村間の 1 人当たり平均消費支出の差を分解する。

（1） 世帯主の性別（女性＝0，男性＝1）
（2） 世帯主の年齢
（3） 世帯主の年齢の 2 乗
（4） 世帯主の学歴（教育年数）[11]
（5） 世帯主の就業部門（1 次産業（鉱業を含む）＝0，非 1 次産業＝1）
（6） 世帯の社会階層（指定カースト＝0，指定部族＝1，その他後進諸階層＝2，非差別階層＝3）

表 9-8 は，1999/2000 年と 2011/12 年における都市・農村間消費支出格差の Blinder-Oaxaca 分解による推計結果を示している。

この表の通り，1999/2000 年の都市部における 1 人当たり平均消費支出（対

---

[11] ここでは，Cain *et al*.（2008 年）を参考にして，世帯主の教育年数を以下のように計算している。1）非識字者（not literate）は 0 年，2）ノンフォーマル教育受講者（literate through non-formal schooling：NFEC (Non-Formal Education Courses), AEC (Adult Literacy Centers), EGS (Education Guarantee Scheme), TLC (Total Literacy Campaign), and others）は 1 年，3）初等教育未修了者（literate through formal schooling, but below primary education）は 2.5 年，4）初等教育修了者（primary education）は 5 年，5）前期中等教育修了者（middle school/lower secondary education）は 8 年，6）後期中等教育（1）修了者（secondary education）は 10 年，7）後期中等教育（2）修了者（higher secondary education）は 12 年，8）専門学校修了者（diploma/certificate courses）は 12 年，9）学部レベルの高等教育修了者（undergraduate education）は 15 年，10）大学院レベルの高等教育修了者（postgraduate education）は 17 年。インドの教育システムとその達成状況については，NSSO（2015 年）が詳しい。

表9-8 インドにおける都市・農村間の1人当たりの平均消費支出格差とその要因：Blinder-Oaxaca 分解の結果

	1999/2000 年			2011/12 年		
	係数	Z値[1]	寄与度%[2]	係数	Z値[1]	寄与度%[2]
都市部の1人当たり消費支出の推計値	7.535	2,789.05		7.748	2,418.94	
農村部の1人当たり消費支出の推計値	7.203	3,931.81		7.508	3,615.17	
都市・農村間の1人当たり消費支出格差	0.332	101.70	100.0	0.240	62.79	100.0
説明される消費支出格差	0.253	94.34***	76.3	0.160	71.70***	66.8
世帯主の性別	0.001	3.35***	0.2	0.003	8.64***	1.2
世帯主の年齢	0.004	4.78***	1.1	0.006	6.58***	2.4
世帯主の年齢の2乗	−0.009	−9.44***	−2.6	−0.007	−7.33***	−3.0
世帯主の学歴（教育年数）	0.186	99.56***	56.2	0.130	70.83***	54.3
世帯の就業部門（1次産業，非1次産業）	0.045	21.38***	13.5	0.006	5.44***	2.7
世帯の社会階層（指定カースト，指定部族，その他後進諸階層，非差別階層）	0.026	40.19***	7.9	0.022	33.06***	9.2
説明されない消費支出格差	0.079	21.81***	23.7	0.080	22.18***	33.2

（注）　1）係数の統計的有意性の検定にはZ値を用い，***はその有意水準が1％であることを示している。2）総格差に対する寄与度。
（出所）　第55回（1999/2000年）および第68回（2011/12年）のNSS（National Sample Survey）にもとづき著者が計算。

数値）は 7.535，農村部のそれは 7.203，したがって両者の差は 0.332 であり，同じく 2011/12 年の都市部のそれは 7.748，農村部のそれは 7.508，両者の差は 0.240 である。Blinder-Oaxaca 手法は，この都市・農村間の消費支出ギャップを2つの部分に分解している。最初の部分は，「説明される格差（explained part）」あるいは「属性格差」とよばれ，都市部の家計と農村部の家計の要素量の違いによって生じる消費支出格差を表わしている。第2の部分は，残差部分であり，「説明されない格差（unexplained part）」あるいは「非属性格差」とよばれ，このモデルで使用されていない変数の違いによって生じるであろう格差を表わしている。表の中で「説明される消費支出格差」の係数が，1999/2000 年は 0.253 に，2011/12 年は 0.160 になっている。これは，性別，年齢，教育，

就業部門，社会階層という属性の差，あるいは要素量の違いを意味し，そのような属性格差は 2 時点それぞれの都市・農村間の消費支出格差の 76% と 67% を説明している[12]。

　Blinder-Oaxaca 分解手法の結果によれば，「説明される消費支出格差」の中で，性別と年齢に関連する要素は都市・農村間の家計支出ギャップにほとんど影響を与えていないということになる。一方，都市・農村間の消費支出の格差にもっともインパクトを与えている要因が教育であることはひと目でわかる。世帯主の教育年数で計測した人的資本の違いが，都市と農村の間の 1 人当たり平均消費支出の格差を生んでいる最大の要因である。この世帯主の教育年数の違いという教育面の属性の差が，1999/2000 年と 2011/12 年の 2 時点どちらにおいても，都市・農村間の消費支出ギャップの 55% 前後を説明している。

　教育に続いて都市と農村の間の格差に影響を与えている属性は，世帯の社会階層と就業部門である。表 9-8 によれば，インドの社会階層は，都市・農村間の支出ギャップの 10% 弱を説明している。各種の留保制度が準備・実施されているものの，不可触民とほぼ同義語であり，カーストの外側にいる「指定カースト」や主要な宗教に属さず，独自の文化をもつ少数民族である「指定部族」といったインド社会の最底辺にいる差別されたグループの人口割合が多い農村部と，そのようなグループの人口割合が少ない，あるいはそれらが見えにくい都市部の間で，消費支出の格差が生まれている。

---

12)　都市・農村間の 1 人当たり平均消費支出の違いの推計は，以下のように 3 つの部分への分解も可能である。
$$\hat{D} = \overline{Y}_U - \overline{Y}_R = (\overline{X}_U - \overline{X}_R)'\hat{\boldsymbol{\beta}}_R + \overline{X}_R'(\hat{\boldsymbol{\beta}}_U - \hat{\boldsymbol{\beta}}_R) + (\overline{X}_U - \overline{X}_R)'(\hat{\boldsymbol{\beta}}_U - \hat{\boldsymbol{\beta}}_R) \text{ or}$$
$$\hat{D} = \overline{Y}_U - \overline{Y}_R = (\overline{X}_U - \overline{X}_R)'\hat{\boldsymbol{\beta}}_U + \overline{X}_U'(\hat{\boldsymbol{\beta}}_U - \hat{\boldsymbol{\beta}}_R) - (\overline{X}_U - \overline{X}_R)'(\hat{\boldsymbol{\beta}}_U - \hat{\boldsymbol{\beta}}_R)$$
第 1 項は都市部と農村部の家計の説明変数の水準（要素量の水準）の違いによる部分を，第 2 項は都市部と農村部の家計の説明変数の係数の違いによる部分を，そして第 3 項はそれらの交絡要因の部分を表わしている。この方法で 1999/2000 年および 2011/12 年の 2 時点における都市・農村間の 1 人当たり平均消費支出の差を要因分解した場合，第 1 項は 54-67% の差を，第 2 項は 10% 弱の差を説明している。本稿で使用している 2 つの部分に分解した結果と同様，教育年数，社会階層，就業部門は，都市・農村間の消費支出格差を十分に説明している。

世帯の就業部門の違いによって生じる都市・農村間の格差は，2011/12 年には 3% 程度まで落ちてきているが，1999/2000 年には 14% 近い説明力を有していた。所得水準が低いといわれている農業を生業にしている家計の多い農村部と所得水準が相対的に高いといわれている非農業に依存する家計の多い都市部の間で，支出格差が生じていたと考えられる。最近，都市・農村間の消費支出ギャップに対する就業部門の寄与度が小さくなってきたのは，農村部の兼業農家や農外労働の機会が増えてきていることに影響を受けているかもしれない。

本節の分析結果は，教育，社会階層，就業セクターという世帯の属性が，都市・農村間の消費支出格差に大きく関係していることを示唆している。

おわりに

本研究は，1999/2000 年と 2011/12 年の 2 時点の NSS (National Sample Survey) データに基づき，タイル尺度および Blinder-Oaxaca 手法を用いて，インドにおける家計消費支出の地域格差の実態を把握し，そのような地域格差の要因についての分析を試みた。分析結果の要約およびインプリケーションは以下の通りである。

インドは，2000 年から 2012 年までの 12 年間で，年平均 7.2% の GNI（国民総所得）成長率，年平均 5.5% の 1 人当たり GNI 成長率を記録し，目覚ましい経済成長を遂げている。しかし，インド全体の家計消費支出の格差水準は，タイル尺度 T では 0.205 から 0.246 へ，ジニ係数では 0.317 から 0.351 へ上昇した。中国の経験からも予想されたが，インドの場合も，経済の拡大や所得の上昇は格差の上昇をともなっていた。

インド全体をタイル尺度によって 6 つの地域で要因分解したところ，地域内格差のほうが地域間格差よりも，格差水準でも，総格差に対するその寄与度でも，上回わる結果になった。同様に，都市・農村で要因分解すると，インド全体でも，6 地域のそれぞれでも，やはり都市・農村内格差の水準および寄与度

のほうが都市・農村間格差のそれらよりも大きかった。インドでは，都市・農村内格差の水準や影響力が大きいが，この12年間で，都市・農村間格差も目立つようになってきている。

　インドの地域格差において寄与度の大きい都市・農村内格差に影響を与えている要因をさぐるために，タイル尺度を用い，教育（学歴）と社会階層（指定カースト，非差別階層等4つの社会階層）それぞれで家計消費支出の格差を要因分解したところ，都市部でも，農村部でも，グループ内で生じる格差のほうがグループ間で生じる格差よりも大きかった。教育の場合，特に，都市部では，高学歴者グループ内の消費支出格差が顕著であった。しかし，同時に，都市部における学歴間で発生する家計消費支出格差も目立つようになってきた。

　Blinder-Oaxaca手法を使い，世帯の属性で，都市・農村間の1人当たり平均消費支出の格差を要因分解した。その結果，都市・農村間の消費支出格差に大きな影響を与えている要因は教育（世帯主の教育年数）であり，格差全体の55%前後を説明していることがわかった。加えて，社会階層および就業部門も，都市・農村間の家計消費支出格差に影響を与える要因であるということが明らかになった。2011/12年のデータをみれば（表9-2），都市部では高等教育を修了している世帯主の割合が20%を超えている一方，農村部ではその割合が4%にも満たない。農村部は，都市部に比べて，指定カースト等差別を受ける社会階層に属している人口の割合も，農業部門に従事している人口の割合も高い。都市・農村間には，教育へのアクセスの差，機会平等へのアクセスの差，生産性や付加価値の高い産業で就業できる機会の差が存在しており，それらが都市・農村間の消費支出格差を生む要因になっていると想像できる。

　以上のように，教育の差が家計消費支出の都市・農村内格差の要因に，また，教育の差，カースト等身分の差，就業部門による生産性/付加価値の差が，家計消費支出の都市・農村間格差の要因になっており，それらへの対応，特に，教育の量の拡大と質の改善が，同国における消費支出の地域格差の是正につながるであろうと考えられる。農村部で初等教育を受けていない世帯主が50%以上存在することを考えれば，教育の量を拡大していくことが求められるで

あろうし，都市部の高学歴者グループの中で家計消費支出の格差が大きいことを考えれば，教育の質を向上させることが重要な課題になってくる。

参 考 文 献

〈日本語〉

秋田隆裕，川村和美（2001 年）『中国の地域所得格差』，ERINA Report Vol. 40, 環日本海経済研究所．

辻田祐子（2006 年）「第 5 章 貧困削減プログラムの現状と課題」，内川秀二編，『躍動するインド経済－光と陰』，アジア経済研究所／日本貿易振興機構.

〈英語〉

Anand, S. (1983), *Inequality and Poverty in Malaysia : Measurement and Decomposition*, World Bank Research Publication, New York : Oxford University Press.

ADB (Asian Development Bank), (2012), *Asian Development Outlook 2012 : Confronting Rising Inequality in Asia*, Manila : Asian Development Bank.

Blinder, A. S. (1973), "Wage Discrimination : Reduced Form and Structural Estimates," *Journal of Human Resources*, Vol. 8, pp. 436–55.

Cain, J. S., R. Hasan, R. Magsombol and A. Tandon (2008), *Accounting for Inequality in India : Evidence from Household Expenditures*, ERD Working Paper Series No. 117, Manila : Asian Development Bank.

Fields, G. S. (2001), *Distribution and Development*, Cambridge, MA : MIT Press.

Haughton, J. and S. Khandker (2009), *Handbook on Poverty and Inequality*, Washington D. C. : World Bank.

Hayashi, M., M. Kataoka and T. Akita (2014), "Expenditure Inequality in Indonesia, 2008–2010 : A Spatial Decomposition Analysis and the Role of Education," *Asian Economic Journal*, Vol. 28, No. 4, pp. 389–411.

Jann, B. (2008), "The Blinder-Oaxaca Decomposition for Linear Regression Models," *The STATA Journal*, Vol. 8, pp. 453–79.

Lakshmana, M. (2013), "Population, Development, and Environment in India," *Chinese Journal of Population Resources and Environment*, Vol. 11, No. 4, pp. 367–74.

Mukhopadhaya, P., G. Shantakumar and B. Rao (2011), *Economic Growth and Income Inequality in China, India and Singapore : Trends and Policy Implications*, Oxford, UK : Routledge.

NSSO (National Sample Survey Office), (2015), *Status of Education and Vocational Training in India : NSS 68 th Round*, Ministry of Statistics and Programme Implementation, Government of India (http : //mospi.nic.in/sites/default/files/publication_reports/nss_report_no_566_21sep15.pdf : 2017 年 3 月 30 日取得).

Neumark, D. (1988), "Employers' Discriminatory Behavior and the Estimation of Wage Discrimination," *Journal of Human Resources*, Vol. 23, No. 3, pp. 279–95.

Oaxaca, R. (1973), "Male-Female Wage Differentials in Urban Labor Markets," *Interna-

tional Economic Review, Vol. 14, pp. 693–709.

OECD, (2011), *Divided We Stand : Why Inequality Keeps Rising*, Paris : OECD.

Pal, P. and J. Ghosh, 2007, *Inequality in India : A Survey of Recent Trends*, DESA Working Paper No. 45, New York : United Nations (Department of Economic and Social Affairs).

Planning Commission, 2014, *Report of the Expert Group to Review the Methodology for Measurement of Poverty*, Government of India (http : //planningcommission.nic.in/reports/genrep/pov_rep 0707.pdf : 2017年2月25日取得).

Sen, Abhijit and Himanshu, 2005, "Poverty and Inequality in India : Getting Closer to the Truth," in Deaton, A. and V. Kozel (eds.), *The Great Indian Poverty Debate*, Delhi : Macmillan.

Shorrocks, A. (1980), "The Class of Additively Decomposable Inequality Measures," *Econometrica*, Vol. 48, pp. 613–25.

執筆者紹介（執筆順）

坂本正弘（さかもとまさひろ）　客員研究員（日本国際フォーラム上席研究員）

長谷川聰哲（はせがわとしあき）　研究員（中央大学経済学部教授）

唐　成（とうせい）　研究員（中央大学経済学部教授）

益村眞知子（ますむらまちこ）　客員研究員（九州産業大学経済学部教授）

田中素香（たなかそこう）　客員研究員（東北大学名誉教授）

中條誠一（なかじょうせいいち）　研究員（中央大学経済学部教授）

金俊昊（きむじゅんほ）　客員研究員（東京国際大学国際関係学部教授）

岸真清（きしますみ）　客員研究員（中央大学名誉教授）

林光洋（はやしみつひろ）　研究員（中央大学経済学部教授）

世界から見た中国経済の転換　　　中央大学経済研究所研究叢書　70

2017 年 10 月 31 日　発行

　　　　　　　　　　　　編著者　　中條誠一
　　　　　　　　　　　　　　　　　唐　成
　　　　　　　　　　　　発行者　　中央大学出版部
　　　　　　　　　　　　代表者　　間島進吾

東京都八王子市東中野 742-1

発行所　中央大学出版部

電話 042（674）2351　FAX 042（674）2354

Ⓒ 2017　　　　　ISBN 978-4-8057-2264-0　　　　藤原印刷㈱

本書の無断複写は，著作権法上の例外を除き，禁じられています。
複写される場合は，その都度，当発行所の許諾を得てください。

中央大学経済研究所研究叢書

6. 歴史研究と国際的契機 　　　中央大学経済研究所編　A5判　1400円
7. 戦後の日本経済——高度成長とその評価——　　中央大学経済研究所編　A5判　3000円
8. 中小企業の階層構造——日立製作所下請企業構造の実態分析——　　中央大学経済研究所編　A5判　3200円
9. 農業の構造変化と労働市場　　中央大学経済研究所編　A5判　3200円
10. 歴史研究と階級的契機　　中央大学経済研究所編　A5判　2000円
11. 構造変動下の日本経済——産業構造の実態と政策——　　中央大学経済研究所編　A5判　2400円
12. 兼業農家の労働と生活・社会保障——伊那地域の農業と電子機器工業実態分析——　　中央大学経済研究所編　A5判　4500円 〈品切〉
13. アジアの経済成長と構造変動　　中央大学経済研究所編　A5判　3000円
14. 日本経済と福祉の計量的分析　　中央大学経済研究所編　A5判　2600円
15. 社会主義経済の現状分析　　中央大学研究所編　A5判　3000円
16. 低成長・構造変動下の日本経済　　中央大学経済研究所編　A5判　3000円
17. ME技術革新下の下請工業と農村変貌　　中央大学経済研究所編　A5判　3500円
18. 日本資本主義の歴史と現状　　中央大学経済研究所編　A5判　2800円
19. 歴史における文化と社会　　中央大学経済研究所編　A5判　2000円
20. 地方中核都市の産業活性化——八戸　　中央大学経済研究所編　A5判　3000円

中央大学経済研究所研究叢書

21. 自動車産業の国際化と生産システム	中央大学経済研究所編 A5判	2500円
22. ケインズ経済学の再検討	中央大学経済研究所編 A5判	2600円
23. AGING of THE JAPANESE ECONOMY	中央大学経済研究所編 菊判	2800円
24. 日本の国際経済政策	中央大学経済研究所編 A5判	2500円
25. 体制転換——市場経済への道——	中央大学経済研究所編 A5判	2500円
26. 「地域労働市場」の変容と農家生活保障 ——伊那農家10年の軌跡から——	中央大学経済研究所編 A5判	3600円
27. 構造転換下のフランス自動車産業 ——管理方式の「ジャパナイゼーション」——	中央大学経済研究所編 A5判	2900円
28. 環境の変化と会計情報 ——ミクロ会計とマクロ会計の連環——	中央大学経済研究所編 A5判	2800円
29. アジアの台頭と日本の役割	中央大学経済研究所編 A5判	2700円
30. 社会保障と生活最低限 ——国際動向を踏まえて——	中央大学経済研究所編 A5判	2900円 〈品切〉
31. 市場経済移行政策と経済発展 ——現状と課題——	中央大学経済研究所編 A5判	2800円 〈品切〉
32. 戦後日本資本主義 ——展開過程と現況——	中央大学経済研究所編 A5判	4500円
33. 現代財政危機と公信用	中央大学経済研究所編 A5判	3500円
34. 現代資本主義と労働価値論	中央大学経済研究所編 A5判	2600円
35. APEC地域主義と世界経済	今川・坂本・長谷川編著 A5判	3100円

中央大学経済研究所研究叢書

36. ミクロ環境会計とマクロ環境会計 　A5判　小口好昭編著　3200円
37. 現代経営戦略の潮流と課題 　A5判　林・高橋編著　3500円
38. 環境激変に立ち向かう日本自動車産業 　A5判　池田・中川編著　3200円
　　　──グローバリゼーションさなかのカスタマー・サプライヤー関係──
39. フランス──経済・社会・文化の位相 　A5判　佐藤　清編著　3500円
40. アジア経済のゆくえ 　A5判　井村・深町・田村編　3400円
　　　──成長・環境・公正──
41. 現代経済システムと公共政策 　A5判　中野　守編　4500円
42. 現代日本資本主義 　A5判　一井・鳥居編著　4000円
43. 功利主義と社会改革の諸思想 　A5判　音無通宏編著　6500円
44. 分権化財政の新展開 　A5判　片桐・御船・横山編著　3900円
45. 非典型労働と社会保障 　A5判　古郡鞆子編著　2600円
46. 制度改革と経済政策 　A5判　飯島・谷口・中野編著　4500円
47. 会計領域の拡大と会計概念フレームワーク 　A5判　河野・小口編著　3400円
48. グローバル化財政の新展開 　A5判　片桐・御船・横山編著　4700円
49. グローバル資本主義の構造分析 　A5判　一井　昭編　3600円
50. フランス──経済・社会・文化の諸相 　A5判　佐藤　清編著　3800円
51. 功利主義と政策思想の展開 　A5判　音無通宏編著　6900円
52. 東アジアの地域協力と経済・通貨統合 　A5判　塩見・中條・田中編著　3800円

中央大学経済研究所研究叢書

53. 現代経営戦略の展開　A5判　林・高橋編著　3700円
54. ＡＰＥＣの市場統合　A5判　長谷川聰哲編著　2600円
55. 人口減少下の制度改革と地域政策　A5判　塩見・山﨑編著　4200円
56. 世界経済の新潮流　A5判　田中・林編著　4300円
    ——グローバリゼーション，地域経済統合，経済格差に注目して——
57. グローバリゼーションと日本資本主義　A5判　鳥居・佐藤編著　3800円
58. 高齢社会の労働市場分析　A5判　松浦　司編著　3500円
59. 現代リスク社会と3・11複合災害の経済分析　A5判　塩見・谷口編著　3900円
60. 金融危機後の世界経済の課題　A5判　中條・小森谷編著　4000円
61. 会計と社会　A5判　小口好昭編著　5200円
    ——ミクロ会計・メソ会計・マクロ会計の視点から——
62. 変化の中の国民生活と社会政策の課題　A5判　鷲谷　徹編著　4000円
63. 日本経済の再成と新たな国際関係　中央大学経済研究所編　A5判　5300円
    （中央大学経済研究所創立50周年記念）
64. 格差対応財政の新展開　A5判　片桐・御船・横山編著　5000円
65. 経済成長と経済政策　中央大学経済研究所経済政策研究部会編　A5判　3900円
66. フランス——経済・社会・文化の実相　A5判　宮本　悟編著　3600円
67. 現代経営戦略の軌跡　A5判　高橋・加治・丹沢編著　4300円
    ——グローバル化の進展と戦略的対応——

━━━━━ 中央大学経済研究所研究叢書 ━━━━━

68. 経 済 学 の 分 岐 と 総 合　A5判　　益永　淳編著
　　　　　　　　　　　　　　　　　　　　　　　4400円
69. アジア太平洋地域のメガ市場統合　A5判　長谷川聰哲編著
　　　　　　　　　　　　　　　　　　　　　　　2600円

＊価格は本体価格です．別途消費税が必要です．